現代文 大笑小笑

説教譬喩集

黒瀬知圓［著］
府越義博［編訳］

国書刊行会

例言

人生はともかく笑うべし。笑って過ごせる者は幸いである。蟹のように不平の泡を吹かすものや、カマキリのように怒りの斧を振り上げるものは、我らの仲間ではない。進んでその不平を去り、怒りの斧を捨てて、衷心に満足歓喜の思いに微笑み、心からの清浄な笑いに入るものこそ、我らの仲間である。世の中には身にあり余る心配を抱えながら、なおかつ心配を探し回るかのような人もいる。気の毒なことである。その心配を、ことごとく如来に捧げてしまえばよい。如来はそれによって円融無碍《えんにゅうむげ》の大宝を代わりにくださって、それによって安住の天地を開いてくださるであろう。世の中には、いつも苦虫を噛みつぶしたような顔をしている人もいる。さてさて損なことよ。何が気に入らぬのかと聞けば、人が笑うのが気に入らぬという。それなら自分も笑えばよかろうに。笑いは諸々の動物中、人間の特権であるのだ。

笑いは元々神聖なもので、天真爛漫《てんしんらんまん》自然より出て、骨の折れない愉快なことであるはずだから、これをもって毀《こぼ》したり貶《そし》ったり軽んじたり侮ったりするために用いるなど、もっての外のことである。そんなことをする者は、笑いの神聖を汚すものとして、言語道断許すべからざる罪人であり、罰の当たることは間違いない。

およそ人の笑い方には種々ある。真に可笑しくて笑うもの、可笑しくもないが無理に笑うもの、あるいは顔の崩れるほどの大笑いもあり、ちょっとした破顔微笑というものもある。自然の笑い、不自然の笑い、善意の笑い、悪意の笑い、その他いろいろあるが、心の底から溢れ出でた笑いこそ最高のものである。おへそのコンロに茶を沸かせながら、顎の掛け金が外れぬ範囲で、どっかと笑うもよし、にっこりと微笑むも愛らしい。ただそれは不自然であってはならず、悪意であってはならず、軽んじたり侮ったりしたものであってはならない。どこまでも天真爛漫にして、信用のできる笑いをこそ求めよう。

もし衷心より無邪気に清浄に愉快に笑おうとするならば、速やかに本書の世界に来られたい。本書一篇の空間は決して広くはないが、あなた方同志を容れるに狭くはなく、如来は喜んで迎えられるであろう。ここに不平の根は絶え、不満の実は去り、憂い悲しみの気は除かれて、春風《しゅんぷう》和煦《わく》、和顔愛語《わげんあいご》、常住の笑いの国が現出する。笑いは最後の勝利であり、最後の勝利は笑いである。友よ、本書に来て笑わないか。笑う門には福来たる。看よ、三千年以前、霊山会上《りょうぜんえじょう》における釈尊が花を拈《ひね》っての一笑で、正法眼蔵涅槃妙心《しょうぼうげんぞうねはんみょうしん》は迦葉《かしょう》に伝えられ(1)、王舎城裡七重の牢獄内、釈尊の即便微笑《そくびんみしょう》の光に王后韋提希《いだいけ》の悲哀の氷は解けて、心に歓喜を生じ、未曽有を歎じ、廓然大悟《かくねんたいご》の境に至ったのを(2)。さらに看よ、近く断ちがたい人生の繋き葛藤も、消えやらぬ内心の妖雲も、愛する人の微笑に解け、可愛い小児の一笑で失せてしまうのを。実に宗教の信念は、笑いの源泉である。この笑いは一切を悦びに化す。

私は非才にして、元々その器でないといえども、平生読書を好み、談語を愛する。すなわち新刊に見、古書に味わい、故老友僚に聞き、得たるもの、思うところ、語りし分をまとめて本書を成した。あえて読者が本書を読むに当たって、三箇条を掲げて、顎の掛け金を外さぬように、入れ歯を吹き飛ばさぬように、笑いをこらえぬようにと、言うのは大人気ないが、少しでも人をして真の笑いに導くことの資ともなれば、みずから衷心より大笑い小笑いするのみである。ただこれ以上の幸せはない。

大正五年一月　　黒瀬知圓　識

註

（1）霊山にて説法をしていた釈尊が、一本の花を拈ってみせられたところ、他の弟子たちはその意味が判らず沈黙していたが、迦葉一人はその意味を悟ってにっこりと笑った。これによって言葉によらない仏教の奥義が伝えられたという故事。

（2）我が子によって七重の牢獄に閉じ込められた王后韋提希が降臨された釈尊の微笑によって歓喜して悟りに至った故事。

蓮如上人御一代記聞書に曰く

蓮如上人の御掟《ごじょう》には、仏法のことをいふに、世間のことにとりなす人のみなり。それを退屈せずして、また仏法のことにとりなせと仰せられ候ふなり。

をかしき事態《わざ》をもさせられ、仏法に退屈仕り候ふものの心をもくつろげ、その気をも失はして、またあたらしく法を仰せられ候ふ。まことに善巧方便《ぜんぎょうほうべん》、ありがたきことなり。

仏法者になれ近づきて、損は一つもなし。なにたるをかしきこと、狂言にも、是非とも心底には仏法あるべしと思ふほどに、わが方に徳おほきなり。

南殿《みなみどの》にて、前々住上人（蓮如）、のうれんを打ちあげられて御出で候ふとて、南無阿弥陀仏南無阿弥陀仏と仰せられ候ひて、法敬《ほうきょう》この心しりたるかと仰せられ候ふ。なにとも存ぜずと申され候へば、仰せられ候ふ。これはわれは御たすけ候ふ、御うれしやたふとやと申す心よと仰せられ候ふ。

目次

第十二章　達観――呪わんか笑わんか

第一章　人生――仏心顕現の世界

一　願わくばこの謎を解け

掘れよ穿てよ、そこに水が湧く。打てよ叩けよ、そこに響きが生まれる。鐘が鳴るのか撞木《しゅもく》が鳴るのか、鐘と撞木が合ってこそ鳴る。鐘は鳴るのが性、撞木は鳴らすのが質。鳴る鐘と鳴らす撞木が出合ったところに、初めて殷々とした音響を伝え、鐘も鐘の性を発揮し、撞木も撞木の能を顕現する。求めよ、さすれば与えらる。聞けよ、さすれば信じらる。求めずに与えられたという者があれば、また聞かずに信じられたという者があれば、それはその奥底に、すでに求めさせられ、聞かせられた謂われがあるはずである。撞木の動くのも鐘に鳴る性があるからであって、鳴ればこそ打ち、響けばこそ叩き、鳴らないもの響かないものを、どうしてこれを打ちこれを叩くであろうか。聞けよ求めよ、信仰は獲られ安慰は与えられるのだ。

釈尊が仰った。

たとひ世界に満てらん火をも、かならず過ぎて要《もと》めて法を聞かば、かならずまさに仏道を成じて、広く生死の流を済ふべし。(1)

親鸞聖人讃えられて、

　子の母をおもふがごとくにて　衆生仏を憶すれば
　　現前当来とほからず　如来を拝見うたがはず(2)

蓮如上人さとされて、

「至りてかたきは石なり、至りてやはらかなるは水なり、水よく石を穿《うが》つ、心源もし徹しなば菩提の覚道なにごとか成ぜざらん」といへる古き詞《ことば》あり。いかに不信なりとも、聴聞を心に入れまうさば、御慈悲にて候ふあひだ、信をうべきなり。ただ仏法は聴聞にきはまることなり(3)。

朱利槃徳《しゅりはんどく》(4)という人は釈尊のお弟子であったが、至って愚かな性質で、何を聞いても憶えられない。大変に記憶力が弱く、自分の名前までも忘れるほどであった。仕方がないから〈朱利槃徳〉と書いた板を首から胸に提げていたというほどであった。それゆえ智慧は働かず、戒・律も守ることができず、我ながら我が身の愚かさを嘆き、兄の摩訶槃陀《まかはんだ》に叱り飛ばされ、追い出されては、泣く泣く祇園精舎《ぎおんしょうじゃ》(5)の前でハラハラと涙をこぼしていた。釈尊はこの様子を御覧になって、泣いているわけをお尋ねになり、ことの次第を聞かれて可哀想に思われ、「心配するには及ばぬぞ、恐れるにも及ばぬぞ」と優しく朱利槃徳の手を引いて精舎に連れ帰り、一本の箒を授けて、「お前はこの箒の名前を忘れぬようになさい」と仰った。他のお弟子方が朱利槃徳に「ほうき」と教えられるのだが、根が愚かなために、箒の「ほう」を思えば「き」を忘れ、「き」を思えば「ほう」

を忘れて、どうしても憶えられない。朝から晩まで毎日毎日、「ほうほうきき、ききほうほう」と言ったように一本の箒を振りまわして、一生懸命に憶えようとしても、後から後から忘れてしまう。

来たところを忘れた

女房を忘れる話

　物忘れにも色々あるが、有名な天龍寺[6]の峨山《がざん》和尚[7]が六歳で出家したとき、「坊はどこから来たのか」と師の僧が尋ねると、「坊は来たところを忘れました」と答えて禅の妙味を示されたことや、親鸞聖人が「至心信楽《ししんしんぎょう》おのれを忘れて、すみやかに無行不成《むぎょうふじょう》の願海に帰[8]」すと、他力信仰の極致を顕されたのはよい方の忘れ方。孟子[9]は引っ越しに女房を置き忘れたというが、同じ物忘れでもこんなのはちょっと考えものである。自分の女房の前に恭しく手をついて、「さて、えらく御親切にしてくださるが、あなたはどちら様でございましたか」と尋ねると、女房はふくれっ面をして、「まあ、冗談じゃありませんよ、あなたの女房じゃありませんか」「はてな、そんなものがいただろうか」「いただろうかとはあまりな言葉。子供が二人もおりますのに」「そんな子供がおったかしらん」「あなた、しっかりしてくださいよ」「そうか子供がおったか。で、男じゃったか女じゃったか、お前知っているかい」「馬鹿らしい、自分の子供が男であったか女であったか解らんようでは……」と涙を流しながら、「あなた、よく憶えておいてくださいよ。二人で兄と妹」「ああ解った解った、年はいくつであったっけ」「あれ、また年を忘れてる。兄が九つで妹が七つ。あなた、二人の名前が解っていますか」「さあて、なんだっけ」「またお忘れですか」「はい、女房が帰ってきたら尋ねておこう」。これはもう横着というもの。

心の塵を払え

朱利槃徳はこんなのではなくまったく真剣ではあったが、憶えようと思う一心で十日も二十日も経つうちに、ようやく箒の名前を憶えた。このように箒のことばかり考えているうちに、箒とは何をするものであろうかと考えた。箒はこれで塵を掃除するものである。釈尊はこの箒をもって一体何を教えてくださっているのだろうかとも考え、そして箒は塵芥を除くものである。我が身の煩悩は塵芥である。智慧は箒である。智慧の箒をもって煩悩の塵芥を除くのであると思いついた。このようにだんだんと箒のことから考えて、ついには愚かな朱利槃徳も阿羅漢《あらかん》(10)の悟りを開いて、釈尊の御前に出て領解《りょうげ》を述べ、「善いかな善いかな、お前のいうとおりである」と認可を得たとのことである。

これをみれば、〈道は近きにあり遠きに求むべからず〉との教えが、真実であると思われる。悟りというものは、なにか高尚な理屈を考え、奥深い教義でも極めなければ得られぬように思うかもしれないが、釈尊の教えはそうではない。釈尊は至極つまらなそうな、何にもなりそうもない箒を一本あてがわれただけであり、朱利槃徳もまたその箒一本を大切にして、ついに悟りを開いたのである。

我らもまた彼の如来の御慈悲を高いところに眺めたり、遠いところに求めて、得られない得られないと焦って苦しみ悶えるのは、誠に愚かなことであるといわねばならない。近く近く我らの周りに漲っている如来の大悲を、一切のものの上に味わうべきであろう。

註

（1）『無量寿経』往覲偈。浄土真宗聖典註釈版四七頁。

（2）『浄土和讃』浄土真宗聖典註釈版五七七頁。

（3）『蓮如上人御一代記聞書』浄土真宗聖典註釈版一二九二頁。

（4）**朱利槃徳**　チューラパンタカ。仏弟子。十六羅漢の一人。兄・摩訶槃陀に導かれて出家、生来愚鈍であったが、釈尊より箒を与えられた縁により、阿羅漢となった。

（5）**祇園精舎**　祇樹給孤独園。コーサラ国の長者アナータピンディカがジェータ太子の林苑を買い取り、釈尊とその弟子のために僧房を建てて寄進した。

（6）**天龍寺**　京都市右京区嵯峨野にある臨済宗天寺派の本山。足利尊氏と夢窓疎石が開山。

（7）**橋本峨山**（嘉永六一〔八五三〕—明治三三〔一九〇〇〕）京都の人。五歳で薬王院に入り義堂に師事。後、天龍寺に住し再建に尽くした。

（8）『報恩講私記』浄土真宗聖典註釈版一〇六九頁。

（9）**孟子**　中国戦国時代の思想家。孔子の孫の子思の門人に学び、王道主義を説いて諸国に遊説した。その言行録『孟子』は儒教四書のうちの一つ。

（10）**阿羅漢**　部派仏教の修行の最高段階。

修行せねば
悟られない

二　牆外底《しょうげてい》の道はすなわち禁内底《きんだいてい》

目を閉じて通っては色も艶も見えない。耳を塞いでいては声も音も聞こえない。目を開けて耳をそばだててみれば、救済はいたるところに示されている。自然界であれ人間界であれ、見る者の上に聞く者の上に、すべて救済は示されている。照る月の上にも、咲く花の上にも、散りゆく木の葉の間にも、流れる水の底にも、救済はある。親の上にも、友の上にも、我が身の上にも、日々起こり来たる社会の事柄の裡にも、救済は明らかに示されている。まずは聞きなさい、ここに渾々として救済の泉が湧き出でている。見なさい、そこに爛漫として救済の花が咲いている。天地はみな救済の現れに外ならない。たとえつまらぬ些細なことのようであっても、何事の上にも心を留めて味わえば、汲んでも汲んでも尽きない味わいが溢れてくるのだ。

この点からしてあながちに箒一本だけではない、扇子一本でも悟りは得られる。中国の唐の時代、馬祖道一《ばそどういつ》[1]禅師の嗣法であった麻谷宝徹《まよくほうてつ》[2]禅師に、ある僧が「いかなるかこれ、風性常住無《ふうしょうじょうじゅうむ》処不《しょふ》周底《しゅうてい》の道理（風はどこにでもあり、ないところがないという道理を教えてください）」と問いかけた。すると禅師は何も言わずいきなり扇子であおがれた。僧は怪しんで、「承り及ぶ、風性常住にして処として周《あま》ねからずということなしと。和尚、何によって扇子を用いたまう（教えてください、風はつねにどこにでも充ち満ちているのに、何故扇子を使われるのですか）」。和尚は「汝、風性常住を知るといえども、いまだ処として至らずということなき道理を知らず（なるほど、お前は風がつねにどこにでも充ち満ちていることを知ってはいるが、風がないところがない、ということが解っていないな）」と答えられた。和尚は「なるほど、風はお前のいうとおり宇宙に遍く存在しているが、扇子であおがなければ風として出てこないではないか」と誡められたのである。扇子によって風を出すとは、風は暑熱を払うもの、修行の扇によって智慧の風を起こし、精神の暑熱である煩悩を払うからこそ快いのである。

風雨霜露も教え

本願にめぐり扇の要にて　ただ尊やと仰ぐばかりぞ

これは如来の本願に出逢えた嬉しさの限りを詠んだものである。『言志録《げんしろく》』(3)に「春風もって人を和し、雷霆《らいてい》もって人を警《いま》しめ、霜露《そうろ》もって人を粛《しゅく》し、氷雪《ひょうせつ》もって人を固《かと》うす、風雨《ふうう》霜露《そうろ》教えにあらざるなし」とあり、また「青青《せいせい》たる翠竹《すいちく》、般若にあらざるなく、鬱々《うつうつ》の香華《こうげ》、あに実相ならざらんや（青青とした翠竹は般若（智慧）そのものであり、鬱々とした香華はまた実相に外ならない）」。

青青たる翠竹も法なり

我らの四辺に仏の働きでないものはなく、周囲に教えでないものはない。「如来の真身は本二つなし、物《もつ》に応じて形を顕し世間に満つ（如来の真身は一つであって、衆生に応じて形を顕し世間に満ちる）」という。『華厳経』(4)というお経は誠に尊いお経であるが、この中に我らの一日中の仕事についての用意が懇ろに説かれている。

日常生活での修行

妻子が打ち集うたときには、一切の怨親を平等にして永く貪りを離れるように思え。家を出て道を歩くときには、自分もまた仏の道を踏んで悟りに至ろうと思え。坂道を上るときには、

平常心これ道

この三界を出るについても、心に怯弱《おくびょう》を抱かぬように思え。坂道を下るときには、心を謙《へり》下《くだ》って長く善根を積むことを思え。塵多い道なら、自分に引き比べて、塵土を離れて清浄の法を得るように思え。塵のない道ならば、自分もつねに大悲を行じて、心を潤そうと思え。柔らかな美味しい食を得れば、大悲の燻《くん》ずることによって、わが心もこのように柔らかでありたいと思え。貧しい堅い食を得れば、心に汚れなく世間の貪りを断つように思え。

その外にも多くの場合について非常に丁寧に示されている。決して我らの力で飛びつくこともできないような、高い高い理屈ばかりは示されていない。我らの日々夜々、家庭や日暮らしの上で突き当たるいろいろな事柄や問題について、親しく手近なところで、我らの心の向け様を示されたのである。これを見究めなければならない。

道はいずれにあるか。道はどこにあるか。それはあなたの足下にある。昔、趙州従諗《じょうしゅうじゅうしん》(4)禅師は南泉普願《なんせんふがん》(6)和尚に、「いかなるかこれ道（道とはどういうものですか）」と気負い込んで尋ねたところ、和尚の「平常心これ道（平常心こそが道だ）」との答えを得て、たちまちのうちに頓悟されたという。なるほど手近い、平常の心こそ道である。常並《つねなみ》の心、それが取りも直さず道であるというのだ。

これによって頓悟された趙州禅師に、またある僧が「いかなるかこれ道（禅師が南泉和尚に尋ねられた道とは、一体何をいうのですか）」と尋ねると、禅師は「牆外底（垣根の外にあるじゃないか）」と答えられた。すると「這箇《しゃこ》の道を問わず（そんな道を聞いているのではありません）」「那箇《なこ》の道を問う（じゃあ、お前はどんな道を聞いているのか）」「大道（もっと大きな道を聞いているのです）」「大道は長安に透《とお》る（大

垣根の外の道は王城へ続く

きい道なら都の長安に通っているぞ）」と答えられた。

この道というものは元来一つにして平等である。垣根の外に通っている道も直ちに都の宮城に達する。王侯も行き庶民も歩く。遠く千里を旅せんとする者も、まずは我が家の軒下を歩き始めなければならない。「道は邇《ちかき》に在り、却ってこれを遠きに求む（道は近場にありながら却ってこれを遠くに求める）」足の下にあるものを、頭の上に向かって求めている。「事は易きにあり、却ってこれを難きに求む（事は解りやすいのに却って難しく考えてしまう）」人間は気が利いているようで、間が抜けていることが多い。「道は須臾《しばらく》も離るべからず（道は一瞬も離れていない）」朝ムックリと起きたときにも道があり、顔を洗って仕事にかかるときにも道がある。我らはつねに道の上に立って道の上に働き、道の上に寝るというふうに、日々の行事の上に、行住坐臥・時処所縁の上に、如来本願の大道は坦々として開けているではないか。

註

（1）**馬祖道一**（七〇九―七八八）中国唐代の禅僧。大寂禅師。漢州什放（四川省什放県）の人。南岳懐譲の法を嗣ぎ、江西省南昌県開元寺に住した。

（2）**麻谷宝徹**（不祥）中国唐代の禅僧。馬祖道一に参じて法を嗣ぐ。麻谷山に住す。

（3）**『言志録』**江戸時代の儒学者、佐藤一斎の著。

（4）**『大方広仏華厳経』**大乗経典の一。全世界を盧舎那仏の顕現とし、一微塵の中に全世界を映じ、一瞬の中に永遠を含むという一即一切・一切即一の世界を展開する。

（5）**趙州従諗**（七七八―八九七）中国唐代の禅僧。曹州臨淄（山東省）の人。池陽（安徽省）の南泉普願に師事し、大悟してその法嗣となる。

（6）**南泉普願**（七四八―八三五）中国唐代の禅僧。鄭州新鄭（河南省新鄭市）の人。十歳で新鄭・大隗山の大慧禅師に入門。後に、馬祖道一に師事。池州貴池（安徽省）の南泉山に禅院を構えた。

三　一心現じて法界ことごとく道なり

道はいずれにあるか。道は至るところにある。「一華開けば天下みな春なり。一度発心すれば法界ことごとく道なり」とは『往生講式』(1)の語である。発心した眼から見れば、天下のこと一つとして道でないものはなく、どんなものからも道を見いだし、教訓を発見することができる。

洋画家の熟達

ある若い洋画家が、三年間専心修行の後、大いに得るところがあって、さらに洋行修学を勧められたので、一旦故郷に帰省してそれを報告した後、上京して恩人に、「私は三年間東京で学びましたが、その間熟達できたことをこの度の帰省で知りました。上京する前は故郷の山水を写生するのに、どこの景色を描こうかと、所々方々を尋ね探さなければなりませんでしたが、今回帰省して眺めてみれば、至るところ画題とならないものはなく、どこを写してもそれぞれ趣があることが解りました」と話したという。

法界はことごとく道なり

大道は目の前にあり、法界はことごとく道である。垣根の外の小路は都の宮城に通じている。キリストは野の百合と空の鳥に神の真理を悟り、釈尊は暁の明星に無上菩提の正覚を感得された。釈尊が一枝の華を拈《ひね》られたとき、摩訶迦葉(2)一人破顔微笑して、正法眼蔵涅槃妙心の付嘱を受けた(3)ではないか。朱利《しゅり》槃徳《はんどく》は一本の箒によって悟り、慧能《えのう》(4)は米を精して悟り、霊雲《れいうん》(5)は桃の花の開くを見て悟り、香厳《きょうげん》(6)は竹に当たる小石の音を聞いて悟り、元暁《げんぎょう》(7)は骸骨に溜まる水を飲んで悟り、洞山《とうざん》

酒呑みの父子

は(8)水を過《よ》ぎり写れる己が影を見て悟り、宝積《ほうしゃく》(9)は行乞の際に豚肉を売るのに逢って廓然大悟したではないか。

あるいはまた地面を打って悟ったものもあり、臂を断ち切って悟ったものもあり、指を切って悟ったものもあり、馬から落ちて悟ったものもあり、手を拍って悟ったものも、簾《すだれ》を巻き上げて悟ったものも、風の音や燭の光鳥の声に悟ったものもある。その他にも佐々木志津磨《しづま》(10)は牛のよだれが地に垂れるのを見て懸腕直筆の法を悟り、池大雅《いけのたいが》(11)は草の中の蛇が驚き逃げるのを見て画法を悟り、釈懐素《しゃくかいそ》(12)は夏雲の閃くのを見て草書三昧を悟り、法然上人(13)は畳をおさえて念仏の尊さを語り、蓮如上人(14)は廊下に落ちた紙片に仏恩の重いことを感じ、峨山《がざん》(15)和尚は手水鉢の水に霊の生命を説かれたではないか。天下いずれのところにか如来に直面しないところがあろうか。

酒飲めば何時《いつ》か心も春めきて　借金取りも鶯の声(16)

これは酒に一時の快を得たのであろうが、しかし父が上戸で子が上戸、ともに酒呑む振りをせず、ある夜倅が帰ってきて、親父の前に手をつけば、父は見るより臂を張って、「顔が三つも四つもあるような、化け物みたいな子は要らん、貴様に家は譲られん」。倅はこれを聞いてあざ笑い、「こんなぐるぐる回る家、危ない家は要らんわい」と眼を据えたという。こんな悟りではまったく困ったものであるが、とかくこうなりがちである。

註

（1）**『往生講式』**　一巻。永観の著。浄土願生者が毎月十五日に集まって行う講の法式を定めた書。

（2）**摩訶迦葉**　マハーカッサパ。釈尊の十大弟子の一人。頭陀第一と称され、釈尊滅後の教団を率い、第一結集を主催した。

（3）禅宗の起源を説く寓話。釈尊が霊鷲山で華を拈ってみせたところ、会座の大衆中ただ一人摩訶迦葉のみがその意味を了解して微笑し、それによって不立文字の正法が伝授されたという。

（4）**慧能**（六三八—七一三）　中国唐代の禅僧。姓は盧氏。新州（広東省新興県）の人。黄梅山で中国禅第五祖弘忍に参じ、得度しない行者のまま印可されて六祖となった。

（5）**霊雲**（生没年は不詳）　中国唐代の禅僧。福建省長谿の生まれ。「三十年来、剣客を尋ね、幾たびか落葉に逢い、幾たびか枝を抽く。一たび桃花を見てより、直に今に至るまでさらに疑わず」の偈を呈して霊祐禅師の印可を得、師の法を嗣ぎ霊雲山に住した。

（6）**香厳智閑**（?—八九八）　中国唐代の禅僧。生来きわめて頭がよく、博学多識だったが、知識だけでは満足できず、霊祐禅師に師事した。

（7）**元暁**（六一七—六八六）　新羅の華厳宗の僧。新羅浄土教の先駆者。姓は薛氏。新羅の押梁郡（現在の慶尚北道）に生まれ、興輪寺の法蔵に華厳を学んだ。唐に渡ろうとして、偶然に骸骨に溜まった水を飲んで、「真理は遠くにあるものではない。枕元で甘く飲めた水が、起きた後に骸骨に溜まっていたことを知ったとき、気に障り吐きたくなった。世の中の認識は心にこそある」と悟って渡唐を諦めた。その後は華厳の研究に専念し、二四〇巻もの著作を成した。

（8）**洞山良价**（八〇七—八六九）　中国の唐代の禅僧。俗姓は兪氏。曹洞宗の開祖。

（9）**宝積**（不祥）中国唐代の禅僧。凝寂大師。馬祖道一の法嗣。幽州盤山に住す。

（10）**佐々木志津磨**（元和五〔一六一九〕—元禄八〔一六九五〕）江戸時代の志津磨流の書家。志頭磨とも。通称、七兵衛、七右衛門。号は松竹堂、静庵、専念翁など。加賀国出身（京都出身説あり）。

（11）**池大雅**（享保八〔一七二三〕—安永五〔一七七六〕）江戸時代の文人画家書家。本来の苗字は池野だが、中国風に池と名乗った。幼名は又次郎など。諱は勤、無名、字は公敏、貨成。雅号は大雅堂、待賈堂、三岳道者、霞樵など。

（12）**釈懐素**（七二五—七八五）中国唐代の書家、僧。字は蔵真、姓は銭氏。零陵の人で、詩人として有名な銭起の甥にあたる。幼くして仏門に入り、その後、長安に移って玄奘三蔵の弟子となった。修行の暇に好んで書を学んだが、貧乏だったので芭蕉をたくさん植えてその葉を紙の代わりにし、それが尽きると大皿や板を代用して磨り減るまで手習いした。特に草書にすぐれ、その作風は狂草と呼ばれる草書のなかでも奔放な書体を得意としている。

（13）**法然房源空**（長承二〔一一三三〕—建暦二〔一二一二〕）日本浄土宗の開祖。美作国（岡山県）の生まれ。十五歳で出家。比叡山西塔の源光の室に入り、東塔の皇円にも師事、後、西塔黒谷の叡空をたずね法然房と号して黒谷に籠居した。四十三歳のとき、善導の観経疏に依り専修念仏に帰し、吉水に草庵を開いて教えを説き、ひろく帰依を受けた。勅号は円光大師・東漸大師・慧成大師・弘覚大師・慈教大師・明照大師。

（14）**蓮如**（応永二二〔一四一五〕—明応八〔一四九九〕）真宗本願寺の第八世。諱は兼寿。信証院と謚された。勅号は慧灯大師。本願寺第七世存如の長男。青蓮院で得度。南都大乗院の経覚について学んだ後、真宗の興隆を志して宗義を独学し、継職の後は布教につとめ、日常語により平易に宗義を述べた手紙（御文・御文章）を数多く書いた。本願寺中興の祖と仰がれる。

（15）**橋本峨山**　本書五頁の註（7）参照。
（16）落語「居酒屋」のまくら。

四　他力の啓示は至るところにあり

自然界には実に一貫する道理が籠もっている。真に仏心が顕現していることは疑いない。見られよ、太陽は毎日毎日必ず東から昇って毎夕毎夕西に沈む。誠に行儀作法の正しい姿である。夏になれば夏のように、冬になれば冬のように、照らすべきを照らし、温めるべきを温めるまでのことで、決して無駄な余計なことをしない。これは大いに我々も学ぶべきことである。ついに一度も太陽が不行儀に朝寝したとか、昼寝したとかいうことはない。またついに一度も太陽が夜中に照りだしたとか、冬の最中に三伏《さんぷく》(1)の熱を越したとかいうこともない。

桜は年々紅に咲き、柳は歳々緑の芽を出す。咲くべき時が来れば深山幽谷の岩の挟間にも咲き、散るべき時が来なければ、いかに九重の大奥庭に一枝を焚いて酒を温めようと思っても、決して散ることはない。誠に行儀のよい姿である。紫色にもなれば金銀の色も交じるというようなこともない。誠に我々への活きた教訓である。

尽日《じんじつ》春を尋ねて春を見ず　杖　藜《じょうれい》踏み破る幾重の雲
帰り来りて誠《こころみ》に梅梢《ばいしょう》を把《と》って看《み》れば　春は枝頭《しとう》に在りてすでに十分なり

これは宋の学者戴益《たいえき》の「探春」という詩であるが、何としても春が見たい、春に逢いたいと、弁当を持って日がな一日中、野を越え山を越え、里を踏んで春を尋ねてみたが、尋ねても尋ねても

稲荷山の呪詛

まだ残り雪はところどころに白く、肌には余寒の風が冷たくして、春らしい景色も見えない。やれらちもない、疲れ果ててがっかりして我が家に帰り、軒端の一、二輪ほころびはじめた梅の花の梢を把って看れば、春の気分はすでにこの内に溢れている。遠く家を出て求めるには及ばなかった。我が軒近く、春は早や満ちていた。

道を求める者は、この詩を読んで大いに悟るところがなければならない。自己を忘れて、理論の山に行き、文字の野に出ても、道は決して探り得ることはできない。近く自己を掘れ、現在ただ今の自己の生活に徹せよ。ここに大道悠々の春のごとくに在って、煌々と輝く火のごときものがあるのだ。

春眠暁を覚えず　処処に鳥の啼くを聞く
夜来風雨の声　花落ちること多少を知る[2]

ぽかぽか温められる光に温められては目覚めずにいられぬように、光はすでにわが心に満ちている。出でて見るがよい、仏の御恩に夜は明けている。

慈光はるかにかぶらしめ　ひかりのいたるところには
法喜をうとぞのべたまふ　大安慰を帰命せよ[3]

かって狂歌師であったもとの木阿弥[4]が、江戸の麻布辺りを逍遥したとき、とある稲荷神社の神木に、人の両眼を書いた紙を貼り、釘をもってその両眼を打ち付けてあるのを見て、無理な祈願をこめて人を呪う奴があると思い、矢立を取りだしてすぐに狂歌一首をその傍に書き付けた。

目をかいて祈らば鼻の穴二つ　耳でなければ聞くことはなし

翌日木阿弥が行ってみると、昨夜深更に祈願主が来て見たのか、今度は大きな耳を書いて釘付けにしてある。これでもきかぬかという意気込み。なるほど目では聞けまいが、耳では聞かぬわけにはまいるまいというのであろう。そこで木阿弥再び筆を執り、

目を耳にかへすがへすも打つ釘は　耳ふさぐ故なほきかぬなり

と認めておいた。いくら耳があったとしても、うっかりしていては聞こえないのに、いわんや耳をふさいであればどうにもならん。さて今夜はどうするかしらんと翌日行って見てみると、大きな藁人形に釘を一杯打ち込んで、頭から足まで釘づめにしてあった。木阿弥はにっこりと笑って、書いたのが次の一首。

稲荷山きかぬ祈りに打つ釘は　ぬかにゆかりの藁の人形

いくら釘を打っても応えないのが糠に釘、糠の先祖の藁の人形も駄目だと教えられて、これっきり呪いも止まったという。

このようなわがまま勝手な考えを起こして、人を呪い世を恨んで、せっかくの仏心を無にしてはならない。人生に徹底すべきことである。

註

（1）**三伏**　夏の極暑の期間。夏至後の第三の庚の日を初伏。第四の庚の日を中伏。立秋後の第一の庚の日

を末伏という。

（2）中国唐代の詩人・孟浩然の詩「春暁」。

（3）『浄土和讃』浄土真宗聖典註釈版五五八頁。

（4）**もとの木阿弥**（享保九〔一七二四〕―文化八〔一八一一〕）江戸末期の狂歌師。

弘忍と慧能

五　米搗き禅師、米搗けたりや

禅の第五祖である弘忍《こうにん》(1)禅師は、見識も高く学博く、遠近を問わず門下に学び来たる者が多かったが、ある日、蓬髪垢面にボロを纏《まと》った乞食僧が訪ねて来た。「何の用じゃ」と問うと、「私は盧《ろ》行者《あんじゃ》と申す者でございます。仏に成りたいと思って道を求めております。ここに置いてください」。

「米搗き部屋にでも入っておれ」。

盧行者はそれを聞いて恭しく礼拝し、台所の方に行って、毎日毎日薪を割ったり、米を搗いたりしていた。彼は身体が小さく軽かったので、身体に重しを括り付けて、その重みを利用して米を搗いたという。

そのようにして数ヶ月が過ぎたある日、禅師は大衆を一堂に集めて、「正法はなかなか理解しがたいものである。ただいたずらに私の言葉を記して、それでおのれの役目が終わったと思ってはならぬ。お前たちは各々自分の心に随って一偈にその心境を述べよ。もしそれがよく悟りに達していたなら、すなわち我が法の正嫡であると認めよう」。

さあ七百有余の弟子たちは、誰しも大法の継承者になりたいと思って、それぞれ頭を撚《ひね》って安心会得の領解を示して、我先にとこれを廊下の壁に所狭しと貼り付けた。その中に弘忍禅師の上

足の高弟神秀《じんしゅう》が書いた、

身はこれ菩提樹　　心は明鏡台のごとし
時々に勤めて払拭《ふっしょく》して　　塵埃《じんあい》を惹《ひ》かしめるなかれ

の詩があって、人々はこれを見て賞嘆し、大法の継承者はこの人であろうと羨んだ。米搗きの盧行者はこれを聞いて、「よくできてはいるが、まだまだだな。惜しいかな、その悟りはいまだ徹底していないな」と言ったが、誰も真面目に聞く者がいなかった。そこで盧行者は自分では字が書けないので、一人の僧に頼んで、自分の領解を次のように唱えて書いてもらった。

菩提もと樹にあらず　　心あに明鏡台ならんや
本来無一物　　いずれのところにか塵埃を惹かん

これを神秀の頌と並べて置いた。

その日、弘忍禅師は参堂して廊下の偈頌を読んでいった。夜半、禅師は密かに台所に来て盧行者に「米は搗けているかな」と尋ねると、盧行者は「精米は終わっています。ただ糠を除いていないだけです」と応えた。すると禅師は黙然して杖をもって臼を打つこと三度、行者はまた無言で米を簸《ひ》ること三度、師弟相見てにっこりと笑った。

ああ、問う者は知徳兼ね備えた大禅師、答える者は無学にして文字も書けない行者。極善最上の法は却って極悪最下の者によって得られる。大道無辺至るところにあって、法門無尽いかなる人も入ることができる。盧行者は米搗きの仕事の裡にも、智あり学ある幾百の子弟が久しく得られなかった涅槃妙心を、僅か一夜の中に容易《たやす》く体得したことを知るべきである。

「時々に勤めて払拭して、塵埃を惹かしめるなかれ」「本来無一物、いずれのところにか塵埃を惹かん」彼は行入、こちらは理入。「米は搗けたか」「精米は終わっております」業障の塵埃を払拭せよ、塵埃払拭し終わっています。精米ができるとともに、心も清らかになっていたのである。盧行者はここに衣鉢を受けて、禅門の第六祖慧能となったのである。

註

（1）**弘忍**（六〇二—六七五）中国禅宗第五祖。姓は周氏。蘄州黄梅（湖北省蘄春県）の人。四祖道信の法を嗣ぎ、黄梅の東山で教えを弘めた。

徳山と点心売りの老婆

六　明来闇去、闇去明来

中国禅宗の一派雲門宗《うんもんしゅう》(1)の大徳に、徳山宣鑑《とくざんせんがん》(2)和尚という方がある。初めは教相家(3)で大変に教理に明るく、不平満々たる勝他の心を持って禅宗の盛んな南方に行脚して、教化別伝《きょうげべつでん》・不立文字《ふりゅうもんじ》などという無鉄砲な宗旨を打ち壊してやろうと、勇んでやって来た。澧《れい》洲まで来たところ空腹を覚えたので、路傍に婆さんのやっている腰掛け茶屋で一服しようと、「婆さんや、その点心は幾らだい」と尋ねた。するとその婆さん、値段を言うどころか「大徳よ、あなたが担いでいる笈の中にあるのは何の本かい」と、とんでもないことを聞き返してきた。「これが婆さんに解るものか。これはなあ、もったいなくも金剛経の疏鈔《そしょう》じゃ」「金剛経かい、それならそのお経に『過去の心は得られず、現在の心は得られず、未来の心は得られず』とあるが、あんたの欲しい点心は、その中のどの心じゃ。過去心か、未来心か、現在心か、それを承りたい。でなければ点心は売れないよ」と返された。徳山は腹が減って仕方がないが、現在心と言えば現在とは一刹那であるから捉えられず、過去心と言えばすでに去ってしまったものを捉えられず、未来心と言えばなおさら捉えられず、答えに詰まってしまって、口は担い棒のように強ばってしまった。

しかし徳山はこの一問に答えができなくても、それですごすご逃げ出すような卑屈漢ではない。みずからはぐうの音も上がらないながらに、こんなひどい婆がいるくらいだから、きっとこの辺

徳山と龍潭

に大善知識がいるに相違ないと目星を付けて、「この近所に誰か名師がおられるかい」と聞いてみると、「五、六里行くと龍潭《りょうたん》(4)和尚という大徳がおられる。そこへ行かれるがよい」と婆さんは木で鼻をくくったような挨拶。如来引接の深意は明らかにこの婆さんの上に現れており、仏心は昭々として輝いている。宿業は正に到来して、あえて婆さんの言葉に逃げ出すこともできず、とうとう婆さんに「近所に誰か名師がおられるか」と尋ねさせられたのである。世相の底、人生の裡に仏光を徹見しようとするところが、誠に値千金である。

そこで徳山は龍潭のところに訪ねて行って、玄関先で大声をあげて、「久しく龍潭という名前が天下に響き渡っているが、音に聞くほど深い淵もない。龍潭はどこにいるのか」と呼びかけて乗り込んだ。ちょうど玄関の衝立の後でそれを聞いていた龍潭は、スッと姿を現すと、「お前は久しく龍潭に遇っているぞ、深い池の底まで届いたぞ。お前は話せる奴のようだ、上がれ」と許して、師弟の縁を結んだのである。

徳山は一日和尚に参禅して夜も更けてきたので、「もはや遅くなったから帰れ」と言われ、暇を告げて帰ろうと簾を掲げるともう外が暗い。「和尚、真っ暗ですよ」「それならこれでも持って行け」と紙燭(5)を点して渡そうとする。受け取ろうと手を差し出す途端、和尚はフッと火を吹き消してしまった。その瞬間、忽然として徳山は大悟の境に達したという。

真に明来闇去、闇去明来というべきことか。暗いと自覚した瞬間、パッと輝ける光は、無限の輝きである。

無礙光如来の名号と　かの光明智相とは
無明長夜の闇を破し　衆生の志願をみてたまふ(6)

相通ずるものがあるのではなかろうか。

註

(1) **雲門宗**　中国で成立した禅宗の五家（臨済・潙仰・雲門・曹洞・法眼）の一。唐末から五代の雲門文偃を宗祖とする。宋代には、臨済宗とともにもっとも隆盛を極めた。

(2) **徳山宣鑑**（七八〇―八六五）　中国唐代の禅僧。俗姓は周氏、剣南（四川省）の人。若くして仏道に入り、諸経論を学び、律蔵を究め、つねに『金剛経』を講誦していたので「周金剛」と呼ばれた。後に石頭宗の龍潭崇信に師事し、その嗣法となった。

(3) **教相家**　教学者。教学を重視するあまり、実践の行を軽視する傾向がある。

(4) **龍潭崇信**（不祥）　中国唐代の禅僧。天皇道悟によって出家。玄旨を悟る。後に澧州龍潭に庵をむすぶ。

(5) **紙燭**　松の木の細い棒や紙をひねって油を染みこませたものに火を点けて使う室内用の照明具。

(6) 『高僧和讃』浄土真宗聖典註釈版五八六頁。

七　倶《ぐ》胝《てい》一《いち》指《し》頭《とう》の禅

朝から晩まで「倶《ぐ》胝《てい》仏《ぶつ》母《ぼ》陀《だ》羅《ら》尼《に》」[1]ばかり読んで倶胝和尚の名をもらった和尚が、唐の中頃にいた。一ヶ寺の住持になりすまして頑張っているところに一人の尼僧がやって来て、「ご免」とも何とも言わずいきなり座敷に上がって、笠を被ったまま草鞋《わらじ》は履いたまま、ツイっと奥座敷に入るや否や、和尚の座っている禅床をグルグルと三遍廻った。誠に眼中に和尚なしという振る舞い。そして「なにか一句有り難いことを言ったら、笠を脱いで礼拝しましょう。さあどうでございましょう」と言い放った。和尚は一向に口が開かない。「いかがでござるか、いかがでござる」とたたみかけられても返事ができない。目ばかりパチパチしている。まるでヒキガエルの化け物みたいなありさま。尼さんは少なからず愛想を尽かしたものか、こんな馬鹿面の和尚がと言わぬばかりに、ツイっと庵室から出て行った。時あたかも夕暮れである。「どうじゃ、泊まっていかれたら。日も暮れかかって、どこかに泊まらねばならんだろうに」というと、尼さんすかさずやり返す。「何とか法門を言うて聞かさっしゃい、それなら泊まりもしようぞ。さあ言うてみさっしゃい」と迫るが、和尚はまたも返事ができない。据え人形そのままに口をあんぐり。尼さんは「こんなヤクザ和尚のところに泊まったからとて何になる」と、嘲《あざけ》る心を姿に見せて、さっさと出て行ってしまった。

後で和尚、残念でたまらない。身は頭を剃って袈裟掛けて、禅宗坊主といっておりながら、わずか比丘尼の一問に答えができないとは、恥ずかしい情けない、最早一刻も平然としておれない。寺も何もうち捨てて天下を遍歴し、名師を求めて修行しようと思い定めた。するとその夜の夢に鎮守の山の神が現れて、「それだけ堅固の願心があれば、何も寺を捨てて遠く余所に行くには及ばぬ。近いうちに必ず肉身の菩薩が出て来てお前のために法を説くから、それについて充分修行せよ」と勧めるのを感得した。一週目に果たして天龍《てんりゅう》和尚(2)という人がやって来た。馬祖道一門下の尊宿で、大梅法常禅師《だいばいほうじょう》(3)の法嗣である天龍和尚、この人ならばと先日のことを語って、くれぐれも教えを請うた。すると天龍和尚は何も言わずにスーっと指を一本立てる。その瞬間、倶胝は豁然として大悟し、今までの大疑団がガラリと解けた。爾来、指一本の味わいが上手く手に入って、何でもかんでも指一本。「いかなるかこれ仏法の大意」指一本を立てる。「いかなるかこれ祖師西来の意」指一本をニュっと出す。「今日はいい天気でございます」指一本。「近頃厳しく寒うございます」指一本。「お障りもございませぬか」指一本。こんなありさまで何を尋ねても指一本しか出さない。一生涯指一本で法を説いたが、「まだ使い尽くせぬ」と臨終の際にまで叫んだという。「倶胝一指頭の禅」といって、それが和尚の名物となった。

和尚の侍者を勤めていた十四、五歳にもなろうかという童子がこのありさまを始終見ていて、いつしかこれを真似て、やはり指一本を立てる。「このごろ和尚はどんな説法をされるか」指一本。「身体ばかり大きくなってもいかんぞ」指一本。「和尚の真似ばかりではつまらんぞ」指一本。童子は得意満面になっている。このことをそっと倶胝和尚に知らせた者がいる。「よし、一つわしが試してやろう」と和尚は童子を呼びつけて、いきなり「お前は仏法を会得しているというが本当か」「はい」「いかなるかこれ仏」童子はスっと指を一本出した。「この野郎、生意気に……」と和尚は隠し持った小刀で、ズバリとその指を斬り落としてしまった。さあ童子は堪らない。アイタッと悲鳴を挙げながら部屋の中を走り回る途端、「こら小僧」と呼び止めた。ちらっと顔を向けるなり、「いかなるかこれ仏」ハッと指を示されて、ありもせぬ指を立てようとして手を挙げたとき、忽然と大悟して真の心境に達したという。

あわれ天龍の指、倶胝の指、小僧の指。指には違いはないが、その心については大違いである。形だけ真似たのでは意味がない。指一本ぐっと示されたとき、ハッとして一を悟る。一は一心である。一向である。「汝、一心正念にして直ちに来たれ」と一をもって示されたとき、ハッとして一を受け取る。拵えた一心でも、真似た一向でもいけない。凡夫自力の手前味噌がズバリと斬り落とされたとき、こんな者をと如来の親心がぞっこん入り込んでくださる。「親鸞一人がためなりけり」とまるまる呑み込まれたところは、もう自由自在。「一生受用して尽くさず」願力の大道は、一生受用しても受用しても尽きない。自力根性の指がすっかりなくなったとき、善知識の言葉の下に帰命の一念が発得するのである。

真心徹到《しんじんてっとう》して苦の娑婆を厭《いと》ひ、楽の無為《むい》を欣《ねが》ひて永く常楽に帰することを明かす。ただ無為の境、軽爾《きょうに》としてすなはち階《かな》ふべからず。苦悩の娑婆は輒然《ちょうねん》として離るることを得るに由なし。金剛の志を発《おこ》すにあらざるよりは、永く生死の元を絶たんや。もし親しく慈尊（釈尊）に従はずは、なんぞよくこの長嘆《じょうたん》を勉《まぬか》れん。(4)

註

（1）**『倶胝仏母陀羅尼』** 詳しくは『七倶胝仏母所説准提陀羅尼経』不空訳。

（2）**天龍**（不祥）中国唐代の禅僧。杭州の人。馬祖下大梅法常に法を嗣いだ。

（3）**大梅法常**（七五二―八三九）唐代の禅僧。湖北省の生まれ。幼年より玉泉寺で修学し、竜興寺で具足戒を受けた。多くの経を暗唱するほど博覧強記だったが、長じて禅に志向し馬祖道一の法を嗣いだ。

（4）『観経疏』序分義・欣浄縁。浄土真宗聖典註釈版七祖篇三七四頁。

蘇東坡の修禅

八　識《し》らず廬《ろ》山《ざん》の真面目《しんめんもく》

蘇《そ》東坡《とうば》(1)はかつて都にいたとき、年少気英の資をもって、遍く天下の名僧を調べてやろうと志して、たまたま玉泉《ぎょくせん》の承皓《しょうこう》禅師を訪ねた。禅師は「そなたの名前は」と尋ねるので「秤《びん》」と答えた。天下の名僧を片端から秤《はかり》に掛けてやろうという意気込みである。禅師はそれを聞いてたちまち「喝《かつ》」と大声一喝した。「この一喝の重さはどれほどじゃ」この一喝の重さをお前の秤に掛けてみよ、とてもかかるまいぞ、棒が折れてしまうぞ、とやられて、さすがの東坡もぎっくり、返事が出ない。そこで今度は金山寺の仏印《ふついん》禅師の許に行った。東坡が仏印の部屋に入ろうとすると、たちまち一声「ここにはお前の座る場所はないぞ」「ならば和尚の頭の上にでも座りましょう」「わしの身体は本来無、色《しき》・受《じゅ》・想《そう》・行《ぎょう》・識《しき》もまた有ではない。一体どこに座るのか」とやられて、東坡またも石地蔵のように黙ってしまった。以来、熱心に修行して、ようやくその境地に達した。

東坡の禅は一個の廬山(2)をもって尽くされている。その廬山も見ようによってはいろいろに見える。しばらく目を見開いて徹底的に観察しなければ得るところはない。東坡の偈は次の三篇である。

横ざまに看れば嶺《れい》をなし側だてば峰《ほう》となる　　遠近高低《えんきんこうてい》おのおの同じからず
廬山の真面目を識らざるは　　ただ身のこの山中にあるによる

同じ一つの廬山でも「横ざまに看れば嶺をなし側だてば峰となる」平ったく布団を着たような姿の嶺ともなれば、突き立ってそびえ立つ峰ともなる。「遠近高低おのおの同じからず」ことごとく違って見える。どれが本当の廬山か解らない。廬山の本来は、高からず低からず、遠からず近からず、嶺にあらず峰にあらず、そして同時に嶺であり峰である。近くにあって遠くにもある。「廬山の真面目を識らざるは　ただ身のこの山中にあるによる」廬山の中に這い入っていては、到底解るものではない。遠近高低・四方八面から望んで、初めてその真実の姿を窺うことができる。そのように人生はつまらぬものというのも真実ではなく、人生は結構なものだというのも真実ではない。人生はつまらぬものでありながら、また同時に結構なものなのである。人生に頭を突っ込んでいては、人生の真相は見えてこないのだ。

廬山は煙雨《えんう》浙江《せっこう》は潮《うしお》　いまだ到らず千般恨み消えず
到り得て還り来れば別事なし　廬山は煙雨浙江は潮

差別がすなわち平等、平等がすなわち差別、遠近高低のあるままがない。ないままがある。画き来たった廬山の姿を打破し去ってそこに現れ来たる真実の姿、正見から出て正見に還る。ここに絶対の妙味がある。この妙味を味わい来たって果然実在の妙音《みょういん》に接し、天地の好景を看取し、法身の霊境に徹到することができるのだ。

渓声《けいせい》はすなわちこれ広長舌《こうちょうぜつ》　山色あに清浄身にあらざらんや
夜来八万四千の偈　他日いかんぞ人に挙示せん

餅問答

解釈に深味を与えよ、事に徹底せよ。中途半途ななまくらな百芸に通じるよりは、ただ一芸に達せよ。そこに無限の霊光は輝き来たらん。独り盧山の対観だけでなく、指頭屈伸の無言問答、また不尽の霊音に接することができるのだ。

ある禅寺に行脚《あんぎゃ》(3)の僧がやって来て、問答で打ち負かそうと和尚に面会を求めた。取り次ぎの小僧が気を利かせて、「和尚は留守じゃが、用事なら承りましょう」「小僧じゃ話にならん」「形は小さくとも智慧は大きゅうござるぞ」「なにを、この小僧」と、行脚僧は両手の指で小さな輪を作って突きつけた。これを見た小僧は両手を広げて大きな輪を作る。すると行脚僧、指を一本立てる。それを見て小僧は五本の指を立てる。行脚僧、今度は三本の指を立てる。すると小僧は一本の指でおのれの目の下を指した。行脚僧は顔色を変え三拝九拝して逃げ帰った。

行脚僧は相手を小僧と見くびっておったが、両手の指で小さな輪を作って「お前の胸中は」と問いかけてみれば、両手で大きな輪を作り「大海のごとし」と返される。それなら「お前の一身は」と指一本で尋ねると、指五本を立てて「五戒を持する」と答えが返ってくる。それなら「三界は」と指三本を出せば、指で目の下を指し「目の下にあり」と答えられた。小僧と見くびっておったが、とんでもない奴もいるもんじゃ。小僧ですらこれほどなのじゃから、その和尚は想像もつかぬど偉い人であろうかと、恐れ入って逃げ出したのである。

それを物陰から見ていた和尚、さっぱりわけが解らぬ。小僧を呼んで「今のは何じゃ」と尋ねると、「あの坊さん、私の実家の商売を知っておったのでしょう。お前の家で売っている餅はこんなに小さいだろうと、指で小さな輪を作って突きつけてきました。あんまり頭にきたので、こんなに大きいわいと両手を広げてやったんです。すると、じゃあ一つ幾らじゃと聞くから、五文じゃと五本出せば、三文にまけろと言うので、あっかんべえをしてやりました」と答えたという。

同じ指と指との問答をしながら、その中に一大真理を発見するのも、餅屋問答にするのも、皆その人それぞれの見識いかんによるのである。

註

（1）**蘇東坡**（一〇三六―一一〇一）　蘇軾。中国北宋代の政治家、詩人、書家。東坡居士と号したので、蘇東坡とも呼ばれる。字は子瞻。唐宋八大家の一人。

（2）**廬山**　中国江西省九江市南部にある名山。峰々が創る風景の雄大さ、奇絶さ、険しさ、秀麗さが古来より有名で、奇秀天下一と称えられてきた。廬山自然公園としてユネスコの世界遺産（文化遺産）に登録されている。

（3）**行脚**　仏法修行のため各地を訪ねて回ること。

九　仏魔《ぶつま》一紙《いっし》の分水境《ぶんすいきょう》

「に」と「が」の違い

元日の吉凶については、いろいろ面白い話が遺っている。元日の早朝、土瓶を打ち割った下女が、危うく主人の大目玉を食らうところに、

元日や土瓶《どびん》と貧《ひん》の底ぬけて　あとに残るは金の釣るのみ

と詠んで却ってお褒めにあずかった、などというのは気が利いている。

ある大家の主人、元旦に羽織袴に身を包み、屠蘇・雑煮を祝ってから、扇子片手にいざ年始回りにと出かかったところ、門の前で十歳くらいの子供が泣いている。いや何たる不吉なことであろうかと、主人は気が気でない。「一年の計は元旦にありというに、縁起でもない、元日早々泣き声を聞くとは、今年は滅茶滅茶じゃ。忌々しい、いっそ回礼を止めようか」と思ったが、ふと思い出したのが檀那寺の和尚さん。和尚なら何とかこの不吉を祓ってもらえるかと、急いで檀那寺に参ることにした。和尚さんにこれこれしかじかと訳を話して頼み入ると、和尚さんはニコニコしながら、「いやいや、こんな喜ばしいことはないぞ。昨年まではお前さんも貧乏神に取り憑かれていたとみえて、月末ごとに首も回らぬ苦しさであったが、今年は福の神が舞い込んできたのじゃ」と言う。「なに、子供が泣いていたのは、福の神が舞い込んできたのだというのですか。馬鹿馬鹿しい」「いやいや、よく聞きなさい。一首歌を詠んでやる。『七福に貧乏神が追ひ出され

門のところでわいわいと泣く』どうじゃな」「なるほどこれは有り難い。不吉じゃ不祥じゃと思っておったが、こんな喜ばしいことはない」と機嫌を直して回礼をすませて我が家に帰った。

さも愉快そうに女房に向かって、「今朝、お寺の和尚さんから誠に目出度いことを教わってきた。外でもないが、今朝回礼に出かけると、門の前で子供が泣いている。さても不吉なことじゃと思って気を腐らせてお寺の和尚さんに相談すると、こう言われた。『七福が貧乏神に追ひ出され　門のところでわいわいと泣く』どーじゃ目出度かろうが」と言うと、女房は不思議そうな顔をして、「もう一度言って下さい。その歌を」「よく聞けよ『七福が貧乏神に追い出され　門のところでわいわいと泣く』どうじゃ」「何と仰る『七福が貧乏神に追い出され』それで何が目出度いのですか」と言われて「なるほど、これは怪しからん。元旦早々、寺の和尚め、人を騙しよったな」はらわたを煮え繰り返してお寺に駆けつけた。

「今朝聞かせてもらった歌は、何というのでしたか」「今朝の歌か、『七福に貧乏神が追い出され門のところでわいわいと泣く』というのじゃ」「なるほど、これは目出度い歌。やはり家の嬶《かかあ》が間違えておったのじゃ。どうもありがとうございました」と帰って行った。お寺の和尚さん、何が何だか解らずに首を撚《ひね》ってござる。主人は家に帰るなり、「やはりお前が間違いじゃ。和尚さんに間違いはない。耳の穴をかっぽじってよく聞けよ。『七福が貧乏神に追い出され、門のところでわいわいと泣く』じゃ」と言えば、「七福が貧乏神に追い出されて、何が目出度いのですか。あなたはどうかしてなさる」と言われてみれば一言もない。「『七福が貧乏神に追い出され……』

なるほどこれは変な歌じゃ。寺では大層目出度い歌じゃったが、家に帰ると不吉な歌となる。妙じゃなあ、よしよしもう一度寺に行って尋ねてくる」と、三度目にお寺の和尚さんに会って、今度はその歌を紙に書いてもらってきた。女房と一緒によくよく眺めてみれば、七福にを七福がと間違えて、目出度い歌を不吉な歌にしてしまったのであった。

元来、子供の泣き声に、いつのかわりもなければ、祥不祥の別もない。ただその人の心得いかんにあるだけのこと。にとがとの違いが祥不祥の分岐点になるように、世は真に仏魔紙一重である。心を弘誓《ぐぜい》の仏地《ぶっち》に樹《た》てよ、念《おもい》を難思《なんじ》の法海《ほうかい》に流せ。人生は実に汚辱にして罪悪の結晶なるも、そのまま如来の慈光は皓々として遮られることなく照らしたまう。ここに徹見してこそ楽しい人生はやって来る。

世の中はこその二文字のつけどころ　治まるもこそ乱るるもこそ

十　蚊帳一つにても

「貧乏はしても正月は来る。新しい年は迎えねばならず」、といったところで餅はなし。子供は餅を欲しがるし、仕方ないから、さしあたり不要な蚊帳を質に入れて金を作った。さて夏となってそろそろ蚊が出始めたが、金がないので蚊帳を請け出せない。女房が「あのときはまあ今は冬じゃから蚊帳も要るまいと思いましたが、こう蚊が出てくると我慢ができません。といって代わりに入れる布団はなし、なんぞ請け出す工夫はございますまいか」「そうじゃのう、二人だけなら単衣を被っていても堪えられるが、子供はそれでは可哀想じゃ。なんぞ請け出す工夫といったとて……。おおそうじゃ出た出た」「出たって言っても何が出ました、蚊が出るばかりで、まさかお金は出ますまい」「まあよう聞けよ、こんな歌が出た」

　忘れても置くまいものは蚊帳の質　外で利がくう内で蚊がくう

ほんにつまらぬではないか、間違えても忘れても、蚊帳の質だけは置くものではないぞと言ったそうな。

　お寺参りは年寄りの気慰み仕事、仏法聴聞は若い者のする仕事でないなどと、向こうの方へ突きやってわがままばかりきめておくと、まさかのときには利に喰われたり蚊に喰われるどころではない。この世では浅ましい日暮らしをし、未来は永く火柱抱いて泣き明かさなければならない。

酔っ払いと蚊帳

忘れても聞くべきものは法の道　外で褒められ内で安心

ある宿に泊まったお客が、朝になって女将に怒鳴りかかった。「昨夜の蚊帳は破れていたに違いない、一晩中蚊に喰われてしまった。あんな破れ蚊帳を吊るとは何事じゃ」「何を仰いますか、家の蚊帳は破れてなんかおりません。一体どこで休まれましたか」「ついそこの部屋へ入ったところじゃ」「はあ、それじゃきっと昨夜は大分お酒を呑まれ酔ってお出ででしたから、部屋の入り口に掛けてあった暖簾をくぐられて、それを蚊帳じゃと間違えてそのまま休まれたのでしょう」「そう言われてみればそうかもしれん。いや、大分酔っておったからな」と納得した。さてその晩、お客はまた酒に酔って、寝間に転がり込んだ。昨夜のことがあるから、今度は女将も気を利かせて、蚊帳と間違わぬように暖簾を外しておいた。それとも知らぬお客は昨夜のことを思い出し、蚊帳の裾をつかんで、「これは暖簾じゃ、そしてそうそう、これが蚊帳の裾、これをくぐって寝てしまおう」と二度も蚊帳をくぐるから結局は外に出てしまい、二晩とも蚊に喰われたという。

仏法をもって世渡りの道具と心得、現世祈りの種にする人や、一時の気慰み半分に聴聞するような人は、蚊帳の手前に寝ているようなもの。仏法を鼻にかけ極楽を我が物顔にして、御慈悲を未来の方へ突き遣っているのは、やはり本願の蚊帳の向こうへ抜けている。ともに仏法の真意が解っていない。這い入ったつもりで這い入っていない。この世さえ上手く切り抜ければ未来は何とかなるというのも、この世は借りの宿、未来さえ助かればというのも、ともに蚊帳の外で蚊に喰われる可哀想な身。人生問題に目が覚めて、他力本願の蚊帳に入らねばならんと気付いたら、投げ出しの信仰や手造りの安心ではなく、乗彼願力とその中へ転げ込むべきである。

しかしその蚊帳に這い入るには、身体を屈め頭を下げて這い入らねばならない。政治家じゃとて、高級官僚じゃとて、金持ちじゃとて、立ったままで大手を振って入るわけにはいかない。そんなことをしたら、蚊もともに入って中でしっかりと喰われてしまう。

　大名も　かがんで這い入る　蚊帳の中

俺は大名じゃと言って、みずから力んでも仕方がない。如来本願の蚊帳に這い入るにも、やはり「我身は悪しき徒者《いたずらもの》」地獄一定と、我物知り顔も、われ心得顔も、我身あり顔もうち捨てて、かかる機までもお助けと、打ちもたれつつ本願の他力の中に転げ込むのである。加賀の千代は「煩悩の蚊は追へども去らず　菩提の蛍は招けども来たらず　さらば計らひの団扇を捨てて」と前書きして、

　丸はだか　他力尊や　蚊帳の中

と詠んだ。こんな涼しいこと、こんな有り難いことはない。ここが我々の信仰生活である。この一生を如来の御慈悲の蚊帳に包まれて、嫌な蚊の声も音楽と聞きなしつつ闇の夜を明かし、夜が明けるとお日様を拝むように、娑婆の終わり臨終のとき、生死世界の夜が明けて、瑠璃の大地に大悲の親様を拝むのである。

他力の啓示は至るところにあり。蚊帳一つでも悟りを得る御縁となるのだ。

折れな折れじと親竹子竹　すがり合ふたる雪の朝
辛抱しやんせきりきりしやんと　掛けた襷の切れるほど
迷ふ紫陽花《あじさい》七色かはる　色がさだまりや花が散る

第二章　自覚——沈痛なる自己発見

一　自己を知るは自己を修むるなり

人生問題といわず、社会問題といわず、宗教問題といわず、自己ということを離れては、何事も無意味に終わってしまう。経典を研究する、伝記を研究する、師匠に就く、いずれにしても、自己の修道ということが土台でなくてはならない。自己修道の第一歩は自己省察である。自己とは何ぞや、自分とはどんな者であるかを省察してみるのが入道の第一歩である。否、むしろ第一歩というよりも、その中心であり、究極である。ギリシャのデルフォイの神殿の入り口には、「汝自身を知れ」と書いてある。横川《よかわ》(1)の源信僧都《げんしんそうず》(2)は、

夜もすがら仏の道を求めつつ　おのが心に尋ね入りぬる

と詠ぜられた。道は近きにあり、仏法は足下にある。衆生は愚かにも近いところを知らずに遠いところに求める。都の宮城に達する道は、我が家の垣根の外にある小路から始まる。遠い他国に旅するには、まず我が家の軒下から足を運んでいく。仏に成る道も遠い高いところにあるのではなく、近く低い我が心の中にあるのである。

自己を省察せよ。自己を見究めよ。自己を発見せよ。自己に徹底せよ。自己とはいかなるものであるかを究明せよ。古《いにしえ》の聖人は全力を注いでこれを研究した。釈尊が王宮を出て修行されたのも、自己を明らかにするためであった。伝教大師[3]が一巻の『法華経』[4]を懐にして四明ヶ嶽《しめいがだけ》に籠もられたのも、自己を明らかにするためであった。法然上人が黒谷《くろだに》[5]の報恩蔵《ほうおんぞう》[6]に大蔵経を五遍まで繰り返して御覧になったのも、自己を明らかにするためであった。親鸞聖人が二十年かかって道を求められたのも、やはり自己を明らかにするためであった。弘法大師[7]の入唐も、道元禅師[8]の渡宋も、要するにこの自己とは何ぞやの問題を解決するために外ならない。

昔、嵩山《すうざん》[9]の少林寺[10]に黙座している達磨[11]大師の許へ、雪中に立って臂を断ち斬って熱意を示し道を求めた慧可《えか》[12]に対し、大師は最初に「汝の心を持って来い」と申された。我々は教えの前にこの心を持って行くべく、まず私の心を見つけ出さねばならない。

註

（1）**横川**　比叡山三塔（東塔・西塔・横川）の一。

（2）**源信**（天慶五年（九四二）—寛仁元（一〇一七））平安時代の僧。日本浄土教の祖。当麻（奈良県葛城市）の人。十三歳で比叡山に登り、十五歳にして宮中で『称讃浄土経』を講ずるなど学才を認められたが、横川に隠棲し念仏三昧の日々を送った。著に『往生要集』『横川法語』がある。

（3）**伝教大師**（神護景雲元（七六七）—弘仁一三（八二二））最澄。平安時代の僧。日本天台宗の開祖。近江国滋

賀郡古市郷（滋賀県大津市）の生まれ。俗名は三津首広野。渡来人の子孫。十二歳で近江国分寺に入り、南都で勉学。比叡山に延暦寺を開き、唐より天台宗を将来した。

（4）**『法華経』**　初期大乗経典の一。天台宗の所依経典。

（5）**黒谷**　京都市左京区にある地名。比叡山の西麓で、西塔北谷の別処。

（6）**報恩蔵**　黒谷にあった経蔵。五〇四八巻に上る一切経が所蔵されていた。

（7）**弘法大師**（宝亀五年〔七七四〕―承和二〔八三五〕）　空海。平安時代の僧。日本真言宗の祖。讃岐国多度津（香川県善通寺市）の生まれ。俗名は佐伯真魚。十八歳で大学寮に入るも学問に飽き足らず、十九歳を過ぎた頃から山林での修行に入り、三十一歳で受戒得度、留学生として唐に渡り、長安青龍寺の恵果から伝法灌頂を受け、真言密教の二つの系譜（胎蔵・金剛界）をすべて嗣法。帰国後、高野山に金剛峯寺を開いた。

（8）**道元**（正治二〔一二〇〇〕―建長五〔一二五三〕）　鎌倉時代の僧。日本曹洞宗の祖。京都の久我家に生まれる。十四歳で比叡山に登り、翌年、天台座主公円について得度。十八歳のとき、建仁寺にて栄西の弟子・明全に師事。二十五歳で明全とともに博多から南宋に渡って諸山を巡り、曹洞宗禅師の天童如浄より印可を受ける。越前（福井県）に永平寺を開いた。

（9）**嵩山**　中国河南省登封市にある山岳。中国五岳（東岳・泰山、南岳・衡山、中岳・嵩山、西岳・華山、北岳・恒山）の一。

（10）**少林寺**　インドから中国に渡来した達磨による禅の発祥の地で中国禅の名刹。また少林武術の中心地でもある。

（11）**達磨**（五世紀後半―六世紀前半）　ボーディダルマ。中国禅宗の開祖とされるインド人仏教僧。南インドのパッラヴァ朝の国王の第三王子として生まれ、出家し釈尊より数えて二十八代目の法統を嗣いだ。中国に来て南朝梁の武帝と面会したが容れられず、嵩山に籠もって禅の法統を伝えた。

（12）**慧可**（四八七―五九三）　中国南北朝時代の僧。俗姓は姫氏。幼名は神光。中国禅宗の二祖。

二　鏡に打ち向かうとき

『韓非子《かんぴし》』(1)に曰く「古《いにしえ》の人、目はみずから見るに短なり、故に鏡をもって観る。智はみずから知るに短なり、故に道をもっておのれを正す。鏡は疵を見すの罪なく、道は過ちを明かすに怨みなし。故に目は鏡を失えばすなわちもって鬚眉《しゅび》を正すなく、身は道を失えばすなわちもって迷惑を知るなし」。自己を知る者は自己なりというも、徹底して真実にこれを見これを知るは、決して容易な業《わざ》ではない。いかにしても鏡に依り道に依らねばならない。この鏡を見るに五つの態度がある。

ふと鏡に向かったとき、人はどんな感じを起こすであろうか。自己の面相そのままが正直に明らかに映し出された瞬間、まずハッとするであろう。一種の軽い驚きと怖れを抱くであろう。これが正に自己を観照した態度である。そのとおり鏡は本来ありのままの姿を映し、ありのままに見るべきものなのである。

姿を映し見るだけの鏡が、よく化粧のために用いられている。自己の真相を見ようとはせずに、却って自惚れをもって不美を糊塗しようとする。欧米の誰かが「女、一生の間に鏡に向かう時間を計上して、何十ヶ月になる」と言ったが、それはほとんど化粧をするための時間であろう。白粉の下に、なお自惚れというものを塗りつけてはいないだろうか。

それができなければ、つとめてその欠点を弁護し始める。目元は少しきつめだが口元は可愛いとか、鼻は低めだが頬の格好はよいとか、ひっぱたりつまんだりして、いかにも美点を見いだそうと苦心する。年取って梅干しのようになった婆さんが、「皺が寄ったのではない、皮がたるんだだけじゃ」と言ったそうな。

いよいよそれで言い訳できなければ、罪を鏡になすりつける。万人が認める不美人が「これは鏡が悪いんだ、私の顔はこんなではない」と鏡を大地に投げ付けたという。

さらにそれもできなければ、自己の姿でないと、白々しくも鏡に映ったおのが姿を否定する。幼い子供に鏡を見せて、「これはどこの子」と尋ねたら、「よその子」と答えたという。

世はすべて私の姿鏡である。鏡は至るところに掛けられていて、私の姿は至るところに映っている。油断のならぬ世界である。野にも山にも書斎にも街頭にも人にも物にも、ことごとく現実ありのままの自己が発見される。これを究明しなければならない。

註

（1）**『韓非子』**　中国戦国時代の法家（法治主義者）である韓非の著書。

鏡を知らぬ人々

三　ああ、私が映っているのか

昔、鏡というものが珍しかった時代の話。鏡を知らない山奥の者が、たまたま町へ出て鏡屋の前を通りかかった。ふと見ると、昨年亡くなった父親の姿に出会ったから堪らない。ものの小半日も立ち尽くして、懐かしさのあまり涙に咽んでいる。しかし呼べど叫べど返事がない。店の人に怪しまれて、ともかく父の姿じゃからと、鏡を買って持ち帰り、長持ちの中に収めて、暇さえあれば打ち眺め、話しかけていた。女房がこれを怪しんで、亭主の留守にそっと長持ちの蓋をとると、これはいかに、女の姿。「こんなところに妾を隠しておったか」と、驚き怒って亭主に詰め寄る。そんな覚えは塵ほどもない亭主、知らぬ存ぜぬと否定する。いやはや騒ぎは大きくなり、家人に呼ばれた尼さんが女房の言い分を聞いて、「それなら私が確かめましょう」と、長持ちの蓋を開けて見た。尼さん、女房に笑いながらこう言った。「安心なさいな、その女は申しわけないと、頭を丸めて詫びております。もう許してあげなさい」。

三人が三人ともおのが姿を眺めていながら、おのが姿と気付かずに人の姿とばっかり思い込み、泣いたり笑ったり怒ったり慰めたりしている。人生とは皆こんなもの。我らも至るところに映る自分の姿を眺めていながら、自分とは思わずに人の姿と思っている。気をつけなければならない。ハエが天井に止まって我々人間を見下ろしている。我々はハエが逆さまになっていると思うけれども、ハエの方では人間は逆さまに立っていると思うだろう。もしかして我々が逆さまになっているので、他人様が逆さまになっているように見えているのではなかろうか。隣の家の障子の破れを自分の家の障子の破れから覗いて笑っているのは、外から見れば可笑しかろう。「あの人がどうも私を深く信用してくれない」と不平を言う前に、こちらが打ち解けていないのではないかと省みる。姑が愛してくれないと愚痴をこぼす前に、こちらが姑をつねに疑ってはいないかと反省する。ここが大事で、信用してくれないのも、愛してくれないのも、こちらが信用せず愛してないのが映ったのではなかろうか。

四　自己を見失った人

大勢の盗賊が盗み取ったものを中に積み置き、それぞれ分配を始めた。「それ、この頭巾は、薬罐の勘助が頭を隠すのにちょうどよい。勘助、一つ被ってみろ、どうじゃ暖かだろう」「俺は嬶が大きな腹を抱えてもう臨月に間もあるまいから、そこの端のぼろをもらって行こうか。おっと、その子供のちゃんちゃんこもくれ。餓鬼ができたら着せるから」「この縮緬の被布《ひふ》はどうする。誰もこれを着るような可愛い奴を持っている面がないな。売り飛ばして金にしてから分けようか」「時に煙草入れが一つあったが、あれはどうした。革はつまらねえもんだが、緒締めの珠が珊瑚の六分で、金物は金彫りの唐獅子、筒が象牙だ。なかなか贅沢なものだ。捨て売りにしても百両はあるぞ」「そうそう、あれは大した物だ。誰も隠してなかろうな」と詮議したが、なかなか見つからない。親分が不思議に思って子分一同を見渡し、「一体誰だ、盗んだのは」「親分、そんな失敬な、わしらは誰一人そんな悪さはしませんよ」「そうよなあ、そんな悪い奴はいるはずもないよな」。

盗賊も盗賊と言われたくない、また言いたくないと見える。ここが本心のある証拠。けれどもこれと同時に虚栄虚飾の念が伴って、進んで我が身を忘れるのが情けない。悪人になりたくないのはよいが、みずからそのなりたくない悪人たるに気付かないのが残念ではないか。

わちきはどこへ行った

昔、ある禅僧が女郎買いに行ったところ、相方の女郎が非常な寝坊で一向に目を覚まさない。頻りに呼び起こしてもどうしても目覚めない。なにかいたずらでもしたら目を覚ますかと考え、あちらこちらを見回すと、枕元に鏡台がある。鏡台の引き出しを開けてみると、中にカミソリが一本あった。これ幸いとカミソリでその女郎の髪を一剃りジョッリと剃ってみたが、女郎は気がつかずに寝入っている。二剃り目をジョッリとやったが、やはり気付かず大口開けて寝てござる。三剃り目をジョッリジョッリ、同じく大いびきで死んだように寝ている。こうしてジョッリジョッリとやっているうちに、とうとう女郎を尼さんにしてしまった。それでも女郎はまだ寝ている。さあ禅僧もいたずらからやってしまったものの、あとが大変なことになると気がついた。このままで女郎の目が覚めたら大変じゃ、早く逃げだそうと、急用ができたように見せかけて、支払いもそこそこに女郎屋を飛び出し、一目散に逃げ帰った。女郎は坊主頭にされたのも知らずに、夜が明けてようやく目を覚ましてみると、お客様がおらぬ。これはと慌てふためき、「お客様はどこへ行きゃった。お客様はどこへ。ほら、わちきのお客、あの御山の坊さんはどこへ行きゃった」と言いながらふと頭に手が触れた。「やれやれ、坊さんはここにお出でかえ。じゃあわちきは一体どこへ行ったんだろ」。

馬鹿げた話ではあるが、うっかりすると自分を捜し回っても解らぬことがある。自己を見失ってしまっては困る。がしかし自己を捜し出そうとする努力は、大切なことである。

五　自己に気付かぬ人々

道林と白楽天

唐の時代の禅僧道林《どうりん》(1)は杭州《こうしゅう》の秦望山《たいぼうざん》に籠もり、いつも好んで高い庭木の上に坐禅していた。そこへ杭州の刺史《しし》(2)となった白楽天《はくらくてん》(3)がやって来て、「和尚はいずこにある」と案内を請うたが、和尚は木の上でつくねんと眠りかけている。下から「和尚、危ない」と声をかけると、上から「貴公こそ却って危ないぞ」と答えが返ってきた。木の上で眠りかけている人よりも、地の上に立っている人の方がよほど危ないとは、ちょっと受け取れない話である。

屋根屋と畳屋

屋根屋と畳屋が同じ家で仕事をしていた。屋根屋は屋根に上って屋根を修理している。畳屋は床で畳の張り替えをしている。下から畳屋が大声あげて、「おい屋根屋さんよ、同じく仕事するのなら、そんな高いところに上って危ない思いをするよりも、俺のように安全な床でする仕事をしたらどうじゃ」「何を馬鹿なことを言う。何が畳の方が安心じゃ。昔から屋根の上で死んだものは滅多にないが、畳の上でいくら死んだか解らんぞ」と答えたという。そんなもので、低いところの方が高いところより安全とは言い切れない。却って危ない。実際一番危ないのは寝床である。大方の人は寝床で亡くなる。人の多く死ぬ場所は寝床であるにもかかわらず、なれては平気で、寝たほど楽なものはないという。

こんな調子でやり込められた白楽天。和尚に向かって「仏教の奥義はなんですか」と問えば、

「諸悪をなさず、あらゆる善を行うことじゃ」と答えられた。ムッとして「そんなことは三歳の童子でも知っているでしょう」と言い返すと、「そうじゃ、三歳の童子でも知っているが、八十の爺もこれを行うのは難しい」と返され、思わず全身に冷や汗を流し、これは今まで我が身知らずであったと、直ちに仏教に帰依されたという。

註

（1）**道林**（七四一―八二四）　中国唐代の禅僧。杭州富陽県（浙江省富陽市）の人。九歳で出家して、二十一歳のときに荊州（湖北省江陵市）の果願寺で具足戒を受ける。その後、長安・西明寺の復礼に師事して、『大乗起信論』や『華厳経』を学んだ。後、杭州（浙江省）の秦望山に隠れ、長松の枝葉が茂った中に住したことから、「鳥窠禅師」または「鵲巣和尚」と呼ばれた。

（2）**刺史**　州の長官。

（3）**白楽天**（七七二―八四六）　白居易。中国中唐の詩人。字は楽天。号は酔吟先生・香山居士。

六　おのずからなる自己の表現

来て告ぐる人なかりせば衣手に　かかる玉をも知らずやありけん

白楽天も危ないと注意され、知ることはできても行うことは難しと誡められて、ハッと危ない弱い自分というものに気づき、進んで法を求めるに至ったのである。以上のように、我らはいつも自己というものを忘れがちである。自己の真相を究明することは、いつも怠慢しながら、知らず識らずにその自己が本性を現し、勝手を決め込んでいるのを気付かない。いや、これがなお自己を知らないというものであろう。

面師の顔

ある面師が熱心に面を彫っているところへ友人がやって来て、「君は大変すごい顔をしている」と言って帰っていった。面師はこの言葉を何とも思わずに聞いていた。その後、その友人がまたやって来た。彼は同じく面師の顔を見て、「今日は大変よい顔をしているな」と言った。面師はこのとき考えた。どうして日によって俺の顔が変わるのであろうか。つくづく不思議である。しかし先日は般若の面を彫っていて、今日は恵比寿様の面を彫っていたことに気がついた。面師はこれに気付いて少なからず驚いた。我らの本性は毎日何を彫っているのであろうか。地獄でないか、餓鬼でないか、畜生ではなかろうか。

嫁おどしの面

越前吉崎[1]は蓮如上人の御旧跡である。そこには「嫁おどしの面」と呼ばれる面がある。別名

「肉付きの面」ともいう。ある大の仏教嫌いの婆さんがおったが、その嫁はいたって信心深かった。嫁が毎日吉崎へ参詣するのを忌々しく思っておった婆さんは、ある晩帰ってくる途中を脅してやろうと考えて、鹿島明神の神殿に架かっておった般若の面を持ち出して、それを被って鬼の姿になり、独りで暗い夜道を帰ってくる嫁の前に立ちふさがった。もちろん嫁は驚いたが、いつでもどこでも如来様がましますと安心を得ておったから心丈夫で、「食《は》めば食《は》め食《く》らわば食《く》らえ金剛の　他力の信はよもや食《は》めまじ」と睨み付け、お念仏称えながら我が家へ帰って行った。ところが帰ってみると姑がいない。家の中は真っ暗である。どうしたものかと案じていると、外でごそごそ音がする。何ごとぞと手明かりを持って近づいてみれば、なにやらうずくまっている。近寄りよくよく見れば姑が「面が取れん、面が取れん」と言うて泣いている。そうか先ほどの鬼の正体はこれであったかと思ってみれば却って気の毒な、なんとか外してやろうと手を貸すが、どうしても取れない。「夜が明けてこんな姿を人に見られたどうしよう」と姑はますます泣くし、これは神様の罰か仏様の御方便に相違ないと、嫁は婆さんの手を引いて蓮如上人のところへ参った。御前へ出て婆さんが回心懺悔したところ、あれほどどうしても取れなんだ面がポロリと取れたという。

不思議な話であるが、ある人がこれを解説して、初め婆さんが面を被ったときは、脅してやろうと思う恐ろしい鬼の心があったから、これが顔に現れて般若の面と相応じ、かっぽりはまって取れなくなった。あとで蓮如上人の御前に出て懺悔の涙を流したら、恐ろしい心が折れて仏心になったので、もう般若の面とは合わなくなって、隙間ができてポロリと取れたのであると言われた。

註

（1）福井県あわら市吉崎。文明三年（一四七一）、比叡山延暦寺などの迫害を受けて京から逃れた本願寺第八世蓮如が、本願寺系浄土真宗の北陸における布教拠点として御坊を建立した。

七　踊って出たぞ自己の性体

真実に自己を凝視せよ。熱心に自己を探求せよ。一切は自己の姿鏡である。あらゆる物の上に自己の相を見よ。かって誰か自己の悪相を発見しなかったものがあろうか。

ある人はつくづく自分の身の上を考えて愚痴をこぼし、私は運が悪く、どこにも腰を落ち着けていることができない。ここではよい仕事がないと地方に職を求めたのだったが、どうも同僚が不親切で、別の会社に移ってみると、今度は上司が酷くてこき使われる。とてもそんな上司の下で勤められないと、別の会社に転じてみると、今度は取引先にいじめられる。いろいろ嫌がらせをされるので、とうとうそこにもいられなくなった。そこで実家に帰って家業を継ごうとしたが、昔から家業を手伝ってきた叔父が、私を新米扱いしてあれこれ口を出される。あまりの煩さ《うるさ》に堪えきれず、またこうして戻って来た始末。本当に私は運が悪いので困ると、いろいろ愚痴りながら煩悶している様子。

しかしこれほど我が身の解らぬ者もない。同僚が不親切だ、上司が酷い、取引先が意地悪だ、叔父が口うるさい、しかも最後は運が悪いと、これではまったく自分を眺めることを知らないようである。一言も「自分が不束《ふつつか》だから」「自分が愚かであるから」ということのない人ほど、気の毒なものはない。同僚が不親切にみえるのも、上司が酷くみえるのも、取引先が意地悪にみえる

鏡に映ったおのれの姿

のも、また叔父が口うるさく感じるのも、すべて自分自身の姿が周囲の鏡に映っているに過ぎない。その影を眺めてとんでもない思い違いをしているのではないか。

明治の文明開化のころ、日本の地位ある人が初めてアメリカに行った。ここかしこと宴会に喚ばれて大いに歓待される。けれどもどこに行っても白人の中にたった一人の日本人であるから、なんだか自分の顔の色が気にかかって仕方がない。ここぞ日本男子の本領を発揮すべきところと力んではみても、どうも気後れがする。もしも女々しい顔色でも向こうに覚られたら一大恥辱であると気を励まし、やおらソファーから起ち上がろうとしてふと向かいを見れば、短軀《たんく》黎面《れいめん》の東洋人とおぼしき一人が、これもソファーから起ち上がろうとしている。「おやおや、西洋人の中にもこんな背の低い足の短い不細工な奴もいるのか。いやそうじゃない、やっぱりこれは東洋人だ。これまで一向に気がつかなかったが、自分の外にも東洋人が来ていたのか」と心中密かに喜んで、なんとなしに歩き出せば、その東洋人も同じ方向に歩き出す。ますます心強くなり、歩きながら彼の方を見れば、彼もこちらを振り返って見ている。「さては彼も私を慕ってくれているのか」と立ち止まって笑いかけると、向こうも笑う。突然くしゃみが出ると、向こうもくしゃみをする。可笑しいな、わざわざ真似をしているのか、変な奴じゃ、確かめようとそちらに向かって行けば、額が鏡にゴツンと当たった。何のことはない、今まで背の低い足の短い不細工な東洋人だと思っていたのは、大きな鏡に映ったおのれの姿であった。やれ恥ずかしやと微笑むと、鏡の中の東洋人も無言で微笑んだという。

油断のならない世界である。どこに自己の姿鏡がかかっているかもしれない。その姿鏡には、自分で自分ながら笑っていたはずの自分が、臆面もなく幅をきかせている。この自分というものに気がついたとき、正しく開け来たるのが、如来本願の大道である。

八　露れ出てたか心の地金

地金が露れる三時

いくら隠し隠しても、情けないことには、三つの場合、人はきっとその地金を露す、と哲学者ベーコン(1)は言っている。それは、独りの時と、激怒の折と、未経験の際とであると。いかにも独りの時は飾るということがない。激怒の折は平生の慎みを忘れる。未経験の際は前例がないから腹の底のあり合わせのものを出すといったありさまである。

地金とはなにか、貪欲・瞋恚・愚痴である。果たして怒ったことはないか、恨んだことはないか、欺いたことはないか、偽ったことはないか、誹《そし》ったことはないか、疑ったことはないか、貪ったことはないか、自暴自棄になったことはないか、よくよく内観自省して、日夜、行うこと、言うこと、思うことを精査すべきである。

年月はかへらぬものを我ながら　驚かぬ身ぞ驚かれぬる

驚かぬ身と驚くところに目覚めがある。恥ずかしい身と恥じるところに、自己の真相に出会えるのではないか。

回向を惜しむ

大和国のある山里に、わざわざ母のために草堂を造って念持仏を安置し、法事供養を営むべく、南都西大寺(2)の思円房《しえんぼう》(3)上人を招待した者がいた。思円房上人は形のごとく丁重に読経して、終わりに回向文を読み上げる。「願わくはこの功徳をもって、あまねく一切に及ぼし、我らと衆生と、

吝嗇な母親と葱

皆ともに仏道を成就せんことを」「御上人様、今のはなんというお経でしょうか」「これか、これは回向文といって、今まで読み上げたお経の功徳を、法海衆生にことごとく分かち与えるということじゃ」「はぁ、法海衆生に……私は本日せっかく母親のためにと思ってこのような供養をお願いしましたのに、ことごとく法海衆生に回向するなんて、そんなことをなされましては、母の取り分が極々少なくなってしまいます。それでは困ります。お願いですから回向文を読み替えて、ただうちの母のためだけとしてください」と懇願する。「まぁまぁそう言いなさんな、功徳は回向すればいよいよ大きくなって失せることはない。仏様を供養すれば一切衆生に同様に分かち与えてくださる。みんながありったけの功徳に与るのじゃから」とよくよくさとされて、「そうですか、それは目出度いことでございます。一切衆生に分かち与えても母の分は減らないのですね。それならお願いがございます。うちの隣に住む三郎兵衛というやつは因果な奴で、母も嫌っておりました。一切衆生に回向されるのは結構ですが、なんとか三郎兵衛にだけは回向されませんように、回向文を『願わくはこの功徳をもって、三郎兵衛を除いた一切衆生に及ぼし、我らと衆生と、皆ともに仏道を成ぜん』とお読み替えくだされ」と言ったという。こういう場合でもなおかつ人は自我を主張させたがるものである。あくまで我他彼此《がたぴし》の考えを起こす、驚くべきところである。

ある男の母親が亡くなって地獄に堕ちた。灼熱の地獄で苛まれている。それを知った親孝行なこの男は、胸も張り裂けんばかり。なんとか母を助けたいと、毎日閻魔堂に参って冥府の主・閻魔大王[4]に、なんとか助けていただきたいと祈願した。孝行者の誠を尽くしての祈願に、とうとう閻魔大王も心を動かされ、特別の配慮をもってこの母親の生前の罪状を再度調べ直すことを命じられた。冥府の役人が細やかに調べ直すが、この母親、吝嗇の上にも吝嗇で、誰にも何も施したりしたことがない。これじゃ駄目じゃなと諦めかけたときに、たった一度だけ、夕食の仕度をしているときに、勝手口に物乞いに来た哀れな乞食に、泥に汚れた葱の切れ端を恵んでやったことがあることが解った。「よしよし、これでなんとか助けてやろう」と閻魔大王もにっこりして、早速役人にその葱を持たせて地獄の釜のところに行かせた。煮えくりかえる地獄の釜の中には、何万何十万という罪人が上になり下になり、グツグツと煮られながら苦しんでいる。その中の彼の母親は、ふと見上げると見覚えのある葱の切れ端が目に入った。今の苦しみから脱出したさと、母親は娑婆での生活への懐かしさから、思わずその葱の切れ端をつかんだ。それを見た役人はその葱を引き上げて、ここぞとばかりに上に上に上っていけば、母親の身体も自然に空中高く舞い上がり、灼熱地獄の苦しみから離れて、涼しい世界に入ることができた。

　これを眺めていた釜の中の罪人たち、この苦しみから遁れたいのは同じこと。なんとか我も助かりたいと、婆さんの足に一人がつかまれば、そいつの足にまた他の者もつかまる。またその足に誰かがつかまるというふうに、たくさんな人々が足から手と繋がって、どんどんと大きな人間の鎖ができていった。ところが先頭の母親はそれを見て、「私は娑婆であの葱を乞食に与えたからこそ、いまその功徳で助かるのだ。私が助かるのは道理だが、私の葱で関係のないこいつらまで助かるのはあまりにも虫が好すぎる。一つ振るい落としてやろう」と、足をひどく振った途端、つかんでいた葱の端切れが外れて、ガラガラガラっと真っ逆さまに皆もろとも煮え立つ地獄の釜の中に落ち込んでいったという。

一人の善根はよく万人を救うことができるとともに、一人の悪はまたよく万人を苦しめるのである。我のみと思う独覚心、人の難儀は百年でも耐え忍ぶという心は、深く慎まなければならない。この二つの話の中に、浅ましい自己というものが、明明白白にさらけ出されている。覚醒しなければならないのはここである。自覚の根底はこの一瞬にあることを思わなければならない。

註

（1）**フランシス・ベーコン**（一五六一―一六二六）イギリスの哲学者、神学者、法学者。「知識は力なり」の名言で有名。

（2）**西大寺**　奈良県奈良市西大寺芝町にある真言律宗総本山。奈良時代に孝謙上皇の発願により、常騰を開山として建立された。南都七大寺の一として奈良時代には壮大な伽藍を誇った。

（3）**思円房**（建仁元年〔一二〇一〕―正応三〔一二九〇〕）叡尊。鎌倉時代中期の真言律宗の僧。字は思円。諡号は興正菩薩。興福寺の学僧慶玄の子、大和国添上郡箕田里（奈良県大和郡山市）の生まれ。戒・律を復興し、奈良西大寺を復興した。

（4）**閻魔**　仏教、ヒンドゥー教などでの地獄、冥界の主。冥界の王として死者の生前の罪を裁く。

ドリアン・グレイの肖像

九　自己発見の戦慄

巨万の富と花のような生まれ持っての美貌、純粋な性質を持った若い貴公子ドリアン・グレイは、あらゆる人の羨望の的であった。友人の画家は彼を敬慕するあまり、その美しさを永遠に残さんと思って、心血注いで彼の像を画いていた。そのときちょうど通りがかった極端な肉欲主義者のヘンリー・ワットン卿は、二人に向かっておもむろに肉欲主義の快楽説を説いて、「我々は官能を鋭く磨いて、心ゆくばかりに肉欲を享楽しなければならん。あなたのような天性の美を具えた若人においてはなおさらのことである」と言って去った。肖像はできあがり、グレイは改めてこれを見て、今さらのように自分の美貌に驚いた。我ながらほれぼれと見とれてしまったのである。そのときふと「この美がいつまで保たれるだろうか」という思いが稲妻のように彼の胸の奥に閃いたとき、彼の胸は泣き叫ばんばかりの思いが生じた。そのとたんにワットン卿の言葉が彼の胸に甦ってきた。

それ以来彼の性格は一変し、まったくの快楽主義者となり、肉欲の渦中に耽溺《たんでき》するようになった。若い可憐な一女優を失恋のために悶死させたのを始めとして、異性に対するあらゆる残忍な行為をしてあえて恐れなかった。折々堪えがたい不安の念に襲われるごとに、ワットン卿の教えによってこれを克服したのであった。あらゆる肉の香りを求めるためには、頽廃の空気が漲った魔窟にまで出入りすることを憚らなかったのである。

このような生活を続けること十八年、彼はふとしたことからあの肖像画を見る気になった。久しく部屋の片隅に押し込められていた肖像の覆いが取られると、憤怒と痛恨と驚愕の叫びが、彼の口からほとばしり出た。若々しく美しいと思っていた肖像画は、どうしてなのか灰色の髪に両眼が冷たく凄み、額や頬には獰猛《どうもう》な皺が深く刻まれ、若々しいはずの血潮は殺気だって滲み出ている。とても二目とあてられない悪魔そのものの姿であった。これが十八年間におけるグレイの凄い浅ましい実相であった。彼は十八年に及ぶ自分の肉欲に明け暮れた生活が、この肖像画をこのように変えてしまったのを覚ったのである。頻りに起こる恐怖と悔恨の念は、また同時に一種の反抗の念をも呼び起こした。「そうだ、この肖像画は俺の魂だ。俺の良心だ。そうだ、これを打ち破ってしまえば、それでいいのだ」と、いきなり彼は自分の側にあった鋭いナイフを取り上げると、自分の肖像画の胸に突き刺したのである。夜陰に響く凄い物音に、駆けつけてきた執事や女中たちは、部屋に入るやいなや驚愕の悲鳴をあげた。そこに見た光景は今の今まで若く美しかった主人が、老衰した獰悪なものすごい悪魔の姿となって、しかも我が胸をナイフで剔って死んでいる無慚な光景だったのである。そしてその傍には若々しい美しい姿の肖像画が、あざけるがごとく微笑むがごとく、主人の死体を眺めるようにして掛けられていた。(1)

哀れなドリアン・グレイは自分の肖像の上に、浅ましい凄い悪魔のような自分の姿を見て戦慄すると同時に驚きと恐怖と不安に襲われて、これは自分の肖像ではないと白を切る余裕もなければ弁護する暇もなく、白粉つけて紅さして一時をごまかす勇気も出ず、どうしようもなくこの場を遁れたいと、自分を映しだした肖像画をなきものにせんと一刀をあびせたところ、却って自分の胸にそれを受けてしまったのである。これは正しく浄玻璃《じょうはり》の鏡(2)の前に立たされたときと同様である。我々は厳正なる倫理の前に立たされては、もう自殺するしか他ないだろう。

このとき、彼がもしすべての罪悪を許容し、叱るのではなくともに泣き、責めるのではなくともに咽び、そんなお前のために発した本願じゃ、恐れるじゃない安心せよ、一切の恐懼を大安に変える私がここにいるぞと、呼びかけてくださる大悲の親を自分の上に仰ぐことができたなら、彼はそこに永遠の生命を得たことであろう。新しい人生が開かれたことであろう。不安と恐怖と驚きに引き替えて、安住と歓喜と感謝とが、彼の胸に沸き起こったことであろう。

註

（1）**ドリアン・グレイの肖像**　アイルランド出身の作家オスカー・ワイルド（一八五四―一九〇〇）の長編小説。

（2）**浄玻璃の鏡**　亡者の裁判で亡者の善悪の見極めに使用する水晶製の鏡。亡者の生前の一挙手一投足が映し出されるという。

十　自己徹底の道

照らす光は守る光である。映す鏡は教える鏡である。自分の姿を映す鏡は、自分の浅ましさを赤裸々に見せつけると同時に、それに加えられた如来の恩徳を知らせる教えである。この教えの鏡の前に、我らは偽らず飾らずありのままに自己の真相を見て、自己に徹底しなければならない。鏡も影もともに否定する余裕なく自己の真相に驚きかつ感泣するのである。

宗教上の教えの鏡は、化粧道具として用いてはならない。世に老女の化粧ほど惨めなものはないとすれば、凡夫の顔にこてこてと仏・菩薩の装いをこらす修行者の化粧ほど、惨めで気の毒なものはない。白粉を洗い落としたところ、紅を拭き取ったところ、そこにこそ却って明瞭に自己本来の面目が現れてくるではないか。なにもそんなに強いて化粧するには当たらない。凡夫は凡夫でよい、悪性は悪性でよいのだ。その凡夫・悪性を見込んでの仏があることを知るべきである。

宗教上の教えの鏡は、自己弁護に用いてはならない。世に自惚れほど醜いものはないとすれば、心を深く深く観じて仏性を見ようとして、心を細かく細かく念じて本源に触れようとする企てや、我は仏である菩薩であるなどというのは、凡夫として及びもつかぬ自惚れではなかろうか。自惚れる者は自己の欠点を知らないからである。弁護する者は自己の欠点を隠そうとするのである。ともに真摯な求道者とはいえない。

思えば親鸞聖人も初めのうちはいろいろとおのれを想像し、さまざまな修行・戒行によって、新しく自己を作り出そうと、苦心に苦心し努力に努力を重ねられたが、法然上人の教えによって、初めて『観経』(1)下々品(2)がおのれの姿そのままであることを知られ、速やかに我が計らいを止めて、その上に輝ける如来の大悲に、渇仰せざるを得なかったのである。

煩悩具足のわれらは、いづれの行にても生死をはなるることあるべからざるを、あはれみたまひて願をおこしたまふ本意、悪人成仏のためなれば、他力をたのみたてまつる悪人、もっとも往生の正因なり。(3)

なんとも徹底したものではないか。

聖人はこの徹底味をもって、経典の上にも七祖の上にも、日々起こる事件の上にも、日々接する人物の上にも、静かに自己を味わわれたのである。彼の流罪の上にも、「これなお師教の恩致なり」と自己の使命を感じ、この世からなる罪人の上にもらさぬ弥陀の大慈悲を味わいたまい、日野左衛門(4)の門前に一夜を明かしては下々品の悪機を身に味わいたまい、一夜の宿さえ借りかねたる罪業深き親鸞がために、ぜひとも助けずばおくまいとかかり果ててくださった五劫思惟の本願が有り難いと、お喜びになったのである。常陸の弁円(5)から害心の懺悔を聞かれても、阿闍世王(6)の上におのれを見たもうた聖人は、別に驚かれる様子もなく、これを憎むよりむしろ自分の恐ろしい心に泣かれたのであり、平太郎の熊野詣(7)での話も、本地である阿弥陀如来の誓願をしっかりと味わっておられたので、まったく不思議にも思われなかったのである。

このようにして聖人の信仰は、徹頭徹尾、悪性罪業の自己の上に注がれる如来の大悲を仰ぐものであり、罪に泣く者に対してともに泣いてくださる仏に抱かれて安住するものである。経典の鏡によって発見せられた聖人の自己は、仏としてでなく、菩薩[8]としてでなく、声聞《しょうもん》[9]・縁覚《えんがく》[10]としてでなく、実に二十五有界[11]の衆生、特に「唯除」と選ばれた五逆謗法[12]の悪人としてであった。

五逆のつみびとをきらひ誹謗のおもきとがをしらせんとなり。このふたつの罪のおもきことをしめして、十方一切の衆生みなもれず往生すべしとしらせんとなり。[13]

これが、聖人が大悲の親心に感泣された感謝の叫びである。

註

（1）**『観無量寿経』**　一巻。『浄土三部経』の一。マガダ国（現在のビハール州あたり）の王舎城内に起きた悲劇を縁として、阿難および韋提希を対手として説かれた。自力聖道の者を誘い、終には他力念仏に帰せしめるための経典。

（2）**下々品**　下品下生。九品往生の一。五逆重罪の凡夫が、臨終に念仏を十念した功徳によって、八十億劫の生死の罪を除き、極楽の蓮華の中に生まれ、十二大劫を経て、華開き聞法発心する。

（3）『歎異抄』三。浄土真宗聖典註釈版八三四頁。

（4）**日野左衛門**　元は近江国日野の人であったが常陸国に居住。親鸞一行から一泊の宿を乞われたが、これを無下に断ったため、一行は軒端の石を枕として夜を明かした。するとその夜、左衛門は奇瑞を感じて、罪を謝し、終には弟子となって、入西房道円と称した。二十四輩の一。

（5）**弁円**　常陸国の山伏。親鸞の教化によって自身の信者を奪われたとの嫉妬から親鸞の命を狙ったが、反対に教化されて弟子となり、明法房と称した。二十四輩の一。

（6）**阿闍世**　アジャータシャトゥル。紀元前五世紀初頭の人。マガダ国の王。父王ビンビサーラを幽閉して王位を簒奪した。

（7）**平太郎の熊野詣で**　御伝鈔下巻第五段にある話。常陸国の念仏者である平太郎が、主人の供をして熊野権現に詣でてもよいかと親鸞に尋ねたところ、一向専念に念仏の道を歩むべきだが、主人に従っての勤めなら問題はない。熊野権現の本地は阿弥陀如来であり、精進潔斎なども必要ないと諭された。平太郎はその言葉に従って精進潔斎をせずに詣でたところ、参籠中に「権現が出現して平太郎を叱るが、親鸞も出現して『この者は私の教えによって念仏する者である』と話すと、権現が敬意を表した」という夢を見る。

（8）**菩薩**　みずから悟りを求め、一切の衆生を利益しようとする者。

（9）**声聞**　元々は釈尊在世中の仏弟子を指したが、仏の教説に従って修行するものの、自己の解脱のみを目的とする小乗の聖者をいう。

（10）**縁覚**　独覚ともいい、師なくして独自で悟り、他に説法しない者。

（11）**二十五有界**　衆生の流転する迷いの世界。

（12）**五逆謗法**　五逆（父を殺す、母を殺す、阿羅漢を殺す、仏の身体を傷つけて出血させる、教団の和を破壊する）と正しい教えを誹謗すること。

（13）『尊号真像銘文』浄土真宗聖典註釈版六四四頁。

第三章　求道——大道担然前に開く

一　昭《しょう》々《しょう》担《たん》々《たん》浄《じょう》邦《ほう》に通ず

私は私の家に帰る。私の家は親の家であって、同時に私の家である。他人の家に行くならば遠慮も要ろうし気兼ねも要る。いま行ってもよかろうかと気遣いもすれば気苦労もする。あらかじめ様子を伺っておかねばならない。しかし我が家に帰るには、なんの気遣いも要らない。いつなん時のためらいもなく、ズカズカと入って行ける。

諸仏菩薩の浄土ならば、帰らせてくださいと願い祈る必要もあろうが、弥陀の親御の本国に帰るには、親の実意にまかせて、帰ろうという気が起こる。それが求道である。起こるのは私の心だが、起こさしめくださる力は、陰に親御の念力が働いているから。「設《たと》ひ世界に満てらん火をも、必ず過ぎて要《もと》めて法を聞け」という。親の本国に帰るには、何物をも打ち措いて四囲一切に気兼ねなく、さっさと進み行けとの意である。親はつねに呼んでくださる。互いの間の障壁を取り去って、親子一体、仏凡一体。大道は昭々担々として浄土の道に通ず。重き尻を上げよ、弱い腰を起こせ、沈痛なる自己発見によって自己の真価と尊厳とを感じるとき、心《こころ》を弘誓《ぐぜい》の仏地《ぶっち》に樹《た》て、念《おもい》を難思《なんじ》の法海《ほうかい》に流さざるを得ないではないか。

我らのこの世での生活は独り暮らしである。しかしながら一面賑やかな親付きである。仏の力は絶えず私に加えられ、我が血に仏の血が通い、我が肺に仏の息を吸っている。静かにこの世の一面だけを眺めてみれば、実に一人一人の凌ぎである。「後生こそ一人のしのぎなり」とは蓮如上人の仰せなれど、後生までは待たずとも、今生こそ一人の凌ぎである。今生がすでに一人の凌ぎなればこそ後生が一人の凌ぎであり、同時にまた前生が一人の凌ぎであったのだ。近いところこの世において、一人一人が自分自分の世界を持って、自分自分の世界に住んでいる。大雑把に大勢が一緒くたに同じ道をガヤガヤと進んでいくのではない。実に一人一人が自分自分の道を歩んでいる。

「同病相憐れむ」という。病気の苦しみは、病人かまた病気をした人でなくては解らない。それもただ病気というだけでなく、頭痛持ちの辛《つら》さは腹痛の人に解らず、脚痛の困り方は歯痛の人に解らない。やはり同じ質の病気の人でなくてはその味が解らぬだけ、それだけ相憐れむということもできない。子供を死なせた淋しさ悲しさは、実際子供に別れた人でなくては知りようがない。夫に先立たれた頼りなさ不安さは、真実夫に後れた人でなくては想像だに及ばぬ。とはいえ、いよいよのところになるとそれぞれみな別々であって、真底からこれを知り抜くことはできない。その気質に因り、体質に因り、境遇に因って、受けるところの感じはことごとく別異であるから、どこまでも人は独り独りで自分の世界に住まねばならない。したがって真実自己を知る者は自己なのである。

　ある事業を始めるについて、他人に相談を持ちかけてみる。「好かろう、そうであろう」くらいのことで、「やってみたまえ」というのが関の山。半分は決めてくれても、あとの半分は自分が決めなければならない。親友とか兄弟とか親とかで七、八分、思い切って九分九厘まで決めてくれたところで、残りの三分二分ないし一厘は自分で決めなければならない。たとえそれが命令的に全部を決定してきても、最後の実行者は自分自身である。人が食べたご飯では自分の腹は満たされない。自分の腹を癒やすには、ぜひとも自分で食べなければならない。この意味において、自分の世界は自分の創造である。自分の外に創造者もなければ、制作者もないのだ。

　そのように私は私の世界を創造しつつある。灯火は自分で光を放って自分の光の真ん中に住んでいる。しかもその光は刻々に放って、刻々に進んでいく。私の周りを包む山も川も、雲の去来も、風の動静も、人々互いに共通のように見えても、実のところ共通なるものは一つもありはしない。私は私の天地に迎え入れられたものでもなければ、境遇に呼び込まれたものでもない。世界の創造者・造物主は実にこの私なのである。私が創造するのである。向こうにあって私を待つのではなく、私が勝手に建設し、随意に制作するのである。仏語をもっていえば、自己以外のものはすべて自己の依報である。しかもこの依報は、主体たる自己すなわち正報そのものの表現に外ならない。こうして私は私の世界の主人なのである。

李文公と薬山和尚

　昔、唐の李文公(1)、一日薬山惟《やくざんい》儼《げん》(2)禅師を訪れ、「いかなるかこれ悪風船を吹いて鬼国に漂着す」

悪い風が吹いて鬼の国に船を押し流すということでございますが、これは一体どうしたわけでございましょうかと質問した。そのとき薬山和尚、カラカラと大笑いして、「小子これを問う、何のためぞ」貴様のような小倅がそんなことを聞いてどうすると、鼻の先であしらい嘲笑った。李文公とまで世間で尊敬されている人が小倅扱いされて、心中穏やかなわけがない。腹の底の虫がムクムクと動き出し、怒りが顔に顕れた。禅師すかさず、「ああ怒ったか、その瞋恚こそいわゆる悪風船を吹いて鬼の国に流すのじゃ」と答えられたので、李文公ぐうの音も出ず、なるほどと感心したという。その感心が今度は善風吹いて船を仏国に渡すのである。

註

（1）**李文公**　唐の儒学者。字は習之。韓愈に学び文名が高く『李文公集』がある。

（2）**薬山惟儼**（七五一―八三四）石頭希遷の法嗣にして、雲巌曇晟や道吾円智の師。雲晟の弟子が曹洞宗の高祖洞山良价。

白隠と武士

二　地獄の鬼か極楽の菩薩か

かの有名な白隠《はくいん》禅師が駿州原におられたときのこと。明徳遠近に伝わり、織田平次郎信茂という人が、尾州候東勤のみぎり、列を脱して禅師の庵を訪ね、「私は好んで仏法を聞き、修行にも心がけております。しかしどうしても地獄や極楽のことが気になってなりません。地獄や極楽が果たしてあるのかどうか、承りたく存じます」と申し上げると、禅師は何を感じられたか、突然大喝一声、「汝は何者ぞ」と。意外のことに面食らった信茂、言下に「武士でございます」と叫んだら、禅師嘲笑いながら「何と申す、何！　武士と申すか。汝もし武士ならば、武士の道を修めるがよい。君のためには忠を尽くし、事あらば一死をもってこれにあたれば足るではないか。しかるに今この小童め、いたずらに余道に迷う。汝それでも武士というのか。もし武士ならば山伏か野武士か、どうせ碌なものではあるまい」。

信茂、この言葉にもはや腸《はらわた》が煮えくりかえりそうになったが、せっかく来たのだからと虫を殺して言を改め、「大善知識、よろしく御教えを垂れたまえ」と請うた。禅師は「ウン、まだそんなことを言っておるか。山伏や野武士くらいならまだせめて人間のうちじゃが、お前はそれにも及ばぬ。大方、鰹節くらいじゃろう」。信茂、もう堪らず、満面に朱を注いだようになり、思わず腰の刀に手がかかった。「そうじゃ、鰹節くらいならまだ役に立つ。お前のようなものは役にも立たん轂《ご》潰《く》しよ」。これを聞くやいなや、信茂「おのれ、真っ二つにしてくれる！」と刀の鞘を払い、禅師目がけて切り付けた。禅師もさるもの、するりと身をかわして、二、三間向こうでお出でお出でをしている。怒髪天をつき、平静を失った信茂、寺中逃げ回る禅師を追いかけるが、あちらに逃げこちらに逃げる禅師を捕まえられない。さんざん信茂を翻弄した禅師、頃合いは好しと不意に振り向いて、「あな恐ろしや、地獄の鬼が来た」。この一言を聞いて、全身の血が沸騰するがごとく熱くなっていた信茂、全身に冷や水を浴びせかけられたようになって、禅師の足下に平身低頭して詫びを入れた。禅師、それを見て「あな有り難し、それ極楽の菩薩が参られた」と声をかけられたという。

ああ、地獄の鬼は遠方にいるのではなかった。地獄の世界は遥か彼方にあるのではなかった。近く我が身の心の底に潜んでいるのであった。

傀儡《くぐつ》師《し》(1)の首にかけたる人形箱　鬼を出そうと仏出そうと

鬼も仏も心次第で両方出せるが、さて主人公はどちらであろうか。お客はきれいに飾っていて、主人は粗末な風をしている。どうでも鬼の方が主人らしい。人は一生涯かかっても、子供一人生まれないものもいるが、鬼は至ってよく毎日毎夜鬼を産んでいる。平生産みためた鬼が臨終の夕べにはドヤドヤと現れ来たって、我と我が身を責めさいなむ。暮れた夜道は何となく化け物が出そうなように、現れ来たる鬼は、赤いものもあるじゃろう、青いものもあるじゃろう、黒いものもあるじゃろう、まだらな鬼もあるじゃろう、友禅染の鬼もあるじゃろう。ひょっとすると白粉つけて紅さして三味線抱えた鬼もあるじゃろう。あながちに鉄の棒下げたのばかりが鬼ではない。こんな鬼が毎日生まれてくるのである。

註

（1）**傀儡師**　木でできた人形を操る芸人。

出てくるばかりが鬼ではなく、鬼を産むのもまた鬼である。鬼の親は鬼に相違ない。ある人は大きな鬼の姿を描いて、その上に賛をした。

三　鬼の念仏、親譲りの極楽

みな人の心の底の奥の院　開帳すればこれが本尊

我々も一念おのれと怒ったそのありさまは、まったく頭に角が生えておらぬか。身に鱗が逆立っておらぬか。心に三熱の苦しみを感じてはおらぬか。奥の院のご開帳とあるから、本尊は大切な秘蔵仏と思いの外、大きな恐ろしい大鬼であったとは。自分の外に誰も自分の堕ちる地獄の釜を鋳た鍛冶屋もいなければ、自分の産んだ鬼の外に自分を責める鬼もいない。結局自分で自分の地獄を造るのだ。「心の鬼が身を責める」とはよく言ったもの。

そんなら極楽はどうする。こんな心では到底極楽はできない。今度の極楽は親譲りである。親からもらった極楽へ私が参るのだ。久しく魔境にあって鬼の奴となっていたのが、弥陀の親御の念力で極楽の本国に帰る身となったのである。この親様の念力が私に届いて、重い鬼の舌が念仏に動き、火炎を吐いた口から大悲の尊号が現れてくださる。

我さへも御名を称ふる身となりぬ　鬼の念仏あやしからまじ(1)

織田信茂の懺悔はここである。ここに如来の浄土がそのまま私の浄土となる。思うに鬼の念仏・悪魔の称名、それが真実の宗教である。仏が仏となり善人が善人となるに、別に不思議はない。悪人が善人となり鬼が仏となってこそ、超世不遇の本願ではないか。かくて自分が自分の地獄を造って自分の地獄に堕ちる奴が、親譲りの自分の極楽に参って自分が仏となる。しかしその間にやるせない親の念力がはたらいていることを忘れてはならない。

註

（1）香樹院徳龍の歌。

蔡君謨の鬚

四　当然解決すべき生死の問題

宋の神宗皇帝(1)のときに蔡君謨《さいくんぼ》(2)という人がいた。あるとき宮中で御陪食を仰せつかった。陛下は殊の外ご機嫌で、「汝は実に美しい鬚をしている。全体、夜寝るときはどうしているのか、布団の外に出して寝るのか、それとも納めて寝るのか」とご下問になった。蔡君謨はそんなことは今まで考えてもいなかったので、「はあー」と言ったきり返事に困ってしまった。さて自宅へ帰って寝てから、気になって堪らぬ。俺の鬚は至って上等だとみえる。今朝は畏れ多くも陛下からお褒めにあずかった。しかし今まで寝るときはどうしていたのであろうか、またこれからどうして寝ればよいのだろうか。夜の間にすり切れてはならんと布団の外に出せば、なんだか顎がねじ上げられるようだし、布団の中に入れては、どうやら押さえつけられるようだ。といって横になっては鬚に癖がついてしまう。どうしても落ち着かない。出してみたり引っ込めてみたり、とうとう一晩中鬚の始末に困って、眠れなんだという。

思えば我らもこの人生問題という長い鬚を下げている。平生何も気がつかない場合はそれで済んでいても、いざとなるとさっぱり解らなくなってくる。それにもかかわらず我々は果たしてこれに心を懸けているだろうか。自分の生活問題や愛欲名利のためには血を吐く思いで数日を苦しんでも、果たして人生問題や生死の問題のために一夜を泣き明かしたことがあるだろうか。誠に

焦眉の急は成仏の一事

蔡君謨が長鬚の始末に悩んだことにも及ばない。慚愧《ざんき》のいたりではないか。所詮人生に当面して自覚しなければ問題は起こらない。問題が起こらなければしたがって解決は得られないのだ。

十三年間中国で留学の功を積んで帰朝したある大徳の許に、十三年間の出来事や見聞について珍談を聞こうとたくさんの僧が集まって来た。その中の一人の老僧が、「大徳は長らく彼の国にあって天台を学ばれたそうであるが、草木国土悉皆成仏[3]という仏説は充分御研究されたことでござろう。草木成仏の仕方はいかなるものかお教えを願いたい」と質問したが、大徳は黙してなんの返事もない。老僧は「ははあ、こいつは十三年も彼の国におりながら、おそらく物見遊山で過ごしてきて、なんの勉学もしておらなんだな。それなら一泡吹かせてやれ」と思って、再三再四同じ質問をぶつけたところ、大徳、威儀を正して、「草木国土悉皆成仏の相をお尋ねは結構でござるが、草木国土の成仏よりあなたの成仏はいかがでござる。最早決定相成りましたか」と聞き返すと、老僧思わず「いやはや、誠にお恥ずかしゅうございます」と真っ赤になって下を向いたという。

焦眉の急ということは、ただこの生死解決、求道解脱の一事である。我らの真実の問題とするべきは、生活の問題ではない。成功の問題ではない。人生の問題ではない。躍動の問題ではない。歓喜の問題ではない。称名の問題ではない。思想の問題ではない。行為の問題ではない。ただただ我らの救済の問題である。道を求めるというのは、この救済の問題の解決に外ならないのである。

註

（1）**神宗**（一〇四八―一〇八五、在位一〇六七―一〇八五）　北宋第六代皇帝。

（2）**蔡君謨**（一〇一二―一〇六七）　蔡襄。北宋の政治家、書家。字は君謨。福建興化郡仙游の人。北宋四大書家の一。

（3）**草木国土悉皆成仏**　『涅槃経』に説かれる「草木や国土のような非情なものも、仏性を具有して成仏する」という説。

五　虚栄虚飾の夢から覚めて

烏がおのれを美しく見せたいと思って、孔雀の羽を拾い集め、それを身に纏って孔雀の群れに意気揚々と入って行ったところ、たちまちのうちに見破られ、よってたかって孔雀の羽を抜き取られて、また元の烏になって笑われたという。人はこの笑われた烏に笑われなかったら幸いである。

実際あらゆる動物の中で、人間ほど見栄を気にするもの、外見を飾るものはない。人間ほど大の見栄坊は他に類を見ない。人間の一生は何から何まで、この見栄のためにもがき焦って、いつしか到着するのは死の帳場である。それで終わりかと思えばさにあらず、なお葬式墓場まで見栄を張ろうとする。実に驚くばかりである。この見栄が充分張れたと思ったときに、人は身の前後左右を顧みて、誇り心に幸せを感じるのである。これが果たして真の幸せであろうか。

笑止千万、いつもながら新聞雑誌で著しく目につくものは、化粧品の広告である。正体の知れない粉や水に、何国語とやら解らぬ名前をつけて、いかにもこれさえあれば絶世の美が手に入るかのように囃し立てるから、囃し立てられた女性のみならず、あろうことか男子まで、一所懸命に塗ったりはがしたり、それはそれは忙しいこと。それで少しでも美しく見せたいとの心。皮一重にさえそれほど苦心するのなら、肝心の本体である心はさぞや美しく手入れするかと思いきや、

骨董好きの破産

皮膚がなめらかに光るに引き替え、心は赤さびにさびている。髪は櫛目正しく整っているが、心の畑にはいまだかって鋤さえ入れず、香水の薫り芳しいのに心中に雑草毒草の生い茂るのは、嘆かわしい次第である。顔の美より互いに心の美を重んじて、教えの鏡に心を映し、摺れよ磨けよと、その美を発揮するべきであって、皮一重を美しくしようとの、あの熱心の半分でも心の方に振り向ければ、本当に美しい人間様ができあがり、真の幸せがやって来よう。

しかし好きとなっては止められぬもの。世に茶人とか数寄者とか言われて得意がり、墓場から掘り出したような欠け茶碗に千金をなげうつ人は、日本にもいないではないが、中国のあるところにそんな骨董好きがいた。専らの評判者で、骨董ばかりに現《うつつ》を抜かし、古いものといえばなんにでも手を出し、手当たり次第に買い求めていた。

ある日のこと、出入りの骨董商が古い破れ筵を持って来て、「これは昔、魯《ろ》の哀公《あいこう》(1)が孔子聖人に教えを受けるとき、新たに織らせて敷かれたものでございます」と言う。「そんな珍しいものは家に置こう」と田地を売って金を作って買い求めた。次には煤けた竹杖を持ち込んで、「これは孔子よりもずっと古い周の文王(2)が、北狄《ほくてき》の難を避けるときに使われた杖でございます」というので、またこれも家財ことごとく売り払って買い求めた。すると今度は一つの古椀を持って来て、「これこそは太古三皇五帝(3)の中でも舜《しゅん》(4)と申す有り難い名高い天子様が、父の瞽叟《こそう》にご飯を差し上げて、孝行を尽くされたお椀でございます。周の時代よりもっと古いものでございますので、ぜひお求めなさい。とてもあなたより外にこれを買う力量のあるものはおりません」と煽ぎ立てられ、妻子の忠告も聞き入れず、「俺が買わねば買う者があるまい。俺も大分物持ちになったぞ」と家も何も売り飛ばして、その古椀を手にいれ、独りほくほく顔であったが、お陰で家も田地も何もなくなったから、もちろん食べることもできず、家族妻子は離散してしまい、男は哀公の古筵を身に纏い、文公の竹杖をつき、舜のお椀を抱えて、物乞いをして廻ったという。

これは遠い中国の話ではない。今現在、我々の周りに溢れている話。古いもの好きだけでなく、新しもの好きもある。流行を追って追って追いまくる。新しいものにのみ憂き身をやつし、妙に新しがる人の身の果てはどうなるであろうか。「まだ世間に発表する前ですが、これが今度の新デザインです。どうです、あなただけにお知らせしますから、人より先にお買いになりませんか」と焚きつけられて、煽ぎ立てられて、血眼になって買い求めているのは、そこら中で見かける話。女子ばかりではない、男子とて、「世の中に酒と女が仇なり　どうぞ仇に巡り逢いたい」と道踏み外す機会を狙っているものもいる。

「浄土を口にし、娑婆を心にす」とは宏法師の言葉であるが、道を論じ、道を語り、道を喜ぶも、みな口先のことに止まって、その本心は名聞と利養とに走る。トンチンカンな尻抜け芸当、まことに恐れ入ったもの。娑婆生活のために仏を売る。

　心得て　いながら滑る　雪の道

「俺も大分物持ちになったぞ」と自慢した馬鹿な男にならぬよう、誠心一番、虚栄虚飾の夢から覚め出でなければ、真の道は得られない。

註

（1）**哀公**　中国春秋時代の国魯の第二十七代君主。名は将。孔子の晩年の君主。

（2）**文王**　中国周朝の始祖。姓は姫、諱は昌。周王朝初代武王の父。

（3）**三皇五帝**　古代中国の神話伝説時代の八人の帝王。

（4）**舜**　中国神話に登場する君主。五帝の一人。姓は姚、名は重華、虞氏または有虞氏と称した。儒家により神聖視され、尭と並んで尭・舜と呼ばれて聖人と崇められた。また、二十四孝として数えられている。

六　欲知り顔の欲知らず

守銭奴の二階落ち

大変にお金の好きな男がいた。もちろん誰しも嫌いではあるまいが、この男はことの外金を好んだ。衣食住は非常に倹約し、万事にことを欠き、義理を欠き、恥をかき、時には引っ掻きまでして一生懸命に貯めた金。人の知らぬところに納めては毎日こっそりと勘定して、だんだん多くなるのを見てはほくほく顔で喜んでおった。ある日、全部を勘定してみようと独り二階の座敷に入り、人に来られては大変、見つかったら百年目と、はしご段を外しておいた。もうこれで大丈夫、誰にも見られないと、例の金箱を開いて、床の上から座敷中に一枚一枚お札を並べて後ずさりする。ちょうど書物の虫干しをするようにして、何枚何枚と数えつつ並べつつ、八畳の間一杯になって、身ははしご段のあった上がり口まで後ずさってきた。ただもう嬉しくて堪らない。もっと並べてやろうと後ずさった途端、どっさりと上がり口から階下の板の間に落ち込んで、グウと一声あげて死んでしまったという。これはもとより各別の馬鹿であるが、金に目が眩んで欲ぼけになると、とんでもない失態を演ずることになるばかりでなく、大切な命を捨てることになる。大活現成して目の付けどころを過ってはならない。

欲深き人の心と降る雪は　積もるにつれて道を忘るる

とか。あまりに欲に凝ると、欲ぼけにぼけてとんだ失敗をする。一文儲けの百失いでは意味がない。

茗荷宿の計

　御威光で三千世界が手に入らば　極楽浄土我に賜はれ

豊太閤[1]の威徳で三千世界が手に入ったとて、自分は極楽浄土一つさえたまわれば結構じゃと曽呂利新左衛門[2]は詠んだという。

　ある田舎回りの絹商人が、日暮れ方通りかかった安宿に泊まった。一室に落ち着いて亭主を呼び、「大事な金なのでどうか明朝まで預かってもらいたい」と金包みを取りだして渡した。「確かにお預かりいたします」と下がってきた亭主、何を思ったか、ほくほく顔で料理に取りかかった。その料理というのが何から何まで茗荷一色。茗荷の刺身に茗荷の煮物、焼き物も茗荷なら、もちろん味噌汁も茗荷の味噌汁、飯にも茗荷が炊き込んである。給仕する女将も今日は変わった料理じゃわいと思いながら給仕して、お客も珍しい宿もあるもんじゃと、不思議がりながらも残らず平らげた。一晩明けての朝飯もまた茗荷づくし。これは茗荷を食べ過ぎると物忘れするというので、茗荷づくしの料理で責めて、あの金包みを預けたことを忘れさせようという主人の深謀遠慮。これだけ食べさせておけば充分効果があろうかと、帳場でほくそ笑んでいれば、旅立ちの仕度を調えたお客、「いやご厄介をかけました」と挨拶し、金の話はせずに行く先の道を聞いてくる。主人は「よしよし、これぞ茗荷の功能、やれかたじけなや」と喜んでいれば、「昨夜預けた金包みを頂きたい」と言われて、不承不承に金を渡す。商人は「ではさようなら」と出て行った。

　主人はがっかりした様子で「ああ、茗荷責めにして預けた金を忘れさせようと図ってみたが、あの男、よほど茗荷に強い奴らしい、ちっとも効き目がなかったわい。しかし何ぞ金目の物でも忘れておらぬか」と女将に聞けば、「ああそういえば、あのお客、宿賃を払うのを忘れていったわ」。

もらわれもせぬ人の包みに目をくれると、もらうはずの宿賃までもらわれぬことになる。持っても行かれぬこの世のことに頓着して、大切な未来を取り外しては、笑った人に笑われる。人生か宗教か、宗教か人生か、信仰か生活か、生活か信仰か、大事な問題の着眼点を失ってはならない。

夢の世を永い未来と思ひかへ　欲知り顔の欲知らぬ哉

註

（1）**豊太閤**（天文六〔一五三七〕—慶長三〔一五九八〕）　豊臣秀吉。織豊期の武将。尾張国中村（現愛知県名古屋市）に生まれ、織田信長に仕え、足軽から出世して近江長浜城主となり、本能寺にて信長が明智光秀に斃されると、中国攻めの戦場よりとって返し、山崎の戦いで光秀を破り、信長の権力を継承する。その後、天下統一を達成し、関白となり、それを養子の秀次に譲って太閤となった。

（2）**曽呂利新左衛門**　豊臣秀吉に御伽衆として仕えたといわれる人物。落語家の始祖とも言われ、ユーモラスな頓知で人を笑わせる数々の逸話を残した。元々、堺で刀の鞘を作っていて、その鞘には刀がそろりと合うのでこの名がついたという。架空の人物という説や、実在したが逸話は後世の創作という説がある。また、茶人で落語家の祖とされる安楽庵策伝と同一人物ともいわれる。

除夜の講義始め

七　思い立ったを吉日に

荻生徂徠[1]は一代の名儒者であった。「梅が香や　隣は荻生　宗右衛門」と其角[2]が詠った彼の塾も、堕落の極みに達した当時では塾生も至って少なく、その代わりやれ歌舞よ音曲よと、寄席や芝居には人波打って流れ込む。弟子たちも一向勉強する気が起きない。ある弟子が先生を皮肉ってやろうと、「先生、歌舞音曲の寄席や芝居にはたくさん人が集まりますが、この塾には何故人が来ないのでしょうか」と質問すると、徂徠翁「なに、そりゃ当たり前よ、腐ったものにはハエが集まるのじゃから」と平然としていたという。

正しいことをしていればこそ、なにもひるむことはない。人は人、我は我、思い立ったを吉日に、勇ましく求道の旅路に発てばよい。

林羅山[3]の学友で菅得庵[4]という人が、ある年の大節季[5]に羅山に向かって、「自分はまだ『通鑑綱目[6]』を読んだことがないが、君は読まれたか」と聞いた。羅山が「とっくに読んだ」と答えたので、得庵は「それでは明春から講義を聴かせてくれないか」と頼んだところ、「君が本当に聞きたいのなら、なにも明春からでなくとも、今からはじめようではないか」と、大晦日から直ぐに講義を始めたという。

何によらず思い立ったが吉日、仮初めにも道を求めんとするならば、何は措いても即刻着手すべきである。仏法には明日ということはない。何でも取り急いで法は求めなくてはならない。人生の無常、世相の転変に触発されて求道の旅に進まんとする人、ただ熱誠なれ、忠実なれ、大勇猛心を発揮するところあれ、低く我が心の実情を眺めて、高く如来の真情に接せよ。そこに必ず信仰の情熱は湧き来たるであろう。

たとひ大千世界に　みてらん火をもすぎゆきて
　仏の御名をきくひとは　ながく不退にかなふなり[7]

火の中を分けても法はきくべきに　雨風雪は物のかづかは[8]

芽を吹かぬ柳の挿し木

ある寺の和尚さんが、余所から柳のおろし枝をもらって来て、これを挿し木にしようと、小僧に言いつけて垣のほとりに差させ、こう言い含めておいた。「いたずらな子供らが来て抜くかもしれないから、よく見張っておくように」。言い付かった小僧は、その日から竹縁に机を出して手習いをしつつ、柳を見張っておった。すると七日ばかり経ったある日、和尚が庭に降り立って柳を調べて、「この柳は子供が抜くだろうと思っておったのに、少しも抜かれておらぬのは、お前がしっかり番をしてくれたお陰じゃ。よくやった」と褒めながら、「それにしても、夜の内に子供が入ってきて引っこ抜いたら咎めようもなかっただろうに、よくも大丈夫だったもんだ」と感心していると、「はい左様でございます。夜の間に引っこ抜かれたら守っていた甲斐もないと思いましたから、いつも日が暮れますと地面から引き抜いて箱に収めて仕舞い込み、また朝になったら差すようにしておりました」と小僧がすまして言うので、和尚も呆れかえって、「道理で柳が芽を吹かぬはずじゃ」と大笑いに笑ったとか。

時々思い出すくらいや、思い出しては大儀ながらお参りするくらいでは、なかなか実効はあがらない。もう一つ本気になり真剣になったところに、信仰の芽は吹いてくる。ある雑誌に載っていた話であるが、ある老婆が重い病に罹り、後生の行き先が心配になってきて、その兄にこれを打ち明けた。兄が申すには、『御和讃』には三千世界の火をも過ぎ行きても法を聞けとある、数町隔たったところにお寺がある、起って歩めなかったら、四つん這いになって行っても聞いて来い、と叱りつけた。老婆は兄の言うままに這っていって聴聞し、篤信な同行となったという。

信心が得られないのは大事がかからないからである。大事がかからないのは、自分が危ないことを知らないからである。讃岐の庄松(9)にある人が「私は今から地獄の絵を拝んでくる」と言うと、「ああ参っておいで、よく見ておいで。私にはそれは要らんことだが、お前には要る。地獄はお前の行くところ。篤と気をつけて見ておいで」と言われた。これを思うとき、これがための御本願と聞くとき、ただ名号一つ御本願一つお助け一つの外はない。

註

(1) **荻生徂徠**〔寛文六(一六六六)―享保一三(一七二八)〕江戸時代中期の儒学者・思想家・文献学者。名は双松、字は茂卿、通称は総右衛門。

(2) **宝井其角**〔寛文元(一六六一)―宝永四(一七〇七)〕江戸時代前期の俳諧師。芭蕉門下十哲の筆頭。本名は

竹下侃憲。別号は螺舎、狂雷堂、晋子、宝普斎など。

（3）**林羅山**（天正一一〔一五八三〕―明暦三〔一六五七〕）　江戸時代初期の朱子学派儒学者。林家の祖。羅山は号で、諱は信勝。字は子信。通称又三郎。出家した後の号は道春。

（4）**菅得庵**（天正九〔一五八一〕―寛永五〔一六二八〕）　江戸時代前期の儒者。医学を曲直瀬玄朔に、のち儒学を藤原惺窩に学び、京都で塾を開く。播磨（兵庫県）出身。姓は鎌田、菅原。名は玄同。字は子徳。別号に生白。

（5）**大節季**　大晦日のこと。

（6）**『資治通鑑綱目』**　中国南宋の朱熹（朱子）の撰といわれる史書。五十九巻。司馬光の『資治通鑑』によってその重要な事柄を掲げて綱とし、それに註を施したものを目とした編年史。

（7）『浄土和讃』　浄土真宗聖典註釈版五六一頁。

（8）『御詠歌』。

（9）**讃岐の庄松**（寛政一一〔一七九九〕―明治四〔一八七一〕）　讃岐国大内郡土居村（現・香川県東かがわ市土居）の貧しい小作農の子に生まれ、生涯独身で、僅かな田畑を耕して終えたが、浄土真宗の信心に生き、妙好人として知られる。

子供を脅して仕官を失す

八　驀直去《まくじきこ》、驀直去《まくじきこ》

一旦思い立って足を求道の道に運ぶ。当然勇猛専精でなければならない。中間で道草を食うようではならぬ。

大和田源太左衛門という武士。永々浪人して、埋もれ木の花咲くこともなく打ち萎れて暮らしていたが、心配してくれる者がいて、さる邸に奉公する手がかりもでき、いよいよ本日は殿様にお目通りと相成った。御意を得られればお召し抱えくださるという。喜び勇んで、借り物の熨斗《のし》目《め》麻上下《あさかみしも》（1）に威儀を繕い邸に赴けば、取り次ぎの若衆は対面の間に招じ入れ、「しばらくお待ちくだされ」と茶菓・煙草盆などを前に置いて立ち去った。

源太佐衛門、じっと待つものの何の沙汰もない。待ちくたびれてあくびの一つも出かかったところ、家中の子供とみえる腕白な七、八歳くらいの男の子が、そっと障子を開けて、ちょこちょこ駆け寄り、源太左衛門の前に出された菓子を手づかみにして持ち去り、障子の陰でむしゃむしゃ食っている。食べてしまうと、またちょこちょこやって来て菓子をつかんで逃げていく。都合三度に及び、源太左衛門考えた。これでは自分が浪人しているひもじさに、恥も外聞もなく菓子を食い荒らしたと思われるも残念な。この憎い餓鬼を一つ脅して懲らしめてやろうと、障子の側に行って待ち構え、また廊下に足音がしてきたので、来たなここぞと、両手の親指を口の両端に突き込み、人差し指で目の下を押さえ、障子が開くや否や、「ぐわあ！」と叫びながら怖い顔を突き出せば、これはいかに、先ほどの餓鬼と思いきや、この邸の家老職。驚くまいことか、慌てて奥へ走り込み、殿様の御前に参って、「あのような狂人をお抱えになられましては、当家の恥と相成ります。お召し抱えの儀はなかったことに」と進言して、仕官の道は閉ざされてしまった。

我が身の勤め・責任・本務を忘れてはならぬ。彼がお邸に参ったのは、子供を脅かすためではなく、菓子の番をするためでもない。妙な顔をするためでもなく、ひたすら殿様にお目見えして、立身出世の緒を求めるためであったはず。それなのに僅かなことに要らぬ真似をするものだから、こんな結果となってしまった。南浮《なんぶ》(2)の人身別用なし、ただこの法を聞信するにあり。我らはただこの法を聞いて信じて仏になるために生まれてきたのである。その根本の目的を忘れて、始末の世事に惑わされてはならない。本樹《た》って末行わる。

註

（1）**熨斗目麻上下**　武士の通常の正装。

（2）**南浮**　南閻浮洲。須弥山を囲む四大洲の内、南に位置する洲。人間世界のこと。

九　切々道を求めてやまざれ

道を求めるには当然ながら真剣でなければならない。求めたが得られなかったというのは、真剣に求めなかったのである。親鸞聖人のように我が心を砕き、善哉童子《ぜんざいどうじ》のごとく道のために我が身を捨てようとしたであろうか。慧可《えか》のように法を聞くために我が臂を斬り落とす覚悟があったか。熊沢蕃山《くまざわばんざん》(1)のように中江藤樹《なかえとうじゅ》(2)の門前で三日三晩臥したことがあったか、あるいはまた劉備《りゅうび》(3)のごとく師廬《しろ》を三顧《さんこ》せしことがあったか。今日いかに世が濁れるとて求めて道が得られないわけはなく、いかに人拙しとて請うて師に遇われないはずもない。時降り世濁れりといえど、この世は仏の世である。仏心顕現の世界である。我ら親鸞聖人のごとくに師を求めるとき、必ずや法然上人は我らの前に出現され、我らが慧可のように法を求めるとき、必ずや達磨大師が我らの前に再来されん。我ら蕃山たるとき必ずや藤樹翁が出でまし、劉備たるとき孔明《こうめい》(4)現れん。求めよ、世間必ず応ずるものがある。叩けよ、門は必ず開かれん。打てよ、響きは必ず聞こえん。それでもなおかつ道を得ること能わず、師に会うことができなければ、これを古《いにしえ》の聖賢に求めよ。古今の書に求めよ。宇宙森羅の実相に求めよ。大千世界いずれのものかいずれの人か、我を教え我を導かぬことがあろうか。そうして自己に省みて、道心の有無に驚け。

昔、なにとぞ道心を発したいものよと、本尊の前にぬかずいて「我に道心を発《おこ》させたまえ」と

矢部虎之助の軍装

祈誓をかけるや、「その心こそ道心なり」とのお告げを蒙ったという話がある。そう、私は何故にこのように道心が薄いのであろうか。古の高僧伝や妙好人伝は読むだけで涙を催す人もあるのに、ああ、私は何故道を求めるに忠実でないのかと、恥じる心こそ道心であるといってよい。

大阪方と関東方とが決戦したときのことである。徳川頼信《とくがわよりのぶ》(5)の家来で矢部虎之助という者があった。力あくまで強く、身材群を抜き、勇猛の者であったが、その軍装がまた物々しいものであった。まず長さ二間の指物を差し、三尺に余る太刀を引っさげ、大位牌の立物に「咲く頃は花の数にはあらねども　散るには漏れぬ矢部虎之助」という一首の歌を書き記してあった。この出で立ちを見たものどもは、その異様な風に驚き、さてもさても見事なものよと言い囃した。しかしいよいよ合戦となってからは、虎之助の装束があまりに重いので馬が早く進まず、ややもすれば人に遅れがちで、とかく軍功をあげられなかった。それで人々から「虎之助は鬼面、人を驚かすものでござる。装束のみ大袈裟で働きは一向にござらぬ」と評判を立てられて、虎之助は無念やるかたなく自刃《じじん》してしまったという。

あまりに道具立てが太く多く、虚名にかられては何ごとも得られず、実を失うことになる。求道のこともあまり道具立ての大袈裟なのは感心できない。褪《さ》めやすく変わりやすいからである。如来の本願には赤裸々になって進まねばならない。雑毒の善、虚仮の行、皆ことごとくうち捨てて、本願の大道に驀進し、二尊の仰せに信順すべきである。

註

（1）**熊沢蕃山**（元和五〔一六一九〕—元禄四〔一六九一〕）　江戸時代初期の陽明学者。諱は伯継、字は了介（一説には良介）、通称は次郎八、のち助右衛門と改む。蕃山と号し、また息遊軒と号した。

（2）**中江藤樹**（慶長一三〔一六〇八〕—慶安元〔一六四八〕）　近江国（滋賀県）出身の江戸時代初期の陽明学者。近江聖人と称えられた。諱は原、字は惟命、通称は与右衛門、藤樹と号した。

（3）**劉備**（一六一—二二三）　後漢末期から三国時代の武将、蜀漢の初代皇帝。字は玄徳。諸葛孔明を軍師として迎えるため、その庵を三度訪ねて誠意を表した。これを三顧の礼と呼ぶ。

（4）**孔明**（一八一—二三四）　諸葛亮。中国後漢末期から三国時代の蜀漢の政治家・軍人。字は孔明。劉備に三顧の礼をもって迎えられ、蜀漢を建てた。軍師として名を残す。

（5）**徳川頼信**（慶長七〔一六〇二〕—寛文一一〔一六七一〕）　徳川家康の十男。紀州徳川家の祖。

美顔を焼いて法を求める

十　鏡面を打破し来たれ

これを彼の了然尼《りょうぜんに》(1)の事績に見よう。彼女は武田信玄《たけだしんげん》(2)の玄孫で、もと総《ふさ》と名づけ、東福門院《とうふくもんいん》(3)に仕えたが、門院崩御の後、勧められて松田某に嫁するにあたり、三人の子を産めば去ることを許されるという約束をした。二十四、五歳にして三子出産の約を果たしたので辞して仏門に入らんとし、当時名僧の誉れ高き弘福寺の鉄牛《てつぎゅう》(4)の許に赴いて許しを得んとした。鉄牛はその容姿があまりにも美麗なるを見て、「仏敵・法敵の化け物、門内に入ることを許さん」と拒絶した。次に白翁《はくおう》(5)師を訪ねるも、同様に魔魅であるとして許されなかった。彼女は残念でならない。せっかく法を求めようとしてここまで来たものの、化け物であるとして入れられない。おのれ、やっかいな我が面よと、近くの民家に入り借りた鏝《こて》を囲炉裏で焼いて我が顔に当て顔中を焼けただらせ、再び白翁師を訪ねたところ、和尚驚き、般若の面もかくやと思われるばかりなる上に、昭々として求道の赤誠が顕れている。和尚つくづく感じ入って、ようやく尼になることを許したという。そのとき鏡裡に書き記したのが、

昔宮中に遊んで蘭麝《らんじゃ》を焼く　今は禅林に入って面皮を燎《や》く
四序の流行またかくのごとし　知らず誰かこれ個中の移
生ける世に捨ててたく身やうからまし　ついに薪《たきぎ》と思はざりせば

三顔を焼け

我らは了然尼の壮挙には及ばずとも、精神上三つの顔面だけは焼き捨てなければならない。蓮如上人は深くこれを嫌われた。我が身あり顔。我れ心得顔。我れ物知り顔。この三つを焼き捨てて、精神上のお多福にならねばならない。

　本願にあふた福こそ嬉しけれ　鼻はひくうて頬《ほお》（法）は高うて

至心に精進に道を求めよ。「面の皮は薄く、足の皮は厚く」働いて足の皮を厚くし、恥を知って面の皮を薄くしたいものである。いたずらに空想に耽ってはならない。着実堅牢の気象を養え。

鏡を打破し来たれ

人あって問うて曰く、「純清絶点《じゅんせいぜってん》のときいかん」鏡には一点の曇りもないがどうじゃと。古人は答えていう、「なおこれ真常の流注《りゅうちゅう》」わずかな迷いが乗っているぞと。それではまだこれ以上進むべき道があるのかというので、その人が「向上別にことありや」。曰く「あり」。「いかなるかこれ向上のこと」。答えて曰く、「鏡を打破し来たれ、吾、爾《なんじ》と相見《しょうけん》せん」真に向上のことが聞きたいのなら、鏡を打ち砕いてこい。貴様は一つの鏡を持っている。一つの見識・我見を持っていて、それに拘泥しているから駄目なんだ。それを打ち破ってこい。そのとき話をしようではないか。了然尼の顔に最初どんな鏡が懸かっていたのであろうか。必ずや彼女の美貌と虚飾とが輝いていたに違いない。それが鎚一挺に打ち破られたとき、正しく真実の法器として師と対面することができたのである。我らもまた大いに打破すべき鏡がある。

凡夫の尺度は伸び縮む

「青丹よし奈良の都は咲く花の　匂ふがごとく今盛りなり」というも、「奈良七重七堂伽藍八重桜」というも、ともに奈良朝の盛大を謳ったものである。そのときの建立で音に名高い大仏様へ、ある人が参詣しての帰り道、門前の餅屋に入って休んだ。暖簾には〈大仏餅〉と太文字に染め抜いてあるものの、出てきた餅はいたって小さい。「大仏餅と言いながら、こりゃずいぶん小さいではないか」と店の主人に問いかければ、「それもそのはず、お客様は今大仏様を拝まれて、その大きさに慣れておいでてございます。その尺度で御覧になれば、どんなものでも小さく見えます。けっして餅が小さいのではございません」「まさかそんなこともあるまい、言いわけの上手い親父じゃ」と笑いながら茶代を置いて店を出た。しばらく行くと、道ばたの草むらに可愛らしい子供が寝かしてある。すやすやとなにも知らずに眠っている。周りを見渡すも親らしいものもいない。こんなところに置き去りにして、犬や鷲にでもさらわれたら可哀想じゃと、捨ててもおけず抱き上げて、そろそろ歩き出したところが、思ったより重い。だんだん重くなってきたので、よくよく見ればこれはいかに、赤子と思ったのは物乞いの婆さんであった。

何と大仏様を拝んでずいぶん尺度が大きくなっておったのだ。我らの尺度もだんだんと大きくなり、最初満足していたことも、次第にそれでは済まされないようになってくる。馴れては珍しさが抜けてくる。上がり上がって落ち場を知らぬことになる。ただそれ妄想の業鏡を打破して進め、まっしぐらに進め。大道は担然として我らの前に開け、本願の白道は昭々として浄邦に通じている。いたずらに疑い怯《おそ》れ退く心を生じてはならない。今こそ聞思して、遅慮してはならない。みずからの頭上に一塊の氷雪を置いて、静かに如来の大法を聞け。

『高僧伝』を案ずるに、釈慧《え》嵬《かい》法師は、晋の隆安年中に有名な法顕《ほっけん》三蔵と天竺に渡った方であ

塙保己一闇を怖れず

る。大変に人生の妙味を悟って、多くは山中に住して坐禅しておられた。するとその山の鬼神が、どうにかしてこ奴の荒胆を挫《くじ》いてやろうと、いろいろ苦心したあげく、頭のない鬼の姿となって慧嵬の面前に現れた。けれども慧嵬は平気なもので、「いや、面白い化け物よ、頭がないな。頭がないなら頭痛がせんでよかろう」。茶化された鬼神、今度は腹のない化け物となって現れると、「いや、今度は腹がないではないか。面白い、定めて腹が立たぬでよかろう」。鬼神もへこんでしまったが、もう一度と今度は上品で艶めかしい美人になって現れ、「私は天女でございます。御上人様のお徳を慕って参りました。どうぞお側に置いてくださいまし」と縋《すが》りついた。すると慧嵬、「革嚢《かくのう》の衆穢《しゅうえ》、去れ」。糞袋出て行けと一喝して、鬼神の方が肝をつぶしてしまったという。

世間の人はつねに怪物に捕らえられる。眼の不自由なものは見えぬ不自由さという化け物に、耳の不自由なものは聞こえぬ不自由さという化け物に、病者は病魔に、貧者は貧乏神に、あらゆる化け物に襲われて、日夜呵責される。悟れよ、解脱せよ。

ある夜、盲目の学者塙保己《はなわほき》一《いち》(6)がロウソクを点して講義をしていたところ、風が吹いてロウソクが吹き消されてしまった。弟子たちは騒いで、師に「ロウソクを点すまでお待ちください」と願ったところ、「さてさて、眼明きは不便なものよ」と笑ったという。この保己一の矜持を持て。

　世の住み憂きはいとふたよりなり(7)。

起って道を求め、不動地に至って、そして悠々天地に帰り来たれ。

　柿を見て家事の苦労は思はじな　渋さまされば甘さまされり

註

（1）**了然**（正保三〔一六四六〕―正徳元〔一七一一〕）黄檗宗の尼僧。武田信玄の曽孫・葛山長爾の娘。名は総。字は了然。諱は元総。

（2）**武田信玄**（大永元〔一五二一〕―元亀四〔一五七三〕）戦国時代の武将、甲斐の守護大名・戦国大名。甲斐源氏の嫡流にあたる甲斐武田家第十九代当主。諱は晴信。法名は徳栄軒信玄。

（3）**東福門院**（慶長一二〔一六〇七〕―延宝六〔一六七八〕）徳川和子。徳川秀忠の五女。後水尾天皇の中宮。明正天皇の生母。

（4）**鉄牛道機**（寛永五〔一六二八〕―元禄一三〔一七〇〇〕）江戸時代前期の黄檗宗の禅僧。号は自牧子。謚号は大慈普応国師。

（5）**白翁道泰**　江戸前期の黄檗宗の禅僧。武蔵国落合（東京都新宿区）泰雲寺の開基。

（6）**塙保己一**（延享三〔一七四六〕―文政四〔一八二一〕）江戸時代の国学者。幼名は寅之助。七歳のときに失明。『群書類従』『続群書類従』の編纂者。

（7）『横川法語』浄土真宗聖典註釈版一四二五頁。

第四章　聞法――虚に往きて実に帰れ

一　忘れてならぬ聞法の態度

聴聞は如来の慈悲を領得する唯一の便法である。すでに人生に驚き、自己に目覚め、求道の旅にある者は、すべからく心を空虚にして、如来の教法に耳を傾けなければならない。

聴聞を心に入れまうさば、御慈悲にて候ふあひだ、信をうべきなり。(1)

仏法は大切にもとむるよりきくものなり。(2)

そしてその聞くのも、

なにもおなじやうにきかで、聴聞はかどをきけ。(3)

とも、詮あるところを聴けと、

ひとつことを聞きて、いつもめづらしく初めたるやうに、信のうへにはあるべきなり。(4)

とは、蓮如上人の御訓言である。

他力の宗教では、この聴聞ということが非常に重んじられる。「きくといふは、信心をあらはす御のりなり」(5)という祖師の言葉さえあって、その聴聞はぼんやりしたものでなく、真剣に徹底

聞き様の五種

したものでなくてはならない。

「聞」といふは、衆生、仏願の生起本末を聞きて疑心あることなし、これを聞といふ。(6)

とは千古不磨の結論である。したがって「聞其名号《もんごみょうごう》」はすなわち「信心歓喜《しんじんかんぎ》」であって、聞即信といえる。故に聞について三種を大別することができる。それは信前、信当体、信後の三種である。信前は決定に至るまであまねく聞くこと、信当体とは善知識の言葉の聞こえた下に帰命の一念を発得したことをいい、信後とは後念相続の飽き足りないことをいう。

天保八年の大飢饉(7)に、京坂の地は多く飢餓に迫る者があった。信心深い大坂の富家が毎日人々に米を施し、毎夜粥を炊いて車に積み込み、みずから粥やろう粥やろうと呼び歩いた。しかし同じその声を聞きながら、気質や境遇によって聞きようがいろいろに分かれる。

粥やろう　声を子供の　添い寝哉

自分が餓えていなければもらう心がなく、これを添い寝の眠り歌に聞く。地獄と聞いてはクスクス笑い出し、極楽と聞いてはそろそろと逃げ出す。

粥やろう　声を聞きながら　遠慮する

腹は減っている、もらいたい気持ちもあるが、恥ずかしくもある。我が身の後生の一大事が気にかかり、聞いてみたくもあるが、恥ずかしくもある。出たり引っ込んだりの聞き分け分際。

粥やろう　声は空吹く　風の音

慈悲深い人よ、結構なことよと聞きはすれど、もらう心も施す心も起こらない。御慈悲は大切と聞くければど、受ける気も起こらぬ聞き知り分際。
　粥やろう　声をたのむや　飢人《かつえ》
我が身のひもじさ浅ましさに矢も盾もたまらず、やろう助けようの声に飛び出して、たのむ気になったのが聞即信の一念。
　粥やろう　声聞いたまま　あとの味
御慈悲の粥に腹がふくれて、嬉しいかたじけないの信後相続。
　このように五段に分かつことができる。さて、あなたはいずれのところにあるのであろうか。「虚に往きて実に帰れ」空手で来たって実を持ち帰れ。身心脱落、脱落身心。我が身は現にこれ罪悪生死の凡夫、とても地獄は一定すみかぞかしと、脱落しきって空手になったところ、そこに大法の声は聞こえてくださる。『華厳経』に曰く、「むしろ悪道にて多劫の苦しみを受くるとも、仏名を聞かん。善道に生ずるも、暫時《ざんじ》に仏を聞かざることを願はず」と。餅を頬張った上に、なお菓子をねじ込むことはできない。至心信楽おのれを忘れてとは、正にこのことである。

註

（1）『蓮如上人御一代記聞書』浄土真宗聖典註釈版一二九二頁。
（2）『蓮如上人御一代記聞書』浄土真宗聖典註釈版一二七三頁。
（3）『蓮如上人御一代記聞書』浄土真宗聖典註釈版一二四九頁。

（4）『蓮如上人御一代記聞書』浄土真宗聖典註釈版一二七三頁。
（5）『一念多念証文』浄土真宗聖典註釈版六七八頁。
（6）『教行信証』信巻。浄土真宗聖典註釈版二五一頁。
（7）**天明の大飢饉**　江戸時代四大飢饉（寛永・享保・天明・天保）の一。

二　勝手聞き、得手聞き

客と馬方

ある男が徴兵をどうにかして遁《のが》れたいと思案した。「そうだ、耳が不自由なら兵隊には取られまい」と、検査の際には何を言われても聞こえぬふりをした。それを見ていた軍医の先生、その男を一室に呼び込んで、耳元でそっと「そうか、耳が聞こえないなら残念だが、兵隊にはできんな」と声をかけると、男は嬉しさのあまり「はい、ありがとうございます」と答えて化けの皮が剝がれたという。人は至って勝手聞きし、勝手に聞こえぬふりをする。

昔、汽車などなかった時代、馬に乗って旅をした。次の宿場まで帰り馬だというから安く値切って乗っていると、馬方がしゃべり出した。「旦那、世間にはずいぶん途方もないこともあるもんですよ。昨日お乗せした旦那は珍しく親切な御方で、乗り賃はこちらのいうままでくださったうえ、それではあまりに安すぎると、酒代は別にやるとして途中で一杯やろうと、掛け茶屋でご馳走してくださって、そのうえ『こりゃ馬方よ、お前も一日馬を引いて歩いておってはくたびれたであろう。ここからは俺が馬を引いてやるから、お前が乗れ』と仰るので、『いやでございます。そんなことをしては街道中の笑いものになりますから勘弁してください』と言っても許してくださらず、無理矢理乗せられ、とうとう旦那が手綱を引いて宿場まで行き着くと、『ああ面白かった。一度はこれをやってみたかったんじゃ。お前も馴れぬ馬に乗ってさぞや尻が痛かったろう』と乗り賃までくださりました」といいながら馬上のお客を振り返ると、客は聞こえぬふりして「グウグウ」と空いびきをかいている。「旦那旦那、危ないから起きてください」と揺り動かせば、ようやく気がついた振りをして目を擦りながら、「あんまり馬が遅くて埒が明かないものだから、つい眠ってしまった。そういえば昨日乗った馬はよい馬で、馬方もまたとんと気のよい男であったぞ。その馬方が言うには、『旦那はこんな早い馬に乗りなすって、今に落ちるんじゃなかろうか、こりゃ滅多に眠っておられぬと心配でございましょう。それが気の毒でなりませんから、今日のところは馬賃は結構でございます。途中に茶屋がございますのでお詫びに一杯差しあげましょう』とご馳走してくれて、宿場に着けば『さぞやお疲れでございましたでしょう。これは些少ながら酒手《さかて》でございます』と小遣いまでくれた。あんな気のよい馬方もないもんだ」と話すと、馬方は歩きながら「グウグウ」と空いびき。

こんなことはいつまでも聞いておられまいが、せっかく親切に聞かせてくださる善知識のお言葉、それが何故耳に入らないのか。「教語をもって開示すれども、信用する者少なし」。まことに厳しいご意見である。

張天覚の回心

三　聞かず嫌い、知らず誇り

子供には食わず嫌いがあるように、大人には聞かず嫌いがある。子供は食べてみもせずに、頭から嫌いじゃと言う。聞いてみもせずに、はじめから嫌いじゃという。聞こうともせず、勝手にこんなものじゃと決め込んでいる。「俺が若かった頃は、鶏がよく鳴いて時刻を知らせていたのに、この頃の鶏は横着になって、一向に鳴きもせずにあくびばかりしておる」とある老人が嘆いた。何をいわんか、鶏が鳴かなくなったのではなくて、自分の耳が遠くなったのじゃ。自分の耳が遠くなったのを忘れて、鶏を責めるとは馬鹿馬鹿しい話。鶏を責める前に自分の耳を改めよ。

宋の時代に張天覚《ちょうてんかく》(1)という人がいた。張商英《ちょうしょうえい》とも称して無《む》尽《じん》居士とも号し、なかなかの豪傑であった。ある日、寺に行って大蔵経を見ると、七千余巻もある大部のものが帙《ちつ》(2)に入れられて立派に飾ってある。張天覚は儒教を崇拝していたので、その聖典『論語』は十巻くらいだから、まったく比べようにならない。癪にさわって堪らない。家に帰って物思いに耽っていると、「今夜に限って何をそんなに物思いに耽っておられるのですか」と女房が尋ねるから、「少し思う仔細があって『無仏論』を書こうと思っているのじゃ」と答えると、女房は「すでに無仏と仰るのなら、もはや仏を論ずるまでもありますまい」と矛先を砕かれて、それっきりになった。その後、友人を訪ねてふと机の上を見れば『維摩経』(3)が載っている。何気なく手にとって一、二枚読んでみると、なかなか面白い。借りて帰って真剣に読んでいると、「何を勉強なさっているのですか」と女房が問いかけた。「いや、『維摩経』というて維摩居士が仏法を説いた書だ。至極面白いのだ」「さあ、そういう書物を読んだ後で、例の『無仏論』をお書きになられたらよろしゅうございましょう」と言われて、さすがの張天覚も慄然として、以来真剣に仏教を研究し、非常な仏教信者となって、心血注いで書き著した書物は、『無仏論』ではなく『護法論』三巻であった。

仏法は聞かねば解らない。聞けば聞くほど解ってくる。解れば解るほど聞きたくなる。「仏法は大切にもとむるよりきくものなり」[4]。聞かずにいては話にならない。

註

（1）**張天覚**（一〇四三―一一二二）　中国宋の官吏。

（2）**帙**　書物の損傷を防ぐために包む蔽い。

（3）**『維摩経』**　大乗経典。空を説く般若経典の一。維摩居士と文殊菩薩との問答形式で説かれている。

（4）『蓮如上人御一代記聞書』浄土真宗聖典註釈版一二七三頁。

四　やたら聞き、聞き過ぎ

とはいえあまりに耳が長く、むやみやたらに聞き過ぎても、食べ過ぎと同じで困ったことになる。あそこのお稲荷様は効験がある。ちょっと参ろうか。あっちの薬師様は霊験があらたかじゃ。そりゃ参らねばならん。どこのどなたがどう、ここのこなたがこうと、それればかり追い回していては、結局自分には何物も得ることができなくなる。

宗教利用論者は、同時に併用論者になりやすい。人はややもすれば、「仏教もよい、キリスト教もよい、儒教も結構、神道も大切、またイスラム教も天理教も何もかも、どの宗教もみな有益の宗教である。されど、それぞれよくないところもある。それ故自分はその多くの宗教の短所を除いて、長所のみ取り用いようと思う。ただ一つの信仰に拠らねばならんなどというのは、まったく頑固な考えである」と言う。しかしその言葉はいかにも正しそうに聞こえるが、現実に離反した考えである。そんな宗教は、そこら中から寄せ集めの材料をもって継ぎ合わせた、血の通わぬ死骸に過ぎない。そんなものが何になろうか。却ってみずからを損じ他を害するばかりである。

私の宗教は私がただ一つしかないだけに、ただ一つでよい。私が宗教を信ずるのは、その唯一の宗教が有り難いからである。偏にこの私のためにお骨折りくださる如来の御親切がやるせなく、如来の御慈悲が切なく、信ぜずにはいられないからである。任せずにはいられないからである。

ロバと親子

信じ任すのは、そのときの都合でもなく、駆け引きでもなく、間に合わせでもなく、ごまかしでもない。まったく如来の真実に動かされたのである。もとより国のためでもなければ、家のためでもなく、成功のためでもなく、名利のためでもないが、信ぜられ任せられてみれば、同時におのずから一切のためになってくださる。この場合でも、すこぶる慎ましい態度をもって広く聞かず深く聞け、いたずらに道行きに迷わされずその堂奥《どうおう》を衝くべきである。

近くの町へロバを売ろうと、ロバを引いて出かけた親子連れ、間もなく子供たちの一群に出逢った。するとその子供たちが親子を差して、「あれっ、あの人たちは馬鹿だなあ。二人でロバを引いている。どちらか一人が乗ればいいのに」と言って笑った。「それもそうか」と合点した親父、早速子供をロバに乗せ、自分はさも嬉しそうに歩き始めた。しばらく行くと今度は一群の老人たちに出逢った。すると老人たちは口々に、「最近の若者は年寄りを大事にしない。あれを見よ、若い奴がロバに乗り、年寄りがそれを引いている。何と親不孝な話だ」と話すのが聞こえてきた。「なるほど、これでは息子が悪者になってしまう。そんなつもりじゃなかったのに。仕方ない、入れ替わって儂《わし》が乗ることにしよう」と息子をおろし自分がロバに乗って進んで行った。しばらく行くと、今度は子供連れの母親の集団がやって来た。親子を見て口々に、「何というひどい爺さんだこと。自分ばっかりロバに乗って楽をして、年端もいかぬ子供を歩かせるなんて。せめて一緒に乗せてやればいいのに」と話しているのが聞こえてきた。「それもそうか」と今度は二人で乗って進んで行った。町にさしかかると、一人の優しそうな顔をした男に声をかけられた。

「そのロバはお前さんのかい」「はいそうです」「そうか、それならあまりにひどいじゃないか。余計なことかもしれんがな、こんな小さいロバに一人ならまだしものこと、二人も乗るなんて、あまりにもロバが可哀想じゃろう」。これを聞いて親父は、「そうか、それも一理あるか」と反省して、今度は二人でロバを担ぎ町へ入っていったが、それを見た町の人々に、「親子でロバを担ぐなんて」と、笑いものにされたという。

仰ぎ願はくは一切の行者等、一心にただ仏語を信じて身命を顧みず、決定して行によりて、仏の捨てしめたまふをばすなはち捨て、仏の行ぜしめたまふをばすなはち行ず。仏の去《さ》らしめたまふ処をばすなはち去《す》つ。これを仏教に随順し、仏意に随順すと名づく。これを仏願に随順すと名づく。これを真の仏弟子と名づく。[1]

「われこの利を見るがゆゑに、この言を説く[2]」と仰せられる仏の語を信ずる。これが私の忘れてならない聞法の態度である。四重の破人が何であろう。異学異見の説が何であろう。別解別行人の声が何であろうか。「九十五種世をけがす　唯仏一道きよくます[3]」我はただお浄土に待ってござる阿弥陀如来の仰せを聞くばかり、信ずるばかり。世の騒がしさに惑わされてはならない。世の人混みにごまかされてはならない。譬喩・因縁だけを聞いて、合法を忘れてはならない。

まことに仏恩《ぶっとん》の深重《じんじゅう》なるを念じて、人倫《じんりん》の哢言《ろうげん》を恥《は》ぢず。[4]

ここにこんこんとして大法の泉は湧き出でるのである。

世の中はある点まで察しがよいと言うくらいでなければならない。早呑み込みの早合点では困

機敏に察する知恵

るが、いわゆる機敏に物事を見て取らなければ、人に遅れを取る。そこになると「世尊粘華迦葉微笑」といったように、禅宗の人はさすがに察しがよい。白隠禅師などは、向こうの山に煙が見えたら火があるなと悟るくらいでは鈍い、直ちにすり鉢があるなというくらいにいかなければならない、と申された。例の蜷川親当《にながわちかまさ》(5)が悍馬に鞭打って、京都から南へ向かって疾走していく。向き合いに帰って来た一休和尚、出会い頭に「どこへ行く」と声をかけた。答える暇もあらばこそ、馬の走るに任せてついに行き過ぎ、ぱっと扇を広げて高く差し上げた。と同時に禅師は声を励まして「字が違う」と叫ばれたという。これは扇を揚げたのは、鳥羽へ行くと知らせたのだが、扇は戸と羽を合わせた字だから、開けばトバと読めるからであった。しかし本当の鳥羽村は鳥と羽と書くので、禅師は字が違うぞと指摘されたのであった。

　真宗の人も機敏でなければならない。察しが鈍くては困る。地獄と聞いて笑い出し、極楽といっても「そんなところへ誰が参るのか」、棺桶を見ても「こんな桶に何を入れるのか」と思うようでは話にならん。南無阿弥陀仏と聞いたら、「ああ、はや我が往生は成就した」と合点するがよい。私が迷うているのは、助けてくれとのことかと、察しよく承知してくださった如来様が開いてくださった往生の道かと、察しよくお受けして、助けるぞの声をハイと受け込んで、字が違うじゃない約束が違います、火の坑に落ちる奴が極楽とは幸せ者でございます、と喜ぶのである。ただただよき人の仰せを聞きて、信ずるばかりである。

註

（1）『教行信証』信巻・大信釈。浄土真宗聖典註釈版二一八頁。
（2）『阿弥陀経』浄土真宗聖典註釈版一二五頁。
（3）『正像末和讃』浄土真宗聖典註釈版六〇二頁。
（4）『教行信証』信巻序。浄土真宗聖典註釈版二〇九頁。
（5）**蜷川親当**（生年不詳―文安五〔一四四八〕）室町時代中期の幕府官僚、連歌師。通称新右衛門、出家して智蘊と号した。法名は五峰。一休との親交によって知られる。

根も葉もない大根

五　聞き心配、聞き怖れ

信仰とは不動地に基づくことである。不退転に住することである。あやふやな不徹底な、若存若亡の幽霊みたいなものでは、けっして真実に聞いたのではない。一度目の覚めたものならば、自分の罪悪に気付いて驚き悲しむとともに、善根を積みたいと努力する。そうして内心に善と悪とを両立させて、悪が退かぬのを見ては悲しみ、善の起こるのを見ては喜び、いずれもこれをあてにして、これから超越することができない。そのためいつも戦々恐々として、不安にならざるを得ない。いわゆる罪福を信ずるとはこれである。善にも悪にもビクつくこの心が、そのまま如来救済の目印であろうとは、どうして知ろうか。我が善も及ばず我が悪も怖れなしと、大悲に徹底したとき、この心は安住を得て、もはや何者にも動ぜぬことになる。善につけ悪につけ、ともに喜び勇むことのできることとなる。

縁起の善し悪しにひたすら気を揉んでいる八兵衛という爺さんが、大根の種を蒔きに出かける途中、隣の娘に出逢った。「花ちゃんどこへ」「はい、歯が虫食って痛むので歯医者さんへ……」「なんだ忌忌しい、縁起でもない。これから大根の種を蒔きに行くときに、葉が虫食うなんて。大根の葉まで虫に食われてたまるものか。今日は止めて明日にしよう」。翌日また出かけると、知り合いの男に出逢った。二言三言世間話をしていると、風が吹いてその男の手拭いが肩から落ちた。拾ってやると男は何気なく、「はばかりさま」と言ってお辞儀した。これがまた爺さんの癪に触った。「またじゃ、縁起でもない。大根の種を蒔きに行くのに、葉ばっかりとは何事じゃ。大根が葉ばっかりで、根が入らなかったらどうするんじゃ。今日は見合わせて明日にしよう」。また帰った。翌日、今日は誰にも会わねばよいがと思っていると、都合よく畑までは誰にも会わずにすんだ。今日こそはとせっせと種を蒔いていると、村長さんが通りかかり、「八兵衛さん、偉いお早いな」「はい有り難うございます。村長さん、今日は何も言ってくださるな。一生の頼みでございます。一昨日は隣の花ちゃんが歯を虫が食ったと言うのに出会って、大根の葉を虫に食われては堪らぬと見合わせ、昨日は隣村の男の手拭いを拾ってやってはばかりさまと言われ、大根に根が入らずに葉ばっかりになったら大変と取りやめ、今日は三度目。もう時期も遅れたから、縁起でもないことを言ってくださるな。一生の頼みでございます」「八兵衛さんの御幣担ぎにも却って愛嬌があるな。今時分そんなことを言う者がありますか。そんなことは根も葉もないことじゃ」「なに、根も葉もない！」。八兵衛さん、怒ったの怒らないの、真っ赤になって鍬も放り出し、種も蹴散らしてズンズンと帰ってしまった。「やれやれ、今年は大根が滅茶滅茶になってしまった。せっかく大根の種を蒔こうと思っておったのに、根も葉もないでどうする。止めた止めた」とふて寝したという。

せっかくの御教えの真意も得ずに、いたずらに罪福を信じて機嘆きに陥るビクビク者は、この八兵衛さんと同じこと。こうすれば自力、ああすれば他力、この罪がこの障りがどうの、喜ばれ

るの喜ばれぬのと、一言一事にビクつく者は、御慈悲も放って裸足で逃げ出すことになる。讃岐の庄松同行曰く、

　庄松そのまま有のまま　国は讃岐で弥陀は見抜で

自身は現にこれ罪悪生死の凡夫と目の覚めたとき、疑いなく慮《おもんばか》りなく彼の願力に乗ずることができる。聞け聞け、自己を空虚にして聞け。

六　半途聞き、ごまかし聞き

人の噂にも幾分の真理はあろうが、さりとてこればかりにかかわり果てては、到底なにごともできない。一旦自分の主義方針を定めた上からは、どこどこまでもこれを貫徹しなければならない。一心は何にでも必要なことである。一心になってできないことはない。一滴一滴の雨だれが石を穿つのも、止めどなく落ち通すからのこと。日光も一点に集めれば、よく木を焦がし火を燃え上がらせる。強い者も力を分ければ弱くなり、弱い者も一つに固まれば強い道理。世に一心ほど恐ろしいものはない。力の弱いことを嘆くことはない。仕事のできないのを悲しむことはない。一心になれないことをこそ残念に思え。道に進んで道を求める。難中の難とは、この一心になれない人のことである。一心正念にして、本願一実の白道に邁進する、そこに易行易修の大道は展開される。

世には迷信といわれるべき種々の雑行雑修がある。

延命を　祈る間にも　減る命

祈っても焦っても、命は減るだけは減る。その代わり無闇に減りはしない。とはいえ、うっかりするとなくなることがある。世の毀誉褒貶に耳を貸して、自分の執るべき最善の道を忘れてはならない。

ただ弥陀の仰せを聞け

火と水とその中道を行けよ人　来たれと呼ばふ声をしるべに

摂取不捨の真言、超世希有の正法、聞思して遅慮することなかれ[1]。

如来の仰せ一つを聞きさえすればよい。そして徹底して底に届く聞き方をする。あちらに聴き、こちらに聞き、自督の可否について去就に苦しむ人を、讃岐の庄松同行が諭して、仏照寺様も得雄寺様もお浄土は持ってござらぬ。その持ってござらぬ人の言うことに迷わず

と、お浄土を持ってござる仏様の仰せに順うより、外に手はない、外に手はない。

といわれた。簡にして明、穿ち得て妙と申す外はない。

小僧と八百屋

蓮如上人は、つねに聴聞はかどを聞けかどを聞け、と仰せられたが、聞法は深く底を窮めなければならない。山寺の和尚さんが豆腐が好きで、降っても照っても豆腐がなくては日が経たぬ。豆腐の買い置きはできぬので、毎日毎日小僧を豆腐屋に買いに行かせる。通り道に小店があって、芋や大根を列べている。店の隠居さん、どっかと座り込んでいても一向に買い手がない。隠居さん、退屈まぎれに、いつも小僧を捕まえて問答を仕掛ける。「小僧さん、どこへ行く」「町へ行く」「町のどこに行く」。毎日のことで解りきっているけれども仕方がない。答えないわけにもまいらず「豆腐を買いに行く」と答える。「今度の和尚はどもならん。毎日毎日豆腐ばかり買うて、少しは芋や大根も買いなされと言ってくれ。前の和尚はよく買うてくれなさったのに……。それでないと今度は通さんぞ」と、いたくやりこめた。さあ大変、明日から豆腐を買いに行けない。行けないとあっては第一師匠にすまない。やむなく翌日は打ち明けて、和尚さんの智慧を借りた。

「よしよし、それでは、今度隠居がどこへ行くと問うたら、極楽へと言え」「よろしゅうございます。今度は親父を見事やっつけます」。和尚が「待て待て、まだある」と言うのも聞かず、小僧は早速飛び出してしまった。今日は前日に変わって大元気じゃ。例の小店の前を知らぬ振りして通ろうとすると、隠居たちまち一声。「小僧さんどこへ行く」。小僧はここぞとばかり「俺は出家じゃ、西方に行く」。さて今日はちと様子が違うぞ。「西方はどこじゃ」「西方は極楽へ行く」。小僧さん得意満面。そこを隠居さん、すかさず「極楽へは何しに行く」とやった。しまった、そこまでは聞いておかなんだ、どうしよう、エイ仕方ない「豆腐を買いに行く」。聞きかじりの半可通はこんなことになってしまう。

こんな場合に人はよくごまかしをする。ごまかしてごまかし通せたら結構であろうが、そんな上手い調子にはいかない。結局、自性を顕すことになる。香樹院[2]講師曰く、

死ぬまいと思うているうちに死ぬる。真宗の者は地獄へ堕ちはせまいと思うて堕ちる。他宗のものは業がつよくて堕ちる。仏法を知らぬものは地獄はありはせぬと思うて堕ちる。

と。結局堕ちることは必定である。幾度も幾度も人に相尋ねて、いよいよ得心のいくまで聞いて、安堵の身とならなければならない。

註

（1）『教行信証』総序。浄土真宗聖典註釈版一三二頁。

（2）**香樹院徳龍**　大谷派の講師。越後国北蒲原郡無為信寺に住す。香月院深励の門下。

聞きかじりの早合点

七　聞いたふうの早合点

ものは半途聞きでは困るとともに、早合点の半可通ではなお困る。生兵法は大怪我の元。聞いたふうの我心得顔は、信仰上もっての外の禁物である。『維摩経』の中に、仏法を聞くことのできない八種の困難を数えてある。地獄にいるため、畜生にいるためなど、八つの難を出してあるが、その一つに世智弁聡《せちべんそう》の難というのがある。これは世の中のことにあんまり賢く、智慧もあり、弁舌も廻る、ちょっともの分かりのいい人は、却って仏法を聞信することが難しいとされている。解りの早い小才のある人は、深く我が身に思い入ることもせず、しんみり御法《みのり》に耳を傾けないで、ただ才に任せてその場を言い抜け、ごまかしをする。よくは解らんでもそこそこに早合点して、どうかこうか世間を上手くごまかすことのできる質の人は、世間向きはよくても、信仰上では失格である。人前では上手くごまかすことができても、自分をごまかすことはできない。自分はよし一時ごまかせても、生死交叉の押し詰まったギリギリのときになるともはやごまかしはきかず、悔い懼れこもごもに至ることは間違いない。

海老は初め白いが茹でると赤くなると聞いて、それならあの槍の柄も茹でたのかと思い、種物の袋にはそれぞれ名前を書き付けておけと命ぜられて「この中に親父あり」と蚊帳に書き付けた子供や、頭と顔の区別は髪のあるところが頭で髪のないところが顔じゃと先生に教わって、祖父の禿げ頭を眺めつつ、「可笑しい可笑しい。お祖父《じい》ちゃんの顔は後ろに廻っていて、額は無茶に広く頭がない」といったようなのが、聞きかじりの半可通というもの。やはりこんなすばしこい子供が文字を習い、先生に一、二、三を教えられ、一の字は横棒を一本、二の字は二本、三の字は三本、と聞くなり、「先生もう解りました。四の字は四本、五の字は五本でしょう」と言って家に飛んで帰った。「お父さん、私はもう字はみな覚えました、何でもできます」「そんなら手紙を書いてくれ。隣町の万兵衛さんにやる手紙じゃ」「よしきた」と一室に閉じこもって書き始めたが半日経っても出てこない。一体どうしたかと部屋をのぞき込んでみりゃ、「宛名を書いておりますが、万兵衛さんとはこりゃ数が多すぎて、一生懸命に書いておりますのに、まだ三三三三までしか書けておりませぬ。これでは後二、三日かかりそうです」と泣きべそをかいておったという。

任せよとあるから任せました。任せたら気楽なものですと、重荷を下ろした感じもなければ、安堵した思いもないのは、任せたのではなく放ったのである。信任は放任と違う。そんなところには自力もなければ他力もない。まったくの無力である。ただで助けてやるとの仰せなれば、念仏でも称えて功徳をまいらせたなら余計に助けてくだされると心得、腹が立っても欲が起こっても、御慈悲御慈悲と片付けるようなのは、数字は棒を引きさえすればよいと心得たようなもの。

初めから疑いのかからぬ聴聞なら偽物である。まだ大事が懸かっていないからであって、本当に大事が懸かったなら疑うが当然である。疑って疑って、疑うことのできぬようになって、ここに初めて信仰が得られたのである。それまでは聴聞に心を入れなければならない。

米粉をかぶった鼠

八　聞いた振りの不徹底

聴聞は真剣でなければならない。そして聞いた御謂われが、そっくり自分のものにならなければならない。煙草の煙を吹きかけられたように煙に巻かれたばかりでは、それだけで元の木阿弥に戻ってしまう。御教化のお言葉が一々身を切り刻むように、キビキビこたえてこなければ、真実大事の懸かった聞き方ではない。やれ易行だやれ他力だというと、いかにも容易《たやす》いようではあるが、本当にこの易行が味わわれ、他力が味わえるのは決して容易なことではない。おいそれとあんまり上走りのした聞き方解り方では、本当に聞いたとも解ったともいえない。如来の御慈悲がぞっこん身に沁み徹ってこそ、差し引きならんところに至るのである。

家に鼠がたくさんいて暴れて仕方がない。ぜひともその鼠を捕らえてやろうと、桝落としを仕掛けた。一升桝をお膳の上に蓋のようにして中に米を入れ、鼠が入れるように細い棒を支えに一隅を開けておき、鼠が入ると棒が取れて桝が落ち、鼠が閉じ込められるという仕掛。これを仕掛けて一晩待った。朝起きて行ってみると、上手く桝が落ちている。しめしめ、中で鼠が暴れている。さて上手く捕まえたものの、中に手を入れるのはいやだし、そのままにしておくわけにもいかず、両手でしっかりと押さえたまま、お膳と一緒に強く振ってみた。上下左右に四、五回も振ったところ、中で暴れていた鼠が気を失ったのか、静かになった。開いてみればこれはいかに、大きな白鼠が目を回している。これを見た主人、「しまった、ああしまった。これは我が家の福の神、誠にすまぬことをいたしました。どうぞ息を吹き返してくださいませ。ただでさえ貧乏なこの家、福の神の白鼠様までひどい目に遭わせては、到底立ちゆきません。ああもったいない、申しわけがない」。頻りにお詫びしているところへ、鼠は目を覚ましたものか、グッと頭を持ち上げた。「おお、お気がつかれましたか、有り難い。どうぞその米でもたらふくお食べくださいまし」と安心している間に、鼠は身震いをして桝を飛び出し、襖を伝って鴨居に上がった。主人、畏る畏る拝み上げれば、これはいかに、今まで白鼠だと思っていたのに普通の鼠。「これは怪しい、福の神様が姿をお変えになった。これはどうしたことじゃ」と不思議がっていると、傍で見ていた女房がたまりかねて吹き出し、「まあ、あなたは何を言っておられます。その桝では夕べ米の粉をはかりましたので、その粉が着いておったのでしょう。白鼠と見えましたのは、桝を振られて米の粉まみれになった鼠だったのでございますよ」と笑われた。

我らもこの鼠のように、せっかくの御教化を振り落とさなければ幸いである。昔は信者が不信者の間にまぎれて、一向に信者のふうを見せず極楽に往生したという。今は不信者が信者の間にまぎれて、一向に信者振りを見せながら地獄に堕ちる者がおりはすまいか。蓮如上人はその籠を水に浸しておけと仰せられる。なるほど籠を水の中に浸しておけば、籠が水の中にあるとともに、水が籠の中にある。御慈悲の水の中に浸かっている身だと感ずるとき、御慈悲が胸になみなみと湛えてくださる。塗り物は剝げる。付けたのは落ちる。生地に限る。この生地と一体になった御慈悲が有り難いのだ。

目耳舌の干物

九　耳か心か自慢か

すべての自慢はあまり見た目のよいものではないが、いわゆる信者の聴聞自慢ほど、信仰上やっかいなものはない。

ある信者が死んで極楽へ参り、七宝樹林の樹の間を通って、八功徳水の池を過ぎ、阿弥陀如来のお側近くに至ると、金銀珠玉の立派な荘厳、いずれも目を奪うばかり。それに瑠璃・玻璃・シャコの結構な三段の棚がある。上の棚にはタニシの干物、中の棚にはキクラゲ、下の棚には数の子がぎっしり詰まっている。信者は不思議に思って、「極楽のごちそうは百味の飲食といって、それはそれはたいそうなご馳走じゃと聞いておったのに、こんな干物が使われるとは、極楽も最近は倹約されているのであろうか。それにしても精進料理にタニシや数の子とは」と、案内役の観音様に伺えば、「あれはタニシやキクラゲや数の子ではない。娑婆の人間には、目先ばかりで仏像を拝んだり、耳先だけで説教を聴聞したり、お有り難うございます南無阿弥陀仏と、口先ばかりの御領解を述べる偽信者が多い。そういう者らが死ぬと、肝心の魂は真っ先に地獄へ行ってしまい、仏像を拝んだ目と、説教を聞いた耳と、念仏を称えた舌とが、極楽へ参って来る。あのタニシと見えるは目玉の干物、キクラゲと見えるは耳の干物、数の子と見えるは舌の干物じゃ」と説明されて、信者はなるほどと感心したという。

目先の礼拝、耳先の聴聞、口先の領解出言、誠に頼りないことである。姿形に仏縁を結んでも、心に結ばねば所詮なく、耳に聞いても心に聞かねば甲斐もない。

聴聞心に入れまうさんと思ふ人はあり、信をとらんずると思ふ人なし。(1)

とは蓮如上人の御悲嘆。大様に聞くでない、自慢に聞くでない、道具にするでない。ひたすら我が身の一大事と心得、

解脱の耳をすまして渇仰のかうべをうなだれてこれをねんごろにきききて、信心歓喜のおもひをなすべし。(2)

註

（1）『蓮如上人御一代記聞書』浄土真宗聖典註釈版一二七一頁。

（2）『御文章』浄土真宗聖典註釈版一一四三頁。

十　能く聞くことは至難である

金槌で頭を打たせる男

まったく謙虚な心に任せなければならないのに、いつの間にか憍慢が頭を上げたがり、聞いたふうに澄まし込みたがる。

水戸黄門光圀公(1)が諸方を漫遊されたとき、大道に蓆を敷いて通りがかりの人々に幾ばくかの銭を払わせ、大きな金槌で自分の頭を打たせている不思議な男がいた。金槌で頭を打たれても平気な様子。銭はどんどん笊の中に溜まる。黄門様、しばらく思案しておられたが、家来の一人を呼んで、「その方、銭を払ってあの男の傍にある風呂敷包みを打ってこい。頭は打ってはならんぞ」と命じられた。仰せを受けて家来は件の男の傍に行った。見れば風呂敷包みが一つあるきりで、その他にはなにも持ち物はない。家来が銭を払い金槌をとって風呂敷包みを打つと、不思議や、件の男はだらだら流れる血汐の頭を両手に押さえて、一目散に逃げ出したという。

聞法の席において、高座の下や演台の許では、いつも憍慢の頭を叩かれる。宗教上の話でなくとも、真面目な問題なら、ずいぶん激しい鞭撻を受けるのである。けれど、お互いに薄ぼんやりしていることが多い。それどころか、ともすれば相手の話しぶりを批評したり、話の内容を平気で批判したりするありさま。ちょうど先ほどの話のように、不思議な術を用いて自己の正体を巧みに傍の風呂敷の中に隠し置き、影人形を人の前に出して打たせていたのと同じことである。痛いところを押されても、憍慢の頭を打たれても、自分の正体はちゃんと外のところで高みの見物をしている。参詣しながらグウグウと眠って面白い夢を見たり、残してきた家族のことを考えたり、帰り道の心配をしたりして、一向に話を聞いていない。はなはだしい場合には、何を聞いたかわけが解らないことさえある。しっかり叩かれたはずの自分は、金槌の当たらぬところに隠れて巧みに人形を使っている。

驚かす甲斐こそなけれ群雀《むらすずめ》　耳なれぬれば鳴子《なるこ》にぞ乗る

初め鳴る音に驚いた群雀も、狎れてしまえば鳴子の上に止まって平気でいるばかりか、その鳴子を揺すぶって音を出して面白がる。真に無耳人《むににん》・無眼人《むげんにん》という外ない。如来様の前には隠し立ては要らない。包むものは無用である。風呂敷包みから出て、胸の奥から出て、正体を現し、全心をさらけ出して聞かねばならぬ。罪業深重《ざいごうじんじゅう》、煩悩熾盛《ぼんのうしじょう》、永不成仏《ようふじょうぶつ》、必堕無間《ひつだむけん》、いかにも厳しいご意見である。

そのために我れ本願を成就した。我に縋《すが》れ。我よく汝を護らん。

とは何たる御親切。世にこれほどの痛撃はない。真面目に聞くならば、我慢の頭は流血淋漓《りゅうけつりんり》の痛みを覚えるであろう。身も世もあられぬ思いに胸迫るはずである。それでもなおかつ安閑《あんかん》としていられるか。「頭がぐらつくようでなければ薬も効かぬ」という。このギリギリのところに立ち至って、初めて如来の御声が全身に染み徹る。こうして如来の御慈悲に生き返り、重荷を下ろした心地に、胸の奥から泉の湧くように爽やかな元気を感じ、温かさを感ずる。そこに聞法が成就するのだ。

光陰《こういん》は矢橋《やばせ》(2)をわたる船よりも　早いと知れば末を三井寺《みいでら》(3)　一休
分限《ぶんげん》に粟津《あわづ》(4)に膳所《ぜぜ》(5)を使ふなよ　心堅田《かただ》(6)にしまつ唐崎《からさき》(7)　親当
浮世《うきよ》をば何の糸瓜《へちま》と思へども　ぶらりとしては暮らされもせず　親当
世の中は糸瓜の皮のだんぶくろ　底がぬければ穴へどんぶり　一休

註

(1) **水戸黄門**（寛永五〔一六二八〕—元禄一三〔一七〇〇〕）　徳川光圀。第二代水戸藩主。講談の漫遊記で知られるが史実ではない。
(2) **矢橋**　近江八景の一。矢橋の帰帆。
(3) **三井寺**　近江八景の一。三井の晩鐘。
(4) **粟津**　近江八景の一。粟津の晴嵐。
(5) **膳所**　琵琶湖南端部西岸に臨む地。近江八景には入らない。
(6) **堅田**　近江八景の一。堅田の落雁。
(7) **唐崎**　近江八景の一。唐崎の夜雨。

第五章　修行——已成《いじょう》の仏《ほとけ》か当成《とうじょう》の仏《ほとけ》か

一　おのれやれ、みずから立たずば

後生こそ一人で凌《しの》がねばならない。後生だけでなく、今生も過去も、世の中一切万事、一人の凌ぎであって、自分に忠実なものは結局自分でなくてはならない。他からいかほど言っても自分が本気にならなければ、捗《はかど》るものではない。真実の実行者は自己である。「ぜひともそのようにしたい。そうせねばならんとはあくまで承知しているが、世間が世間だから、自分ばかりそれを実行したところでどうにかなるものでもない。第一、割が悪くて困る」と言うが、それはまだ気付きようが足りないからである。真の闇の夜に、多人数のものが方角の見分けもつかずに、右に迷い左に突き当たって困っている。その人たちが、手に手に提灯もロウソクもマッチも持ちながら、一人も火を点していない。そして誰か点せばよいのにと口々に罵りあっているとしたら、どうであろうか。ずいぶん可笑しなことだろう。他人のことはいわずに、まず自分みずから火を点せば、その足下も見えてくる。他の人も提灯のお陰を知って真似てくる。一人つけ一人点せば、ついにはみんな明るくなる。他人が不真面目だから自分も不真面目、他人が不正直だから自分も不正直、自分ばかり正義を守ってもどうにもならん。誰かが正直になればよいのにと罵りあってみても、それは百年黄河の澄むのを待つより愚かなことである。割がよいの悪いのと、それは実行してみてからの話。実行せぬうちはそんなことを言う資格がない。

この辺の者は仏法を聞かぬ、寺参りもせぬ。誰か法義者になればよいのに、と言ってみたところで、自分が参らぬ以上、その実況も解らねば、またその資格もない。いや、そんな人に限って法義には疎い。真実に信仰の必要を感じたならば、まずは自分が率先して求道聞法しなければならない。信心を得なければならんと知りつつ得ずにいる。正直にしなければならんと知りつつせずにいる。そんな矛盾をあえてする自分を省みもせず、人の身の上の詮索は少しお門違いであろう。いかに世が濁っても、自分が他人の不徳の真似をしなければならないという義務はない。要はただ自分独りが守るところがあればよいのだ。近江聖人中江藤樹先生一人が真面目であったため、三里四方に嘘を言う者がなくなったという。善導大師[1]独りが仏の正意を明らかにしたため、すべてが仏の正意に帰したという。親鸞聖人があったため、この真宗ができた。道に志す者は、自分の周囲を罵る前に、まず自分を責めなければならない。

註

（1）**善導**（六一三—六八一）　真宗七高僧の第五祖。中国泗州生まれ。姓は朱氏。『観経疏』四巻を著し、浄土教の祖と仰がれる。

主客相対して眠る

二　後頭禿げたが機会の神

なにかと会合の席がある。ぜひに出席しなければならないとは承知しながら、少しくらいは遅れても構わないだろうと、ゆっくり目に出て行く。早めに着きそうなら、ついでの用をその前に済まそうとする。誰もがそんなことをしていたら、会合の時間を決めた意味がないのに、自分一人くらいはよかろうと、自分勝手な判断で、悪いと知りつつとかく遅参する。他人がやってくれるだろうとの生温い考え。これではいけない。自分が行かなければ会合は開けない、自分もその一員だと考える気が何故起きない。「遅れてもよいとは思っていないが、ちょうど頃合いを見計らっているのだ」と言うが、その頃合いは自分で造らなければならない。自分がその気になれば、いつでもそのときなのだ。機会の神は後頭部が禿げていて、前からでなければ髪を捉まえることができないのだ。

ある人が友達を訪ねて客間に通され待っていると、ひどく眠気が差してきた。こっくりこっくりと船をこいでいるところへ主人が出てきた。主人も客が眠っているのを起こすのも可哀想と思って起きるのを待っているうちに、今度は主人も眠くなってきて、とうといびきをかいて寝てしまった。しばらくしてお客が目を覚ましてみると、主人が眠っている。これを起こすのも失礼と思って、そのまままた寝てしまった。主人がふと目を覚ましてみると、やはり客はまだ寝ている。相当疲れているのであろうと、起こすのを諦めまた眠ってしまった。そうこうするうちに早夕刻になってしまった。お客がまた目を覚ましてみれば、主人はやはり眠っている。これではしようがない、今日はこのまま失礼しようと、そっと帰ってしまった。主人は後から目を覚まし、お客のいないのに気がつき、がっかりしてすごすご自分の部屋に帰っていったという。あんまり頃合いを見計らっていると、このようなことになってしまう。陸放翁《りくほうおう》(1)の詩に、

相対《あいたい》す布団睡味《すいみ》長し　主人と客と両《ふたつ》ながら相忘《あいわす》る
須臾《しゅゆ》にして客去り主人覚《さ》む　一半《いっぱん》の西窓夕陽《せいそうせきよう》なし

とあるのはこのことである。

私が参らねば説教はできぬ、私が行かねば極楽は潰れる、空き家になる、ぜひとも参らねばならぬ、往かねばならぬと、どうして奮い立たないのか。実行者は正しくこの自分でなければならない。

自分が床の中に楽々寝ていて、やれ起きよそら起きよと家族を呼び起こしても、誰も起きるものではない。自分がまず起きて顔を洗い、仏前の御明かりを上げて、「これ、もう起きぬか、頭痛でもするか、お医者でも呼ぼうか」と枕元に座って優しく言ってやれば、大抵の者が起きずにはおれまい。一人一人がみなその覚悟でやってみれば、きっと朝顔の花のしかめ面を見ずに済むであろう。

註

（1）**陸放翁**（一一二五―一二一〇）陸游。南宋の政治家・詩人。字は務観。号は放翁。越州山陰（現在の浙江省紹興市）出身。南宋の代表的詩人で、范成大・尤袤・楊万里とともに南宋四大家の一人。

道路を塞ぐ石

三　我物と思えば軽し笠の雪

かつてドイツ連邦のある国の王様が、国民に道義があるかないかを試すために、夜中人知れず一個の大きな石を町の真ん中に据えて置いた。翌朝からこの邪魔な石を見てある者は罵り、ある者は怒り、ある者は愚痴をこぼした。そして一ヶ月経ったが、誰一人これを取り除こうとする者はいなかった。王様はそれを見て国民をそこに集め、「余は我が国民に道義心があるかないか知りたくて、ここにこの石を置かせてみた。幾万の通行人中、誰一人として、この石がここにあることが皆の迷惑になっていることを解らぬ者はいなかった。教育者、宗教家、道徳家、社会改革家、慈善家、貴族、富豪、兵士、農夫、職人、商人、あらゆる人が通過したけれども、誰一人としてこれを取り除こうと手を出した者はいなかった」と慨嘆され、「悪いと知りつつ改める者もいないのか、国中に世を思い人のために我が身を砕く者はいないのか。それならば余みずからこれを取り除こう」と石を動かされると、石の下から一つの袋が出てきた。袋には「この石を取り除きし者に与える」と書いてあり、その中にはダイヤの指輪と金貨二十枚が入っていたという。

何人も思いつくことは容易《たやす》いが、さてこれを着手し継続することは難しい。その必要と責任を痛切に感ずることができないからである。他人の富や栄誉や幸福をいくら羨んだとて、自分が正しくその実行者・努力者・獲得者でなければ何の意味もない。「不自由じゃ不自由じゃ、不足じゃ

仏法嫌いの妻

不足じゃ」と、不平を言い続けて世の中を過ごすも同じこと。不自由なら何故自由にしないのか。不足なら何故満足にしないのか。

とはいえ自分が正しくその必要を感じたなら、平然としてはおられまい。非常に仏法を喜ぶ人に、至って仏法嫌いの妻がいた。妻は大変に裁縫が堪能で、村の娘を何十人も引き受けて教えていた。主人は一緒に御法義を喜びたいと聴聞に誘っても、一向に受け容れない。「私はこんなに大勢の娘たちを教えております。聴聞に参りますと、この子供たちの面倒をみることができません。それに極楽参りは結構でしょうが、信ずる人も少ないようですから、きっと往く人もあまりないことでしょう。淋しくて連れもないのなら、どんなに結構なところでも楽しめません。それに引き替え地獄の方は大勢往くのでしょうから、私一人苦しむのなら恐ろしいと思いますが、みんなと一緒なら辛抱もいたします。ですから聴聞には参りません」と澄まし込んでおります。

主人は何とかして本気で聴聞させたいといろいろ考えた揚げ句、翌日針仕事をしている最中に妻の傍にやってきて、突然頭をポカリと叩いた。妻は驚いて、「何をするのですか」というと、主人は「そう怒るものでない。世の中には女房を叩く亭主はたくさんいる。また亭主に叩かれる妻も決してお前一人ではないのだから、辛抱できるじゃろう」と言って取り合わない。翌日また妻が針仕事をしていると、主人がそっと傍によって、妻の脇腹を思いっきり蹴った。「痛い、何をなさる」。妻が顔色を変えて怒ると、主人は「そんなに怒るもんじゃない。世間には女房を蹴っ飛ばす亭主なんてそこら中にいる。亭主に蹴られる女房もいやほどいよう。お前一人じゃないんだから辛抱せよ」と平然としている。次の日には、妻の髪の毛をつかんで家中を引き回した。さすがの女房も血相を変えて、「もうこんなところにはいられません。里に帰りますので離縁してください」と泣き出した。主人は顔を和らげて、「まあ、そう怒らずに聞いておくれ。私が悪ければ幾重にも謝るから。前々から何度も一緒に聴聞に参ろうとお前を誘ったのは、わしらは今生の夫婦だけじゃなく、未来までも一緒に蓮華の御座に参らせて頂きたいと思わばこそ。それほどお前を大切じゃと思うているのに、お前は地獄は苦しくても仲間がたくさんあるから辛抱するという。だがな、亭主に叩かれる女房や、亭主に蹴られる女房や、髪の毛をつかんで引き回される女房が、世間にいくらたくさんあっても、実際に自分がその身になったら苦しかろう、辛かろう。地獄の苦しみも、本当に己がものとなったときには、どうにも遁《のが》れられんのじゃぞ。だから、どうかわしと一緒に聴聞して、御慈悲を喜ぶ者となっておくれ」と涙ながらに諭したので、妻もついには信心を喜ぶ身となったという。

実際に自分がそういう苦しい目に逢うてみなければ、真実の味が解らない。また逢うたときになって、焦っても間に合わない。

　今までは人のことだと思ふたに　俺が死ぬとはこいつはたまらん[1]

いよいよ自分が苦しい切羽詰まった場合には、仲間があるのないの、そんなことは言っていられない。速やかにこの苦を逃れたい。一刻も早く脱却したい。世間には多くの鞭がある。四苦八苦は絶えず身に迫ってくる。それになんとも気付かぬのは、どこまでしぶといのか。

これによりて、みなひとの地獄におちて苦を受けんことをばなにともおもはず、また浄土へまゐりて無上の楽を受けんことをも分別せずして(2)

などはいかにも厳しい御慈悲の鞭である。

註

（1）大田蜀山人の辞世の歌。

（2）『御文章』浄土真宗聖典註釈版一一二七頁。

四　起てよ奮えよ今は時

人生問題や生死問題については誰しも他に譲り切って、まさか「誰かすればいいのに」はあるまいが、「どうかしなければいけない」と思いつつ月日が経って、ここという時を失っている。一人一人の凌ぎなのに、まるで神輿担ぎのような気でおりはすまいか。大勢でガヤガヤ神輿を担いで大道を練り歩くように、問題の分け持ちをしている心だから、痛切に自分の問題となってこない。足が浮いたり肩が外れたり、空手で騒いでいる。人の食べたご飯では自分のお腹は膨れないのに、もはや自分は食べてしまったような気でいる。しかしだんだんと餓えが迫ってくるのをどうするのだ。

稚児とお萩

比叡山の一坊に一人の稚児がいて、ある晩、坊さんたちは退屈まぎれにお萩を食べようと相談一決して、拵《こしら》えにかかった。小僧は傍で聞いていて、直ぐに出しゃばるのも変だし、できるのを待って寝ないのも悪かろう。そうだ、呼び起こされるまで寝ていようと、片隅によって寝たふりをしていた。間もなくお萩ができあがったので、坊さんたちは「その子にも食べさせてやろうではないか」といって、「おい、稚児さんや、起きてらっしゃい。お萩ができたよ」と呼び起こしたけれど返事がない。小僧は「たった一度で返事をすると、いかにも待ってましたと思われようから、今一度呼ばれてから返事をしよう」と思っていると、一人の坊さんが、「疲れて寝ているようだから、可哀想だからもう起こすな」と言い出した。小僧は「これはしまった、今一度起こしてくれないかしら」とじっと待っていると、早やムシャムシャと舌を鳴らして食べる音がする。小僧は堪らなくなって、「ハイ」と出し抜けに高らかに返事をしたので、坊さんたちは大笑いした。(1)

尼入道のたぐひのたふとやありがたやと申され候ふをききては、人が信をとる(2)

実際に餅が欲しくなったら、他人が起こさなくても起きてきて、食おうとするのが人情。この場合、武士は食わねど高楊枝もできない。しっかり御慈悲を腹に食い込んで、狸の腹鼓式に念仏を申さねばならない。

寝ていて食われる法

なるほど他人の食ったのでは自分の代用にはならない。とはいえ狎れてはなはだしくなると大変なことを思いつく。ある人がなんでも知っているという先生のところにきて、「先生、あまりに突然ですが、寝ていて食われる方法はありませんか」と尋ねた。先生「これは不思議なお尋ねで、およそ世間で寝ていて食われる者は、妾と娼妓、財産家の隠居くらいのもので、あとはことごとく働いて食うのが当たり前の努めのようですが」と答える。「それでは私の夢はとうてい駄目でしょうか」「まったく駄目というわけでもないが、しかしただでお教えするわけにはいきません」「ただとはいいません。一円くらいは出しますよ」「一生寝ていて食われる道を教えてあげるのに、一円ではあまりに安過ぎましょう」「それじゃ幾ら出せば教えて頂けますか」「そうですね、まず二十円の値打ちはありますが、あなたのことじゃ、特別に五円で教えて進ぜよう」「一括ですか、分割ですか」「礼金に分割はありますまい」「いやごもっともですが、それではもし仰ったとおりにやって、確かに寝ていて食われるのが解ったら、百円出します」「それはまたそのときのこと、まずは先に五円を払ってもらわなくては、お教えするわけにはまいりません」「解りました。それならなけなしの五円ですが、これで教えてください」「それではお教えしましょう。まずゴザを一枚、枕を一つ用意なさい。そしてそれを持って、夜中どこでもいいから深山幽谷を選んで、人里離れたところへ行くのです」「わざわざ深山幽谷ですか」「はい、ともかく人里離れたところへ行ってください」「それから」「そこにムシロを敷いて枕を置いて寝っ転がるのです。

するると夜中のこと、シーンと静まった中に、ザワザワと梢から落ちる木の葉の音、谷川の流れもの凄く、生臭い風が吹いて……」「待ってくださいよ。なんだか背中がゾクゾクしてきました。ずいぶん気味が悪いですね」「お止めになりますか」「いや、礼金を払った後だ。こうなりゃ最後まで聞きます」「お止めになった方がよいのでは」「いや、やります」「そうして待っていると、人間の寝息を窺って、オオカミが一匹出てくるかと思うと、また一匹。続いて何匹も寄ってきて、そのうち寝ていて食われるのは間違いなし。きっと請け合います」。

寝ていて食われる法。寝ていて食おうとすると、却って他に食われてしまう。それほど阿弥陀様の御慈悲が深いのなら、信心はなくとも、疑いながらでも、往生はできそうなものだと、横着をきめ込んでいると、今に鬼に食われてしまう。

皆人の歳をとるとて喜べど　歳に命をとられこそすれ

よく聞いた聞いた領解が玉に瑕　心たのんで弥陀をたのまず

油断すな押しかけてくる火の車　六字の外に逃げ道はなし

邪見・驕慢は大禁物である。

註

(1)『宇治拾遺物語』巻第一――一二「児の掻餅するに空寝入したる事」。

(2)『蓮如上人御一代記聞書』浄土真宗聖典註釈版一二六二頁。

盤珪禅師明徳の修行

五　盤珪禅師と明徳の修行

いよいよ我が身の一大事と気付いたら、矢も盾も堪らないほどに、懸命に努めねばならぬはずである。

　辛抱しやんせきりきりしやんせ　かけた襷のきれるほど

直指人心見性成仏《じきしにんしんけんしょうじょうぶつ》(1)と、手っ取り早いような教えの禅宗も、その堂奥に達するには一通りや二通りではいかんと見えて、古来高僧方がこれのために、長年月と幾辛労を費やされたことは、ほとんど意想外に多々ある。近くは大石内蔵助なども参じて大事を明らめたという播州網干《ばんしゅうあぼし》の龍門寺の盤珪《ばんけい》(2)禅師は、みずからその修禅当時を回想して、次のように話されている。

「身共がようやく成人して、母が私に『大学』(3)の素読を習わせ読んでおったところ、大学の道は『明徳を明らかにするにあり』(4)ともうすところに至り、この明徳ということが疑わしくて合点がいかない。しばらくの間、この明徳ということを考究してみた。儒者衆に問うと、どの儒者も知らない。ある儒者は、『そのような難しいことは、禅僧がよく知っているものだから、禅僧に聞いてみよ。明徳のことは、我らの家の書に出ていても、明け暮れ口では文字の道理をよく言えても、明徳というものはどのようなものが明徳であるやら、つまびらかに知らん』と言って埒《らち》が明かなんだ。その時分は近いところに禅宗のお寺がなく、聞きようもない。どうぞこの明徳の埒を明けて、年寄った我が母に知らせてやりたいと思って、こちらで講釈がある、あちらで説法があると聞けば、そのまま走っていって聞いたことを母に聞かせてやったが、やはり彼の明徳の埒が明かぬ。それから思いよって、さる禅宗の和尚に参じて明徳を聞いたところ、和尚の言われるには、『明徳が知りたくば坐禅せよ。坐禅すれば明徳が知れる』とのこと。また直ぐに坐禅にとりかかり、そっちの山に入っては七日も十日も物を食べず、こっちの山に入っては尖った岩の上に着物を引きまくって、直に尻を岩につけて座を組むが最後、命を失うことも顧みず、自然とこけて落ちるまで岩を起つこともせず、食物は誰も持ってきてくれようもなく、幾日も物を食わずに修行した。これもただ偏に明徳の埒が開けたさに、苦にもならなんだが、それでもまだ明徳の埒が明かない。

それから故郷へ帰り、庵を結んで安居《あんご》、昼夜念仏三昧などいろいろと足掻《あが》いてみたが、どうにも明徳の埒が明かない。そのように身命を惜しまず五体を砕いて、後には尻が破れて、座するのに難儀するほどであった。しかし今思い返せば、そのときはまだましであった。それで痛む故、しょうことなしに杉原紙を一帖ほどずつ尻の下に取り替え敷いて座したが、尻から血が染みだすし、痛くて座しにくいので、綿を敷いて座すこともあった。

なにか数年の疲れが後に一度に出て、とうとう床についてしまったが、明徳のことが済まないので、ただいつまでも明徳にかかって骨を折って難儀しておった。その後も病気がだんだんと重くなり、身体が弱ってしまい、後には痰を吐くと親指の頭ほどのまるい血痰がコロリと出るようになった。そのとき、皆がこれではいかんからもう庵居《あんきょ》して養生せいと言うので、皆に任せて庵居したが、ついに病がつまってきて、七日ほども食事をとれなくなり、重湯より他のものはのどを通らなくなってしまい、そこで最早死ぬ覚悟をしておった。そのときは、『やれやれぜひもない。別に残り多いことはなけれども、ただ平生の願望を成就せずして死ぬのか』とばかり思っておった。ちょうどそんなときに、ふと一切のことは不生《ふしょう》(5)で調《とと》うものを、さて今までそれを知らずに無駄骨を折ったことであったかと思いつき、ようよう今までの非を知ったことであった。それで気がはっきりとしてきて、食欲も出てきたので、下僕を呼んで粥を作るように命じたところ、下僕も今まで死にかかっていた身共が可笑しなことを言うと思ったが、それでも元気になったかと喜んで、急いで粥を煮てくれた。身共も三杯も食べたが、腹を壊すこともなく、それからだんだん元気になり、今日まで命を永らえている次第じゃ」。

註

（1）**直指人心見性成仏**　いたずらに目を外に向けることなく、自己の心を真っ直ぐにつかめば、自己自身が仏そのものであることを覚り、そのまま仏と成るという意。

（2）**盤珪永琢**（元和八（一六二二）―元禄六（一六九三））　江戸時代前期の臨済宗の僧。不生禅を唱え、平易な言葉で大名から庶民にいたるまで広く法を説いた。

（3）**『大学』**　儒教の経典の一。『礼記』中の一編であったが、朱子学では『四書』の一つとされた。

（4）**明徳**　天から受けた霊妙な徳性。

（5）**不生**　不生不滅。生じもせず滅しもせず常住であること。

勝海舟の修練

六　修禅鍛錬の勝海舟

幕末の偉人勝海舟《かつかいしゅう》は、(1)精神を鍛錬して不動智《ふどうち》を研き、臨機応変の自在を得た人であった。その修行はまったく剣術と禅の二道から得たのであって、毎日の稽古はもちろん、王子権現に行って熱心に夜稽古をしたのである。その修禅については、海舟みずから話している。

「たしか十九か二十歳のときであったが、島田虎之助先生に、(2)剣術の奥義を極めるにはまず禅を始めよと勧められたので、手島の広徳寺という寺に行って大勢の坊さんと禅堂で座っていると、和尚が棒を持って坐禅している者の肩を不意に叩く。すると片っ端から仰向けに倒れる。なに、みな坐禅していても、銭のことやら、女のことやら、美味いもののことやら、いろいろ考えて、心がどこかに飛んでしまっている。そこを叩かれるから、びっくりして転がるのさ。俺なんぞも、初めはこのひっくり返る口であったが、だんだん修行を積んでくると少しも驚かなくなって、例のごとくに肩を叩かれても、ただ僅かに目を開けて見るくらいのところに達した。

ほとんど四ケ年真面目に修行したが、この坐禅の功と剣術の功が俺の土台となって、後年大層役に立った。幕府の瓦解《がかい》のときに、万死の境を出入りしてついに一生を全うしたのは、まったくこの二つの功である。あの時分、たくさん刺客やなんかに付け狙われたが、いつも手取りにできた勇気と胆力は畢竟この二つで養われたのだ。危難に際し逃れられぬ場合とみたら、まず身命を捨ててかかった。そして不思議にも一度も死ななかった。ここに精神上の一大作用が存在するのだ。人は一度勝とうと思うと、たちまちに頭が熱くなり胸躍り、することなすこと却って転倒し、進退度を失するの患いがある。もし一旦退いて防御の位置に立とうと思うと、たちまちに退縮の気を生じて、相手に乗ぜられることになる。これは大小の区別なくこの規則に支配されるものだ。虚心坦懐、事変に処して、それで小にしては刺客・乱暴人の厄を逃れ、大にしては瓦解前後の難局に処して、綽々《しゃくしゃく》として余裕を保つことができた。これは畢竟、剣と禅の二道から得たものである」と。

すなわち起ってみずから修行しなければ、この心境には達せられない。しかしそれは一通りや二通りではない。

註

（1）**勝海舟**（文政六〔一八二三〕―明治三二〔一八九九〕）　幕末・明治期の幕臣・政治家。名は義邦・安芳。通称麟太郎。海舟は号。蘭学・兵学を修め、海軍奉行・咸臨丸艦長を務める。徳川家の全権代理として、官軍の参謀西郷隆盛と交渉し、江戸無血開城を実現。

（2）**島田虎之助**（文化一一〔一八一四〕―嘉永五〔一八五二〕）　江戸時代後期の剣客。諱は直親。号は峴山。男谷信友、大石進とならび幕末の三剣士の一人。直心影流島田派を名乗った。剣術以外に儒教や禅を好んで学び、「それ剣は心なり。心正しからざれば、剣また正しからず。すべからく剣を学ばんと欲する者は、まず心より学べ」という言葉を遺している。

柳生又十郎の修行

七　覚醒《かくせい》の鞭か御慈悲の鞭か

柳生《やぎゅう》又十郎(1)は将軍家剣術指南柳生但馬守宗矩《たじまのかみむねのり》(2)の次男であったが、若気の過ちから父の勘気を蒙った。何か一つ功を立てなければ帰参が許されない。そこではるばる二荒山に登って、磯端伴《いそはたばん》蔵《ぞう》(3)を訪ねて、「何とか剣術を学び直して心を練り直し、勘気の許されるようにしたいと思っております。ついては先生の許で修行させて頂きたいと存じますが、一体何年くらい修行したら一人前になれましょうか」と尋ねると、伴蔵も初めは軽く相手になって、「そうさなあ、何事も一生の仕事であろう」「一生の仕事と言われては、取り付く島もありませんが、本気になって修行しましたら、何年ぐらいでできましょうか」「そうじゃな、十年くらいか」「さようでございますか。私も年老いた親に早く安心させてやりたく存じますので、もし一生懸命に修行しましたら何年かかりましょうか」「そうさ、一生懸命にやるならば二、三十年かかろう」。だんだん長くなってきた。「しかし先生、精神一到何事かならざらんと申します。そのとおり昼夜の別なく精進しましたら、どんなものでございましょうか」「そうそう、まあそのくらいにやれば六、七十年もかかろうか」。功を急ぐ者は却って後れる。走る足は躓《つまず》きやすく、近道はきっと迷う。又十郎も成功を急いで、だんだん修行の年数が長くなった。

そこに気がついた又十郎は、恭しく態度を改めて、「承知しました。それではただ今からあなたを師と仰いで、いかなる仰せにも従いますので、なにとぞ弟子にしてくださいませ」と頭を下げたら、伴蔵先生も初めて入門を許した。「しかし弟子にする以上は、今日ただ今から剣術のけの字も口にすることはならん。木刀を振りまわすことも絶対にしてはならん」と堅く言い渡された。剣術を学びたい者に剣術のけの字も口にしてならんというのは、いささかも今まで学んだことを鼻にかけさせぬため。ここに伴蔵先生の御慈悲がある。

又十郎は毎日毎日薪を拾い、飯を炊き、水を汲んで下僕の努めをしている。三月経っても半年経っても一年経っても、木刀一つ持つ術を習うこともできない。剣術について一言半句の教えもない。こうなると誰でも退屈してくる。こそこそと逃げ支度をする。辛抱ができなくなってくる。又十郎も心中不安に思って、ある日縁端でぼんやり考えごとをしていたところ、ふいに背後から現れた先生に、「この馬鹿野郎」とピシャリと棒で頭を叩かれた。驚く又十郎をニヤリと笑って先生は奥に引っ込む。それからというもの、飯を炊くときでも、掃除をするときでも、少しの隙があれば直ぐにポカリと叩かれて、「この馬鹿野郎、殺されてしまうぞ」とやられる。又十郎、寸分の油断もできない。

実は我らはいつもこの無形の太刀で打たれているが気付いていない。愛別離苦・生死無常のただ中に、外界の誘惑のみか、内心の怨賊に打たれているばかりなのを痛切に感受し、転じて御慈悲の鞭を領せねばならない。伴蔵先生の不意打ちに又十郎もだんだん精神が練れてきて、あるとき先生の一撃にひらりと身をかわし、「いかがでござる」とニヤリと笑ったところを、またポカりとやられて残念でたまらない。なお一層心境が進んで、ある日飯を炊こうと思って火吹き竹で頻りに竈の下を吹いていると、「この馬鹿野郎」という声とともに落ちてくる一撃。持った火吹き竹でハッと受けとめた。その任運無作のところを認められた先生、ここに初めて剣術の極意を授けられた。その後、帰参が叶って、兄・十兵衛三厳《みつよし》(4)の跡を継いで柳生家三代となったという。

全身を如来の大悲に打ち込め、ハッと受けとめたところ、そこには先生の心術のままが徹底しているのである。だからこの機微に触れねばならぬ。「唯除五逆誹謗正法」の大なるお叱りは微塵に分かれて、近くは日常生活に顕れ、親より兄弟より夫より妻子より社会の人々より、いつも親しく降り注がれている。我らはつねに謙虚の心に立ち帰って、この最も力を込めたまう御慈悲の鞭を頂かねばならぬ。打ち込む鞭が御慈悲なら、受けた心も御慈悲である。この御慈悲を受け込むことが肝要である。

註

(1) **柳生又十郎宗冬**(慶長一八〔一六一三〕—延宝三〔一六七五〕)江戸時代前期の武士、剣豪。大和国柳生藩第三代藩主。第四代将軍徳川家綱の剣術の兵法師範を務めた。

(2) **柳生但馬守宗矩**(元亀二〔一五七一〕—正保三〔一六四六〕)江戸時代初期の武将、大名、剣術家。徳川将軍家の兵法指南役。大和国柳生藩初代藩主。将軍家御流儀としての柳生新陰流(江戸柳生)の地位を確立した。

（3）**磯端伴蔵**　上泉伊勢守の門人で磯端神陰流をひらく。寛永御前試合に出場し、羽賀井一心斎と対して、勝負が決しなかったという。

（4）**柳生十兵衛三厳**（慶長一二〔一六〇七〕—慶安三〔一六五〇〕）江戸時代前期の武士、剣豪、大和国柳生藩第二代藩主。

団十郎の真剣

本気の涙

八　本真剣の修行でなくば

仏法修行は真剣でなくてはならぬ。本当の自己が頭を出してこなければ、御慈悲は徹底しない。本真剣に自己を眺め、そして御慈悲に向かうのである。楽信院大量師曰く、「人多く仏智を向こうに置いて、信じかかる故難しい。退いて自省すれば、願生の心すなわち欲生の呼び声の届きたる他力の恵なり」と。

一世の名優団十郎が、歌舞伎の当たり狂言、忠臣蔵の勘平に扮して舞台に上った。まさに切腹の場に至ると、ここぞとばかり渾身の技術を尽くして観客の喝采を得ようと努めたが、ただの一人も称讃してくれる者はなかった。かくて数日、まだ技の未熟なることを反省した団十郎は、深く自己の慢心を悔いて、真実切腹の覚悟をもって舞台の活劇に一段の至誠を籠め、今や切腹の場に至ると、滂沱の熱涙とともに諸肌を脱いだ。三尺の秋水(1)キラリと輝くところ、たちまち拍手喝采、「千両」の声は劇場内に響き渡ったという。

かって大阪に一俳優がいて、泣くことを稽古しても稽古しても真の情が移らない。とてもこれは良師に就くに如くはないと江戸へ出て、当時の千両役者の許で親しく教えを受けたが、「まだそれでもそれでも」と許されない。最後にはあんまりのことに残念で堪らず、本当に泣き出した。そのとき、師匠は初めて「それでよい、それでよい」と許されたとか。さもあるべきことである。

宝生弥五郎の鬼面

宝生弥五郎《ほうしょうやごろう》(2)という人は、幕府の能楽師で非常な名人であった。この人がある大名の能の催しに出て、大得意な道成寺の清姫を舞うことになった。なかなかの盛会で、だんだんと能の番数も重なっていよいよ弥五郎の番となり、大鼓小鼓の打ち込む拍子につれて、「花のところには松ばかり松ばかり」と、音吐朗々歌い始めた。しばらくすると例のとおり釣鐘が落ちてきて、その釣鐘に伏せってしまう。この道成寺を演ずるときは、鬼女の面を釣鐘の中に掛けて置いて、釣鐘が伏せっている間に鬼女の面を被って、釣鐘が上がると鬼女の姿となって出るのだが、この日に限ってどうしたことか鬼女の面がない。これは仲間の者が弥五郎の芸を妬んでのいたずらであった。仲間の方ではいたずらでも、弥五郎の方は冗談ではない。本真剣である。晴の場所である。さすがの名人もぎょっとせざるを得ない。さりとてここでまごついては釣鐘が上がってしまう。気が気でない、胸は煮えかえる。覚えず指をくわえた。紅の血潮がほとばしる間もなく、被さっていた釣鐘は上がって、躍り出たのは正真正銘の鬼女。怒髪天をついて、口は耳まで裂け、舌は炎に燃え、目は爛々と輝き、顔は血に染めて、もの凄いことおびただしい。観客一同すごみに打たれて、ただ呆然とするばかり、その妙技に驚かぬ者はなかった。誰が知ろうか、その鬼面は、鬼面ならぬ自分の顔に指かみ切って血を塗ったものであろうとは。いや彼の心の底にいる鬼心鬼魂が、そのままその顔に、その動作に現れていたのであろうとは。ものは真剣でなければならぬ。本当の自己が顔を出さなくては、ことは成就できない。

本当の自己が見られたとき、如来の大悲が見られ、他力の悲願はかくのごとし、われらがためなりけりとしられて、いよいよたのもしくおぼゆる(3)のである。「汝一心正念」とある汝が頭を出さなければならない。

註

(1) **秋水**　日本刀の別称。

(2) **宝生弥五郎友于**（寛政一一〔一七九九〕—文久三〔一八六三〕）　江戸時代後期の能役者シテ方。父が早世したため祖父の宝生流十四代宝生英勝の養子となり、十五代を継ぐ。将軍徳川家斉・家慶の師範をつとめた。嘉永元年（一八四八）、江戸外神田で幕府最後で最大の勧進能を興行し、また謡曲正本の再版を刊行した。通称は弥五郎。

(3) 『歎異抄』九。浄土真宗聖典註釈版八三七頁。

ならぬ堪忍
するが堪忍

九　自分の棒で自分が叩かれる

心学の大家中沢道二《なかざわどうに》(1)という人は、堪忍を守ることにつき非常の苦心を積まれた人である。

　堪忍の成る堪忍は誰もする　ならぬ堪忍するが堪忍

という道歌を詠んで、人にも教え、みずからもこれによって堪忍の修行をされていた。あるとき、備前の藩主池田一心斎《いっしんさい》侯(2)がこのことを聞いて廷内に講話を依頼された。道二翁はお請けして、当日池田家上屋敷に赴き案内を請うと、座敷に通され茶菓などが出され、「どうぞしばらくお待ちくだされ」とのこと。それから二刻（現在の四時間）ほど待たされた。やっと取り次ぎが出てきて、「どうぞこちらへ」と案内するので、今度は話をするのかと思ってついて行くと、また別の間で、「どうぞしばらくお待ちくだされ」と、茶菓を出されて待たされた。このとき、道二翁は、「二刻も待たせておいてまたこの上に待たせるとは、無礼なことである」と腹を立てかけたが、「いやいや、成らぬ堪忍するが堪忍じゃ。これは怒ってはならぬ」と、じっと堪忍していた。そのうちお腹は空いてくる、お菓子とてそんなに頑張るわけにもいかず、静まりかえった胸も穏やかなるを得ず。つくねんとしてまた二刻ばかり待っていた。すでに現在の八時間も待たされたので、日は早や西に傾いてきた。やっとのことに、「こちらへお通りください」との案内につれて奥座敷に向かえば、襖がさっと開けられ、中は大酒宴の最中である。杯盤酒肴、所狭しきまでに狼藉を極め、上座に控えた一心斎侯は、多くの女どもに囲まれて酔眼朦朧《すいがんもうろう》、近習や老臣も赤ら顔のへべれけ。さすがの道二翁もこれには驚かずにいられない。「無礼な、人をさんざん待たせておいて、おのれらは酒を呑んでいるとは」と心の中で思ったが、「待てしばし、成らぬ堪忍するが堪忍」と面を和らげる。一心斎侯から「まあ一杯飲んでくれ」との挨拶に、「私は不調法でございますので、酒は頂けません」と言えば、「さあ、その呑めぬ者に呑ませるから面白いのじゃ。ぜひとも呑んでくれ」「いや、少しも呑めませぬ」「無理にでも呑んでくれ」と大きな杯を突きつけて、家来がそこに酒を注ぐ。とうとう道二翁、「今日、私は講釈をしに参ったのでございます。しかるにこのおもてなしは何事でござるか。かかるところで講釈をしてもなんの功もありませぬ。これでお暇仕ります」と満面に怒気を帯びて席を蹴って立ち上がった途端、一斉に手を拍ってい並んだ人々が、「堪忍の成る堪忍は誰もする　ならぬ堪忍するが堪忍」と言いつつ、どっと笑い崩れた。道二翁、ハッと思うとそこへ手をついて、「これは私が悪うございました。私がムラムラと腹を立て起ち上がりましたのは、まだ私の修行が足らぬからでございます。なにとぞ、私がこれまで申したことと私の行いが違っておったことを、お許しください」と反省の涙に咽びました。一心斎侯もこの人ならばといたく感心し、「さあ皆、講釈を承れ」と次の間をさっと開ければ、大広間に立派な見台。一同、形を改めて、謹聴したという。

いかにもならぬ堪忍するが堪忍と、一意専心に堪忍の修行をし、堪忍の道も充分心得たはずの道二翁でさえ、実際人に接し事に臨んでは、自分の棒で自分が叩かれるという始末になる。行い難いは実際の問題である。我らはすべてに向かって、頭の上がらぬ奴であると思わざるを得ない。何事も自分というものが頭を出さなければ真剣ではないが、されどその自分が頭を出して、自分を見究められたとき、こんな自分故こんな私故の、大慈悲の御仏在《おわ》す、と知らされるのである。

註

（1）**中沢道二**（享保一〇〔一七二五〕―享和三〔一八〇三〕）江戸時代中期から後期にかけて活躍した石門心学者。道二は号で、名は義道。京都西陣にある織職の家の出身で、亀屋久兵衛と称した。一度家業を継いだのち、四十歳ごろから手島堵庵に師事して石門心学を学んだ。その後、江戸に下り、日本橋塩町に学舎「参前舎」を設け、石門心学の普及に努めた。道二の石門心学は庶民だけでなく、江戸幕府の老中松平定信をはじめ大名などにも広がり、江戸の人足寄場における教諭方も務めている。

（2）**池田治政**（寛延三〔一七五〇〕―文政元〔一八一八〕）備前国岡山藩の第五代藩主。

接ぎ竹の名人

十　そんなはずではなかったに

他を顧みるには及ばない、みずから躊躇《ちゅうちょ》するにも及ばない。なすべきこととして身をもって求道の旅に発て、聞法の室に入れ、招喚の声に徹せよ、大悲の食に飽け。必ずやまず自己の真相にぶつかるであろう。このときこそ、真に如来本願の救済に徹底するのである。

ベーコン[1]は言う。人は独居のとき、激怒のとき、および未経験のときに、その地金を出すものであると。独居のときは飾らねばならんという思いがなく、激怒のときは平日の嗜《たしな》みを忘れ、未経験のことを処するには先例がないからである。この三つの場合に現れ出でたる地金、すなわち真の自己とは、どんなものであろうか。とても話にはなるまい。そんなものをかい繕《つくろ》って、めでたくなして往生とは、およびもつかぬ存念。木に竹を接ぐよりかまだ困難ではなかろうか。

徳川氏全盛のころ、霞ヶ関の黒田侯が邸に御三家を始め諸大名を招いて、酒宴をされた。井伊侯の言われるには、「拙者の家来にことの外、接ぎ木の名手がござる。何の木を接いでも接がぬということがござらぬ」との自慢顔に、剛気の黒田侯、直ちに「拙者の家来に竹を接ぐ者がござる」と応ぜられたので、一座の大名衆口々に、「それはそれは珍しきことかな。これまで接ぎ木と申すことは承り及びたれども、接ぎ竹と申すことは承知いたさず。さてもさても珍しきことかな。その御家来、なにとぞお喚びだしに相成りたし」と所望した。黒田侯も少々当惑の体なれども、負けぬ気になって、次に控えし小姓を諸大名列座の中へ呼び出され、「その方、竹を接ぐことを申し上ぐべし」とのご命令。ところでその小姓は、いままで竹はもちろん木も接いだこともなく、なんとお答えしてよいか思案した。このまま退かば主人の難儀、いささか困らぬでもなかったが、澄まし込んで一段と改まり、「それがしこれまで竹を接ぐことを相好み、数千本の竹を接ぎそうろう」と申し上げたので、諸大名衆、ことの外感心いたされ、「我も接いでもらおう、我も我も」と詰めかける。小姓、抜からぬ顔にて、「これまでに数千本の竹は接ぎそうらえども、いまだ一本も接きたることはこれなくそうろう」とやったので、大笑いとなったという。

木に竹はおろか竹に竹を接ぐことはできぬ。凡夫がこのまま仏に成ろうなど、及びもつかぬことである。煩悩具足・必堕無間と頭の上がらぬところに、如来の大悲が徹到してくださる。かくて独りいて喜び、激怒に懺悔し、未経験のことに道を開けて、念仏無礙の一道を悠々闊歩《ゆうゆうかっぽ》する身となられるのである。幸せなことじゃ。

註

(1) **フランシス・ベーコン**（一五六一―一六二六）イギリスの哲学者、神学者、法学者。「知識は力なり」の名言で有名。

第六章　救済――浄業は内に慈光は外に

一　親縁《しんえん》(1)・近縁《ごんえん》(2)・増上縁《ぞうじょうえん》(3)

如来様の御慈悲があまりに深すぎるのと、用意があまりにも周到なのとで、却ってその存在をすら疑う者がいる。これはあたかも母に抱かれていながらなおかつ母を求めるようなもので、現に抱かれている母を措いて他に母を求めようとしたところで、母が得られるわけがない。またたとえ真実に親を求める心があるにしても、それは闇の夜に鳴かぬ烏を捕らえるようなものである。我らも仏を求め探すというが、なんぞ見覚えでもあるのか。見覚え目印がないのならば、いくら尋ねたとしても、よしんば互いにそで振り合わせたとしても、それを知ることはできないではないか。すでに見覚えがあるというのなら、強いてその存在を確かめる必要もあるまい。親は子から離れない、子は親から離れないのだから、子のあるところには必ず親があり、子があるのがすなわち親のある証明である。子は一人でいても、一人で置かぬのが親の慈悲であることを忘れてはならない。お経には「群生《ぐんじょう》を荷負《かぶ》してこれを重担《じゅうたん》とす(4)」と説かれている。今我らは現に如来の親様に荷負われて、抱かれ獲られているのである。

中には宗教は要らぬものだ、如来様はないものだ、などと申すものがいる。これは至って乱暴な言い種で、親などあるものでない、私には親は要らぬのだというのと同じで、すこぶる間違った考えである。なるほど、子供も達者なときや、玩具に気を取られているときには、親がなくとも済むかもしれないけれど、ひとたび病気になるとか、玩具に飽きるとかすれば、たちまちに親を求め、親がなくてはならないことになる。それだけじゃない、達者に遊んでいられるのは、まったく親のお陰であることに気がつかなければならない。

そういっても如来の救済をもって要らぬお世話のように心得、あまりお節介なように思う人がないわけではない。しかし親となっては、飽くまで子供の世話を焼かねばならぬ。面倒をみなければならず、始末をしてやらずにいられないのである。

阿弥陀様と我らは、真実の信をもって結ばれた真実の親子であって、親縁・近縁・増上縁、切っても切れない深い強い因縁で結ばれている。それ故どうしても念仏の衆生を摂取して捨てることができない。我が身を犠牲にしても、子のため尽くさずにはいられないのである。産着《うぶぎ》は赤子の産まれぬ先から用意され、乳はちゃんと出るようになっている。赤子自身が生まれぬ先から心配して、さて俺は直に生まれるが、生まれたら何を着て何を食べようか、この腕を磨き、この足を働かして、上手く人生の難関を切り抜けようなど、そんなことを気張っているであろうか。おそらく生まれ出る世界がどんなところか、どんなものがあるかさえ知らずにいるであろう。生まれた後ばかりでなく、生まれぬ前から一々これが親のお陰ではないか。その間における親の苦

親の恩

労心痛は一通りでなく、まったく命がけなのである。
つねに仁義忠孝の道を説き立てて、数多の門弟を教授する律儀一辺倒の儒者で、道学先生とあだなされた人が、南向きの窓に向かって熱心に読書していると、窓の下でどら声を張り上げて、頻りに悪口を言っている者がいる。間には「ハハハ」と嘲《あざけ》るようななまめかしい声もする。道学先生、何ごとかと耳を澄ませば、「いや、こ奴は腐っているからいけません。どうしても子の方がようがす。親は大きいばかりで仕方がありません。中には腐らないものもありますが、ガリガリで役には立ちません」「そうどうすな、やっぱり子の方がよろしいな」なんて、盛んに親を罵《ののし》り子ばっかり褒めている。先生、癪に触って堪らない。「いかに世は末、末法とはいえ、わしがあれほど毎日道を説き聞かせているのに、大切な親たるものをガリガリだの、腐っているのと、怪《け》しからん次第じゃ。わしの講義をなんと聞きおる。かかる不埒な奴がいるから、聖人君子の道が行われないのじゃ。言語道断《ごんごどうだん》、おのれ、どうしてくれよう」。障子をガラリと引き明け、木太刀をとって窓の下を睨んでみれば、隣近所の女房たちが里芋を買っているところじゃった。先生、ガックリ行き詰まった。なるほど、これでは悪くいうはずだ。わしとてもやはり小芋の方が美味しい。たちまち一首浮かんだ。

芋を見よ子に栄えよと親瘦《や》せて　えぐうなったり甘くなったり

いかにもそうじゃ。小芋が美味しいとて人に珍重されるのは、まったくこのえぐうなったり甘くなったりしてみずから瘦せつつ、子のために尽くしてくれた親芋の苦労と功績とを思わなければならない。時にえぐくなり、時に甘くなりつつ、みずから痩せて、腐ったのガリガリのと言われるのも顧みず、一生懸命に尽くしてくださるのは、親の親切である。この親切があってこそ、子が育つのである。

仏は我らの親であられる。我らに正覚を取らせて、お悟りを開かせて、蓮華の御座でにっこり笑わせたいばかりに、難作能作積苦累徳《なんさのうさしゃっくるいとく》、みずから痩せて五劫の御思案、みずから骨折って永劫の御修行、時には唯除五逆誹謗正法とえぐうなったり、時には諸有衆生聞其名号《しょうしゅじょうもんごみょうごう》と甘くなったり、種々に善巧方便《ぜんぎょうほうべん》して、我らが無上の信心を発起せしめたまうのである。他の諸仏方からは、もの好きじゃ深入りし過ぎじゃと笑われようが、一々誓願為衆生故《いちいちせいがんいしゅじょうこ》、衆生往生の願行を忍力成就してそのまま救うぞと喚んでくださる。小芋の功名は親芋の働き、我らが今日人並の日暮らしができるのはまったく親の念力。罪業抱えたこの私が、諸仏菩薩のただ中で、上上人《じょうじょうにん》・妙好人と褒められるのは、ひとえに仏智不思議のやるせない御養育たることを忘れてはならない。

註

（1）**親縁**　仏はつねに行者が起こす礼拝・称名・憶念を知って、相離れぬこと。

（2）**近縁**　行者が仏を見たてまつりたいと願えば、仏はそれに応じて、行者の近くに至ること。

（3）**増上縁**　行者が名を称念すれば、念々に行者の罪を除き、ついには往生するということ。

（4）『無量寿経』浄土真宗聖典註釈版七頁。

京都名物安い寿司

二　親子の仲は格別

私が郷里のあるところへ講話に行ったとき、久しぶりじゃというので、かねて知り合いのお爺さんがやって来た。このお爺さん、頓狂な声で話すなかなか面白い人で、「久しぶりでございましたなあ、もう何年になりますか」「何年かって、去年来なかったっけ。一昨年は来て逢ったでしょう」「そうでございましたかな。時に御講師さん、私はこの春大儲けをしました」「ほう、それは結構。私はお前さんなどが損をした損をしたと言って、嫌なしかめっ面をするのが大嫌いです。一文ももらわなくても、儲けた儲けたと言われれば気持ちがよい」「御講師さん、お金ではありませんぜ」「それなら息子でも儲けたかい」「いいえのう、この上息子なんぞ儲けてたまるもんですか。家には人形箱ひっくり返したほどおりますが」「はあ、それでは何かいな」「御本山へ参りました。御本山へ」「なるほど、それは大儲け、一生の大儲けをしました」。我々の方では御本山参りは一世一代くらいに思っている。「どうでしょう、御真影へお礼を上げるときには、何ともいえない有り難いことであったろう。あの御扉の開いたときは、まるで生身の御開山様にお会い申した心持ちでありましたろう。私どもも度々参ってお礼を上げてそう思うのですが」「いかにもさようでございます。生身の御開山様にお会いした心地でした。毎日総会所へ参っておりましたが、半日ほど連れの者に勧められて、話の種にと東山見物をしました。御講師さん、京都は寿司がよっぽど安うございますな」「そうか、どんな寿司か知らんが、安いのはその代わり粗末だろう」「いいえ、それがなかなか美味しゅうがす。ここで一銭するものが、七厘ほどで食べられました。それもその味といったら、とてもこの辺のものとは比べものになりません」「それはどこの店じゃな」「ちょうど東山を見物しての暮れ方、あの祇園さんのところから真っ直ぐに賑やかな町を通って、長い橋を渡り、見世物小屋のたくさんあるところで」「ああ、京極といって京都で一番賑やかなところじゃ」「そこのちょっと引っ込んだ小暗いところに、行灯をつけて荷を下ろしていた屋台でございます」「ああ、あれを食べたのか。あれなら安いはずじゃ。安くて美味しかったであろう……」「何か奥歯に物が挟まったような仰り方でございますが、なにか……」「それは言うまい。お前さんも聞くと気を悪くするじゃろうから」「言いかけて言わずにおられては、却って気持ちが悪い。どうぞ仰ってください」「そんなら言うがな、気を悪くするなよ。あの辺には宿屋と料理屋がたくさんある。宿屋と料理屋には客が手をつけなかった料理、また手をつけても半分残した料理が毎日たくさん出る。もったいないが捨てるしかない。その捨てるしかない料理をもらい集めて、それを材料に作って売っているのが、お前の食べた寿司じゃ。地元のものはそれを知っているから手を出さぬ。それを知らんお上りさんだけが、安いと喜んで食べているのじゃ」「じゃあ、あれには人の食べ残しの残飯も入っておったわけですか」「まあそうじゃな」「ああどうしましょう、情けない、京都三界人の食い残しを食わされたとは、いまいましい」。残念そうに吐き出そうとしている。「今さらそんなことをしても、もう腹の中には入っていまい。よし、それならその気持ち悪さを治してあげよう。さっき家に帰れば人形箱をひっくり返したほど子供がいると言われたな。そんなに子供がたくさんいれば、ずいぶん飯も食いこぼすであろう。食い残しもするであろうが、それを一度や二度は牛馬にもやろうが、大抵はもったいないと言うては、拾うて食べ、引き受けて食べてはいまいかえ」「それはそうですが」「どうじゃ、それも食べ残しの残飯じゃぞ」「それはそうですが、それは親子の仲でさあ。他人の食い残しと我が子の食い残しとでは違いましょう」「なるほど、それも人情じゃろうが、一切衆生皆親子ともいうではないか」「そうは仰っても、なかなかそこまでは思い切れません」と言われた。

　他人の食い残しは汚くていやだが、親子なれば許せる。本当は自分の子供の方が汚し方がよほどひどいかもしれぬのに、それでも平気で食べられるのは、親子だから。如来様は我らにとって真実の親様。我らは如来様の真実の子供である。親子の仲はまた格別、他の諸仏方の想像のつかぬ約束、御慈悲がある。

　心《こころ》を弘誓《ぐぜい》の仏地《ぶつじ》に樹《た》て、念《おもい》を難思《なんじ》の法海《ほうかい》に流《なが》す。(1)

と。我らの心の中を一々引き受けて、日々夜々我らが難思の法海に流し込む貪瞋煩悩《とんじんぼんのう》の心の食い残しを引き受けて、転悪成善《てんあくじょうぜん》の利益《りやく》にあずけしめたまう。お情け深い真実の親様に、護られ育《はぐく》まれるのはなによりの幸せ。遠慮せず気兼ねせず、さらけ出して、大悲の親様に任せ申すべきである。いかに親様じゃとてそんなことまでは、と引っ込むのは遠慮心。そんなことぐらいするのが親の当たり前じゃというのははなはだしい横着心。遠慮と横着とは親子の間に大の禁物。ああ有り難い、親なればこそ、と頭の下がったところに、親様の御慈悲は残りなく流れ込んでくださる。

註

（1）『教行信証』後序。浄土真宗聖典註釈版四七三頁。

三　万機《ばんき》普益《ふやく》の法門

如来の大法は、万機普益・無礙の一道であって、通ぜぬところなく、利益せぬところはない。独りいて喜ぶ法であって、同時に多人数で喜ばれる法である。世間の事柄はなかなかそんなわけにはまいらない。

仏法は一人居て悦ぶ法なり。一人居てさへたふときに、まして二人寄合はばいかほどありがたかるべき。(1)

とは、仏法の一特徴である。世の中のこと、多くは一人いて悦ぶ法は二人以上悦ぶわけにいかず、二人以上にて悦ぶ法は一人いては悦べない。

勝って喜ぶ者の裏には、負けて悲しむ者あり。酔うて歌う者の後には、餓えて泣く者あり。酒は百薬の長というが、同時に百毒の長ともなる。雨のあげくは晴れであるが、日和の次はきっと雨。いつも月夜に米の飯、それは至極結構だが、そうは問屋が卸してくれず、お天道様もそんなにお人好しではない。柳の木の下にいつも泥鰌はおらず、屋根の上にいつも烏はいない。

春風春雨よく花を開く　　春風春雨また花を散らす
昨日の知音《ちいん》今日の仇《あだ》　　人間万事すべて花のごとし(2)

春風春雨はいつも花を咲かすものかと思ったら、花を散らすのもやはり元の春風春雨であった。

福の神と貧乏神

親切な友達はいつまでも友達であると思っていたが、却って今日は仇となっている。それなのにいつも花を咲かすものと思い、親切にしてくれるものと思うから、がらりと当てが外れる。当てにならぬものを当てになるものと、澄まし込んで当てにしているから、当ての外れたとき泣いたり恨んだり怒ったりする。大抵の人が、これこそ大丈夫だと思っていることも、まさかの際には多く当てにならぬもの。

あるお百姓の家に、うら若い一人の婦人が訪れてきた。容貌美しくあでやかにして奥ゆかしい。まるで花のようであり、徳の光の輝きはお月様のようであった。それもそのはず、その婦人は紛れもない福の神、弁天様であった。さあそのお百姓、有頂天になって家に請じ入れ、早速床の上に祭り上げて、赤飯を供える大鯛を供える、それはそれはたいそうな供え物をして、どうかどっさりと福を授けてくださいませ、と一生懸命お願いをした。

すると今度は打って変わった見るも哀れな不細工な女がやって来た。「あなたはどなたで」と聞くと、「私は貧乏神です」という。お百姓、せっかく福の神様が来てくださったのにそんな貧乏神に入られては堪らんと、「貧乏神に用はない、出て行ってくれ」と棒を取り上げて叩き出そうとする。しかし貧乏神は一向に出て行かず、「私は福の神の妹です。姉は功徳天、私は暗黒天。姉の行くところ吉祥福徳無量で、私の行くところ不祥災害無限となります。しかし私は福の神の行くところにはどこへでも付いてまいります。私を叩き出すのなら、きっと姉の福の神も出て行くことになりますよ」と眉を逆立て夜叉の威を振るいながら言い立てた。しかしお百姓、「貴様

醜い兄と美しい妹

のような貧乏神に入られては堪らない。どうしても一緒なら福の神にも出て行ってもらおう」と貧乏神と一緒に福の神も追い出してしまったという。

一方では好いと思うことも一方では悪く、こちらに都合よいと思うことは先方に迷惑となることがある。兄妹二人の子供を持った両親。兄は至って醜く、妹は美しかった。どうにかともに悦ばせたいものと常々気にかけていたが、兄は毎日鏡に向かって、こんな顔ではとても嫁は来ない、一生独身で暮らすのなら、もう死んでしまった方がましだと、明けても暮れてもふさぎ込んでいる。

これを眺めていた両親、いても立ってもいられず、どうか気の休まるようにしてやりたいと、ふと思いついて兄に向かって、「ある物知りから聞いたが、業平《なりひら》様を信心すれば、いかな醜い者でもたちまちに美男子になるそうな。お前もやってみろ」と言い含め、兄が業平様に願掛けに行っている間に、絵師に美しく描かせた兄の顔を鏡に貼り付けて置いた。なにも知らない兄は信心から帰って来てそっと鏡を覗いてみたところ、これはしたり、まるで生まれ変わったかのような自分の姿。ああ有り難やと喜ぶうちに気も晴れて、病気は全快してしまった。そんなこととはつゆしらぬ妹、翌朝髪をとかそうと鏡を覗いてびっくり。「お母さん大変、私の髪が誰かに切られてしまってます。どうしよう、どうしよう」とふさぎ込んでしまったという。

万機普益・平等一相の法は、如来の本願南無阿弥陀仏より外はない。さればこそ如来に選択ということがあり、「布施・持戒、乃至孝養父母《きょうようぶも》等の諸行を選捨して、専称仏号を選取」(3)してくださったのである。そしてこの名号の中には「弥陀一仏のあらゆる四智《しち》・三身《さんしん》・十力《じゅうりき》・四無畏《しむい》等の一切の内証《ないしょう》の功徳、相好《そうごう》・光明《こうみょう》・説法《せっぽう》・利生《りしょう》等の一切の外用《げゆう》の功徳」(4)をみな摂在《しょうざい》して、衆水《しゅうすい》一味、倶会《くえ》一処《いっしょ》の大益《だいやく》を得さしめたまうのである。

註

（1）『蓮如上人御一代記聞書』浄土真宗聖典註釈版一二九六頁。
（2）頼山陽の詩。
（3）『選択集』本願章。浄土真宗聖典註釈版七祖篇一二〇七頁。
（4）同前。

四　利《り》剣《けん》即《そく》是《ぜ》弥《み》陀《だ》名《みょう》号《ごう》

牛の子に踏まるな庭の蝸牛《かたつむり》　角あればとて身をばたのみそ(1)

蝸牛の角はいくら延ばしたとて、ものに触ったら却って引っ込んでしまう。もし引っ込まずとも、踏みつけてしまう人の下駄には敵わない。我らの自力我慢の角もそんなもので、今の世に直指人心見性成仏と力んでみても、六大無碍《ろくだいむげ》即事而真《そくじにしん》(2)と気張ってみても、一心三観《いっしんさんがん》法界無碍《ほっかいむげ》(3)など口で言ってみても、所詮まさかの間には合わない。我慢を張る者に真実の勇者のあった例しがない。

『和語灯録』(4)に曰く、

貪瞋煩悩のかたきにしはられて。三界の樊籠《はんろう》にこめられたるわれらを。弥陀悲母の御心さしふかくして。名号の利剣をもちて生死のきつなをきり。本願の要船《ようせん》を苦海のなみにうかへて。かのきしにつけ給ふへし(5)

と。そのとおり、名号は利剣である、利剣は名号である。

利剣はすなはちこれ弥陀の号《みな》なり、一声称念すれば罪みな除《のぞ》こる(6)

いかにも偉い切れ味ではないか。

昔は武士に新刀試しということがあったそうな。新たに求めた刀の切れ味を試みるために、罪人の首や胴を斬る。中には辻斬りといって往来の人を斬ったり、または乞食の集まっているところへ行って、罪も怨みもない者に対して殺生するという不心得な武士もあったという。

　ある大名の子が出過ぎ者で、あるとき人に騙されて一振りの太刀を買い求め、「この太刀はどんな鎧でも通すことができる」と逢う人ごとに見せびらかして自慢していた。しかしまだ試していないので切れ味が解らないのは残念だと思い、深夜河原へ出かけていって、菰を被って寝ている乞食を一刀両断と切り付けた。切り付けておいて人に見られてはならんと、後も見ずに逃げてきた。一度人を斬ることを経験するとその興奮が癖になるもので、翌日もまた行きたくなった。またぞろ深夜に河原へ行ってみると、昨日のところにまた菰を被って寝ている乞食がいる。「昨日の今日なのに、大胆な奴め」と思いながら、新刀を振りかぶり一刀両断と思いっきり打ち込み、そのまま後ろも見ずに一目散。

　その翌日ちょうど出逢った友達にその自慢をするが、なかなか信じてもらえない。そこで「よし、今夜もう一度やるから、一緒に来て見届けよ」と約束して、今度は一緒に出かけた。河原に行ってみると、また一人菰を被って寝ている乞食がいる。「毎晩ここで殺されている仲間がいるのに、馬鹿な奴じゃ」と思いながら、今日も新刀を振りかぶり、一刀両断と思いっきり打ち込めば、寝ていた乞食が菰をはね飛ばして起き上がり、「うぬか、毎晩毎晩叩きに来る奴は」。

　こんな刀と腕では役に立たない。我らの貪瞋煩悩の仇敵、生死流転の絆は、自力雑行の錆刀では断ち切れない。その断ち切れない絆を見込んで御成就くださったのが如来の本願南無阿弥陀仏。

　六道にひく業障《ごっしょう》の綱を切る　剣なりけり弥陀の名号

業障の綱を切る刀は、同時に我らを助け活かす剣である。されば煩悩のための殺人刀は、同時に菩提のための活人剣となる。

註

（1）寂蓮（藤原定長）の歌

（2）**六大無碍即事而真**　地・水・火・風・空・識の六つの要素が、真理の立場から見ると互いに融合しているという意。

（3）**一心三観法界無碍**　一つの思いの中に、空観・仮観・中観を同時に実現し、万物は一体であると観ずること。

（4）『**和語灯録**』　黒谷上人語灯録のこと。法然上人の和語にて示された法語・文集を編輯したもの。

（5）『拾遺和語灯録』浄土宗全書第九巻六五一頁。

（6）『般舟讃』浄土真宗聖典註釈版七祖篇七二一頁。

夢窓国師の大悟

五　当てにならぬ当て

当てにならぬものを当てにしてはならない。当てになるものを当てにするがよい。さもなくば当てが外れてとんだ目にあう。何が当てにならぬか。動くもの、狂うもの、弱いもの、変わるもの、これである。動かぬもの、狂わぬもの、強いもの、変わらぬものは当てにしてよい。だがしかし世の中に果たして真に移り変わらぬものがあろうか。

世の中は　三日見ぬ間の　桜かな(1)

それも長くは続かない。

花の色は移りにけりないたずらに　我身世に経るながめせし間に(2)

花の春　こんな親爺じゃ　なかったに

こんなときになってじたばたと騒いだとて何にもならない。

もっとも中には当てにすまじきものを当てにして、却って大悟徹底されたという、夢窓《むそう》(3)国師のごときもないではない。当てがはずれたときひっくり返ってびっくりする途端、真実のものが得られる。しかしこれは危険千万。

夢窓国師があるとき常州臼庭の比佐居士のところにお出でになって、ある夜、真っ暗な部屋で坐禅をしようと、後ろに壁があるとばかり思ってそっと身体を寄せられるなり、ズドンと仰向け

我が家を忘れたアンペール

に倒れられた。実は後ろには何もなかったのである。がその刹那、国師は豁然として大悟徹底され、

多年地を掘りて青天を覓《もと》む　添え得たり重々の礙膺物《げようぶつ》
一夜暗中に碌甎《ろくせん》を蹴る　端《はし》なく撃砕《げきさい》す虚空の骨《ほね》

という投機の偈を読まれたという。世人が急に無常を感ずるのも罪悪におののくのも、こんなありさまであろう。しかし射的の的は確かなものでなければならない。

如来救済の目当ては何であろうか。我らの慈悲善根が救済の目的であろうか。いや、歓喜心も懺悔心も誠心もすべて目印とはされない。それならば何か。胸の中に山ほど積み蓄えた貪瞋煩悩である。これだけは間違いなくいつでも持ち合わせている。

誰しも自分の家を間違えるものはおるまい。知らぬ旅の宿なら目印の必要があるが、我が家ならそんなものは要らない。ひとりでに足が向いてくる。すなわち家全体が目印である。それでも人によっては間違えないでもない。

フランスの有名な数学者アンペール氏はあまりに凝り性な故か、物忘れすることでも有名であった。外出のときは来客の迷惑を思って、必ず門口に「アンペール不在」の札を掛けておいた。ある日、彼は外から帰ってきて門口を入ろうとするとき、ふとその札を見つけて、「アンペール不在。いや、ご主人は留守なら仕方がない、また日を改めて来よう」とそのままどこかへ行ってしまったという。

目印の烏と犬

田舎から都見物に出てきた主従二人、朝、宿屋を出るとき、主人は従者に、「都の家造りはどれもこれもみな同じように見えるから、夕方帰ったときに泊まる家が解らないと困るので、何かを目印にして憶えておけ」と注意した。「ハイ、畏まりました。ちゃんと目印にするものがあります」と従者が言うので安心して一日あちこちを見物して、さて夕方になったので宿へ帰ろうとするが、案の定、宿屋が解らない。主人は腹を立てて、「それだから朝よく目印を決めて憶えておくように言ったではないか」と叱ると、「いいえ、目印を決めておいたのですが、それが見当たらないのです」「何を目印にしておいたのじゃ」「はい、屋根の上に烏が三羽止まっているのを目印にしておいたのですが、どう探してもそれが見当たりません。それだけでは不足かと玄関前に犬が寝ておりましたのも目印にしておいたのですが、それも見当たらないので困っております」。

屋上の烏や玄関前の犬はその家の目印にはならない。その家の町名屋号でなくては役には立たない。

「凡夫のまことのこころとおぼしきは、一念おこすにたれども、まったくすゑとほらず」[4]。水に描けるがごときこの誠をもって救済の目標とせられたならば、如来様は遠くに失望あそばしたであろう。「妄念はもとより凡夫の地体なり。妄念のほかに別に心はなきなり」[5]。この地体たる妄念煩悩の動かぬところに目を付けて御成就くだされたのが弥陀の本願故、「本願あにあやまりあらんや」である。

如来は凡夫の動かぬ地体の妄念目当てに本願を建てられ、凡夫は建てられた本願名号を目当てに、仰信し帰依し安住するのである。実に本願や行者、行者や本願。凡夫を救うことを外にして本願なく、救いたまう本願を外にして信仰はない。

煩悩具足の凡夫、火宅無常の世界は、よろづのこと、みなもつてそらごとたはごと、まことあることなきに、ただ念仏のみぞまことにておはします。(6)

註

(1) 大島蓼太の句。
(2) 百人一首所収の小野小町の歌。
(3) **夢窓疎石**（建治元〔一二七六〕―観応二〔一三五一〕）鎌倉時代末から南北朝時代、室町時代初期にかけての臨済宗の禅僧。
(4) 『最要鈔』真宗聖教全書三列祖部五〇頁。
(5) 『横川法語』浄土真宗聖典註釈版一四二五頁。
(6) 『歎異抄』後序。浄土真宗聖典註釈版八五三―八五四頁。

六　往生成就の証拠

物事を説明するにも証明するにも、道理と証拠が明確でなければならない。いかに道理理屈は立っていても証拠が出せなかったなら、議論は議論で終わってしまい、空論になってしまう。しかしその証拠もまたとくと吟味しなければならない。一向証拠にならないものを証拠のように心得ているのは、あたかもやりっ放しの行いをして、もはや始末はついたような心地でいるのと同様である。問題はいつまでも問題なのである。

浄土真宗において、たのむはたのめよの命に応じたので、信じたのは任せたのであり、任せたのは救われたのである。

信心すなはち一心なり　一心すなはち金剛心
金剛心は菩提心　この心すなはち他力なり(1)

言葉こそかわれ、実体は同じことである。

母親が娘に向かって、「お前は今年ハタチにもなって、ぬか袋一つ縫うこともできぬとは、何たるうつけに生まれたものであろうか」と叱れば、隣の女房、そこにい合わせて、「いいえ、このお嬢さんはまだハタチとはなりません。二十歳のはずです」と言う。母親は頭を振って、「あなたは何を間違えてそんなことを言われますか。現在の我が子の年を忘れるほど、私はまだ耄碌《もうろく》しておりません。二十でなくハタチです。それに相違ありません」「いや、ハタチでなく二十です」「いや、ハタチ」「二十です」。互いに負けず劣らず言い争っているところへやって来たのが近所の婆さん。仔細を聞いて、「どちらもお待ちなさい。この娘が生まれた年なら、私のところに確たる証拠がある。持って来て見せましょう。何もそんなに争うに及ばぬことじゃ」。やがて持って来たのは一つの古瓢箪。「これこれ、この瓢箪が生《な》った年にこの娘が生まれたんで、よく憶えている。なにより確かな証拠じゃろう」「はい、それではその瓢箪は何年経っておりますか」「それはあまりに古いことじゃから、忘れてしもうた」。

ハタチか二十か、二十かハタチか、ハタチとも言い二十とも言う。誓願不思議を信ずるとも言い、名号不思議を信ずるとも言う。たのむとも言い、すがるとも言う。信ずるは任す、任すは安堵する。信じ任すその根本は如来の御慈悲の外にない。「何年経ったか忘れてしまった」では一向に証拠にならない。そんな証拠ではまったく頼りない。今、我らの往生にはどんな証拠があるか。名号六字の証文に、弥陀の正覚を抵当にして、六方恒沙の諸仏の証人がついている。いかにも確かな証拠でないか。

かるがゆゑに念仏の行者、名号をきかば、「あは、はやわが往生は成就しにけり。十方衆生、往生成就せずは正覚取らじと誓ひたまひし法蔵菩薩の正覚の果名なるがゆゑに」とおもふべし。[2]

名号のできあがったのがすなわち衆生往生の成就した証拠である。故に「われらすでに阿弥陀といふ名号をきく。しるべし、われらが往生すでに成ぜりといふことを」[3]。できあがった名号がなによりの証拠である。

註

（1）『高僧和讃』浄土真宗聖典註釈版五八一頁。
（2）『安心決定鈔』浄土真宗聖典註釈版一三八七―一三八八頁。
（3）『安心決定鈔』浄土真宗聖典註釈版一三八九頁。

七　衆生の情に精通す

飯杓子と笏

「知りたい知られたい」とは人間衷心の要求である。我らは多くを知りたいとともに、多くに知られたい。あの人を知ると同時にあの人に知られたい。これは自然な要求である。この要求が容れられないときの苦痛、人はこれによって言うべからざる淋しさに襲われ、果ては自暴自棄にも傾かんとするのである。ここに我が身の上、心の中をことごとく知り尽くして、同情の言葉をかけてくれる人があったら、どれほど嬉しいことであろうか。この場合には友人よりも兄弟、兄弟よりも親である。親はよく子供の実情に精通して、都合よく計らってくれる。実に子を見ること親にしかずとは、まさにこのことである。けれども親もやはり凡夫である。止みがたい衷心の生死問題までは解決してくれない。如来は畢竟依《ひっきょうえ》である。畢竟の頼りどころは如来である。しかも如来と我らとの間は至って密接である。とかく上のことは下が知らず、下のことは上が知らず、したがって食い違いが多いので困る。

ぼうぼう眉にお歯黒を付けた昔の公家衆は、月卿雲客《げっけいうんかく》とよばれて何ごとも雅《みやび》をこととして、下々のことを知らなかった。あるとき、飯杓子《めししゃくし》を見て公家方が不思議顔で評議した。「一体これはなんであろうか」「これは何の役に立つものか」と首をかしげる中に、一人の公家が「ははあ、解った。これは鬼の耳かきであろうぞ」。外の公家も一同に手を拍って、「なるほど、それに相違ない」とようやく評議が一決したという。

　またあるとき、丹波の山中から出て初めて京都の堂上方《どうじょうがた》に下女として奉公した女が、ある日、主人が取り急いで参内するおり、庭先に落としていった笏《しゃく》を拾って裏表しげしげと眺めながら不審がって、「こんなひしゃげたすりこぎで、よく味噌が擂れたものよ」と感心したという。

　飯杓子をもって鬼の耳かきとしたのも、笏を見てひしゃげたすりこぎと言ったのも、ともに下を知らず上を知らないからである。如来は最もよく我ら衆生の心情に通ぜられている。我らの心のありったけは、残る隈《くま》もなくご承知なのだ。

　世に我を愛する者は少なくない。されど彼らは我が上に善を認めて我を愛するのである。しかるに我が善は稲妻のごとく移りやすく、虹のごとくに消えやすい。したがって世の愛は永久に我らに加えられるものでない。如来独りよく我らの全分を知ろしめして我に欺かれたまわず、また我を買いかぶりたまわず、この上に至高至大の慈恩を加えたまうのである。

　しかるに仏かねてしろしめして、煩悩具足の凡夫と仰せられたることなれば、他力の悲願はかくのごとし、われらがためなりけりとしられて、いよいよたのもしくおぼゆるなり。(1)

　落ちる私があったからこそ、落とさぬ弥陀があらせられるのである。落とさぬ弥陀があらせられるから、落ちる私はもはや大丈夫。

　いかに地獄へおちんとおもふとも、弥陀如来の摂取の光明に摂め取られまゐらせたらん身は、わがはからひにて地獄へもおちずして極楽にまゐるべき身なるがゆゑなり。(2)

註

（1）『歎異抄』九。浄土真宗聖典註釈版八三六―八三七頁。

（2）『御文章』浄土真宗聖典註釈版一一一五頁。

八　苦労するは誰がため

我々は十金百金の盗人を捕まえてこれを責め苦しめる。けれども自分自身が千金万金にも代え難い至大の慈恩を盗んだ者であることを知らない。我らの喫茶喫飯、みなこれ仏恩のお陰でないものはなく、一挙手一投足ことごとく大慈の回向でないものはない。生まれたてはただヒイヒイ泣くばかりであった。足はあれども立つこともできず、手はあれども取ることもできず、口はあれども思うことを言えず、目はあっても耳はあっても、鼻の穴は開いていても、これを活用することさえできなかったのである。それをようよう育て上げ、一人前の者にしたのは、誰のお陰か。親の恩、君の恩、人類生物の恩、三宝の恩、我らの身の周り心の中、一切は恩にあらずということはない。この身この心がすでに御恩の結晶ではないか。それにこれをもって一切我が力ぞと語り、加うるにこれに対する報酬を世に求めようとするとは何事であろうか。罪の上に罪を犯し、悪の上にさらに悪を塗る行為である。

恩を盗む者は恩を軽んずる者である。古今往来、どこに窃盗によって安固な家を造った者があるか。彼らは財を盗むから財を重んじない。財を重んじないから永続しない。彼らは恩を盗むから恩を重んじない。恩を重んじないから、日々の生命をなおざりにして、みずからに命ぜられた大任を疎かにする。だからいつまで経っても立派な人間とはなれない。

女房の髪を売って酒を呑む男

貧乏人でしかも酒が大好き、呑まなければ仕事もできかねるという者がいた。近頃少しも銭儲からぬところから、一滴も口に入らず萎れかかっていた。あまりのことにその妻は見かねて、ふさふさとした自分の髪の毛を切ってかもじ屋に売り、いくらかの銭に換え、酒の二合も買ってきて、「せめてもの憂さ晴らし、これを呑んでまた明日から精を出してください」と亭主に勧めた。すると亭主は悦んで、ニコニコと久しぶりに笑顔を見せ、なめるように珍重して呑んでいたが、ふとどうしてこの酒が手に入ったのかそのわけを聞き、「ほんに持つべきものは女房じゃ、ああ有り難い有り難い」といかにも感謝に堪えぬとばかりに礼を言う。そこで女房も今まで被っていた手拭いを外し、髪を切った跡を見せると、亭主はなおさらほくそ笑み、「さて、丸坊主になったかと思ったが、さにあらず。これならまだもう一度呑めるくらいはあるな。これはまた有り難い有り難い」とうそぶいたという。

どこまで人をいじめるのか。ここまでに至る女房の苦心は一通りではなかったろうに、それにもかかわらず益々増長しつけ上がり、「もう一度呑める、有り難い」とは何たる言い種であろうか。恩を盗むにもほどがある。誰がために痩せたか、誰がために命にも代える黒髪を売ったか。売ったのは女房であるが、売らせたのはおのれの酒道楽であろうが。親が年寄ったのは誰のせいか、親の胸痛むのは誰へのお情けか。みんな放蕩息子のためである。

如来をして五劫に思惟させ、永劫に修行させたのは誰か。みんな生死の苦海に沈淪する我ら衆生である。

それ、五劫思惟《ごこうしゆい》の本願といふも、兆載永劫《ちょうさいようごう》の修行といふも、ただわれら一切衆生をあながちにたすけたまはんがための方便(1)

からである。阿弥陀如来がまだ菩薩であったとき、一切の群生海を見そなわすと、無始よりこのかたないし今日今時に至るまで、穢悪汚染《えあくわぜん》にして清浄の心はなく、虚仮諂偽《こけてんぎ》にして真実の心はない。ただ罪の上に罪を積み、悪の上に悪を重ねて、苦しみに苦しみ、悶えに悶えているばかりである。そこで如来は、一切苦悩の衆生海を悲憫《ひびん》して、不可思議兆載永劫において菩薩の行を行じつつ、三業の所修、一念一刹那も清浄ならざるということなく、真実ならずということもなかった。如来清浄の真心《しんしん》をもって、円融無礙《えんにゅうむげ》・不可思議・不可称・不可説の至徳を成就されたのである。欲覚《よくかく》・瞋覚《しんかく》・害覚《がいかく》を生ぜず、欲想《よくそう》・瞋想《しんそう》・害想《がいそう》を起こさず、色《しき》・声《しょう》・香《こう》・味《み》・触《そく》の法に着せず、忍力成就して衆苦を計らず、小欲知足にして染恚痴《ぜんいち》なく、志願倦《や》むことなく、もっぱら清白《しょうはく》の法を求めつつ、ついにこの大願を御成就あらせられた。しかも一々誓願為《いちいちせいがんい》衆生故《しゅじょうこ》、一々の誓願はみな我ら衆生のためである。喜ばれないの有り難いの、参られるの参られないの、罪が重いの軽いの、親と思われるの思われないもあったものでない。私故の御本願であったか、御親切であったかと、至心信楽おのれを忘れて、無行不成の願海に帰入するより外はない。

註

(1)『御文章』浄土真宗聖典註釈版一一九五頁。

清正大小を置き忘れる

九　御慈悲の煙にまかれて

劫濁《こうじょく》のときうつるには　有情やうやく身小《しんしょう》なり
　五濁悪邪《ごじょくあくじゃ》まさるゆゑ　毒蛇・悪竜のごとくなり
無明煩悩しげくして　塵数《じんじゅ》のごとく遍満《へんまん》す
　愛憎違順《あいぞういじゅん》することは　高峰岳山《こうぶがくざん》にことならず
有情の邪険熾盛《じゃけんしじょう》にて　叢林棘刺《そうりんこくし》のごとくなり
　念仏の信者を疑謗《ぎほう》して　破壊瞋毒《はえしんどく》さかりなり(1)

いかに自性とはいえ困った心中である。妄念はもとより凡夫の自性とか、この自性いつ止まることやら、悪性がいよいよ魂に焦げ付いて、悪性魂になったとは情けない。

五濁の時機いたりては　道俗ともにあらそひて
　念仏信ずるひとをみて　疑謗破滅さかりなり(2)

せっかくの御法義にまで刃向かいするとは、よくよく困った代物である。

千利休《せんのりきゅう》(3)があるとき、加藤清正《かとうきよまさ》(4)・福島正則《ふくしままさのり》(5)を始めとして、名将五人を招いて茶会を開いた。このとき、加藤清正のみ大小を持って茶室に入った。利休「茶は胆《たん》をねり心を柔らげ、相親睦《あいしんぼく》して楽しむところなれば、大小は外の室に置いてこられよ」と望めば、清正曰く、「これは予が魂にして予の身を離るることはない」と、無理に室に入りて座しその傍に置いた。実は清正は僅かなことから利休を憎むことはなはだしく、折を見て刺し殺してやろうというつもりであった。利休もさるもので、そんなことはとうの昔に看破している。素知らぬ顔で茶を点てようと、釜から湯を汲み出すときに、粗相のごとくしてその湯を一杯炉にこぼしたから、灰煙が一時に立ち上り四方に散乱し、もうもうと雲霧のようになった。諸将みな起ち上がって室外に飛び出す。清正も大小を打ち忘れて走り出てしまった。あとで利休、大笑いに笑って、「清正殿、御身の魂がここに落ちておりますぞ」。

いかに剛硬難化《ごうこうなんけ》の徒者《いたずらもの》でも、悪性止まん身の上でも、一度御慈悲の煙に巻かれてしまっては、邪見驕慢の矢も盾も堪ったものではない。我を忘れて娑婆苦悩の魔郷を飛び出し、極楽浄土の次の間に行かざるを得ない。

慈光はるかにかぶらしめ　ひかりのいたるところには
法喜をうとぞのべたまふ　大安慰《だいあんい》を帰命せよ(6)

武士の魂の何のといって大小離さず座り込んだ清正も、室一杯の灰煙には敵わず、覚えず魂も置き忘れてその室を飛び出した。魂忘れさせたのもその室飛び出させたのも、すべて灰煙のおかげ。妄念はもとより凡夫の自性と悪性魂抱え込み、どっかと座り込んだお互いも、魂置き忘れて幸せな身になして頂く、大安慰を帰命しなければならない。

今となっては清正も、怨みの念絶え果てて、灰煙に対し感謝しなければならないであろう。しぶとい我らに妄念の悪性魂置き忘れさせて、信心喜ぶ身にしてくださった御慈悲に向かっては、何ともお礼の申しようがない。

註

（1）『正像末和讃』浄土真宗聖典註釈版六〇一―六〇二頁。
（2）『正像末和讃』浄土真宗聖典註釈版六〇二頁。
（3）**千利休**（大永二（一五二二）―天正一九（一五九一））織豊期の茶人。千家流の開祖。
（4）**加藤清正**（永禄五（一五六二）―慶長一六（一五一一））織豊期の武将。
（5）**福島正則**（永禄四（一五六一）―寛永元（一六二四））織豊期・江戸初期の大名。
（6）『浄土和讃』浄土真宗聖典註釈版五五八頁。

頼山陽と岸駒

十　三世を貫く如来の救済

頼山陽《らいさんよう》(1)の書は飄逸遒勁《ひょういつゆうけい》(2)の趣があって、今も世間に広く持て囃されている。山陽と同時代に絵師に岸駒《がんく》(3)という人があって、ことに虎を画かせては古今に及ぶものがないという評判であった。しかし両雄並び立たずというか、両人ははなはだ仲が悪く、山陽は岸駒の画を子供だましに過ぎぬと酷評し、岸駒は山陽の書は我流をぬたくったもので書法に適っていないと、互いに罵りあっていて、一方が腐れ儒者といえば片方は画工風情がと力む。そこで山陽は一つ岸駒をへこましてやろうと考え、かねて出入りの道具屋・佐兵衛が岸駒と懇意だと聞いて、こ奴を道具に使ってやろうと、いつになくたくさん道具などを買い込んで機嫌を取り、さて彼を介して岸駒に画を描いてもらいたいと頼んだ。岸駒はこれで何かいたずらをされるかもしれぬとは思ったが、もし謝絶して肝っ玉が小さいなどといわれるのも残念だと思い、大いに恬淡《てんたん》を装って、「よろしい、描いてやろう。その代わり謝礼を五十両出せ」と返事して、大気取りであった。山陽は仕方ないので、大きな絹地に五十両の金を付けて送ったところ、ほどなくして描いて寄こしたのは墨絵の虎。岸駒が山陽に対する怒気を含んで描いたものだから、その嵎《ぐう》を負うて嘯《うそぶ》いている形相は、実にもの凄く、龍と戦っても決して負けないような素晴らしいできあがりであった。しかもそれには「応需岸駒」と落款が押してある。

頼山陽と大含

これを得た山陽、にっこりして早速ひいきの関取・鶴の音という力士を喚んで、仕立て料まで添えて与え、来年の本場所に化粧廻しとして締めるよう命じた。本場所では観客が土俵に上がった鶴の音を見て、「あれは岸駒の一代の傑作、しかし相撲取りの褌に描くとは」「岸駒さんもえらく気取りなさるが、相撲取りの化粧廻しに下落したか」と笑いものになってしまった。なにも知らぬ岸駒が両国を通ると、気付いた者が指を差して、「化粧廻しの画工が」と嘲笑う始末。「山陽の奴め、汚いことをする。俺に筆で恥をかかせたのだから、覚えておれ。俺にも考えがある」と、例の道具屋・佐兵衛をよんで、山陽に書を書いてくれるよう頼んだ。山陽は「書いてやってもよいが、俺の潤筆料《じゅんぴつりょう》は高いぜ。百両が一文欠けても駄目だ」と言う。岸駒も仕方なく要求どおり百両の金と縮緬地を送った。待つ間ほどなく佐兵衛が包みを持ってきた。岸駒は非常に喜んで、「百両出すのは惜しかったけれど、これを舞子か芸子にくれてやって、腰巻きにさせてやる。それで俺の溜飲も下がるというもんだ。さてあの腐れ儒者、何を書いてきおったか」と包みを開いてみれば、これはいかに。書きも書いたり、そこには、

天照皇大神　　頼久太郎謹書

と、平生に似ない謹厳な筆致で書いてあった。岸駒はどうすることもできず、五十両損した上にこの始末。地団駄踏んで悔しがったという。

こんな機敏な才気の渙発した山陽も、雲華《うんげ》院大含《いんだいがん》(4)という和上にはとんと閉口せざるを得なかったという。大含師は豊前の正行寺の住職、大谷派の講師にして学徳高き名僧で、山陽とはかねて

おのれの頭は一つだけ

知り合いであった。あるとき、どこかでであったおり、山陽は皮肉にも、孔子と釈尊が相撲を取って、釈尊が投げられている戯画を描き、これを示して大含師に賛を乞うた。さすがの大含師もこれには困るであろうと思いの外、にっこりと笑って、

孔子三世を知らず　釈迦、顚倒してこれを笑う

これでようござるかと突き返されて、いかな山陽も口をあんぐりしたという。

そんな話はともかくも、仏教は三世一貫の真理である。如来の救済は我らの三世を包括している。現にこれ罪悪生死の凡夫たる我ら、過去に流転し、未来に出離の縁なき者が、現に彼の願力に乗じて、三世の業障一時に罪消えて、待たれ護られ育《はぐく》まれる幸せを得る無上の妙法である。

自分の家には、何でもたくさんあるというのを自慢している男がいた。ちょっと遊びに行って煙草入れを失しても、「そんな煙草入れは家にはたくさんある」といってわざと惜しい顔もせず、着物が破れても、時計が壊れても、帽子が飛んでも、財布を落としても、何でもかんでも、みな平気な顔をして、「そんなものは家にはたくさんある」というのが口癖になってしまった。するとあるとき、友人の家に行ったおり、気付かずに柱で頭をゴツンと打った。「痛い」と言う彼に向かって、先方の主人が気の毒がって「まあお気の毒に」と言えば、「何、こんな頭は家に帰ればいくらでもある」。

いくら家に頭はたくさんあっても、他人の頭は役に立たない。自分の頭の代わりにはならない。自分のはやはり一つだけ。一つの頭が昨日も今日も明日も続いていく。頭が一つのごとく心も一

つ。この一つの心が、過去も現在も未来もと続いていく。この心目がけて如来の本願は建てられ、救済は成就される。真に三世一貫の大悲である。しかもそれは過去・未来の慈悲を完うして、現在の一念に頂くのである。旅にある子が、着物や食物や金銭のみを眺めて、これらのものの上に御恩を感ずるだけでは浅い。これを送ってくれる郷里の親の心を思わなければならないのと同じく、三世に亘っての如来の御恩に感ずるのである。誠に「浄業内に薫じ、慈光外《ほか》に摂《せっ》」(5)す。行き届いた御慈悲である。

註

(1) **頼山陽**（安永九〔一七八〇〕—天保三〔一八三二〕）江戸後期の儒者・詩人。名は襄。字は子成、通称久太郎。『日本外史』を著す。

(2) **飄逸遒勁**　飄逸はのんびりして自由なさま。遒勁は引き締まって力強いさま。

(3) **岸駒**（寛延二〔一七四九〕—天保九〔一八三八〕）江戸後期の画家。岸派の祖。字は賁然、号は華陽・同功館。

(4) **雲華院大含**（安永二〔一七七三〕—嘉永三〔一八五〇〕）大谷派の講師。豊前の正行寺に住す。

(5) 『教行信証』行文類。浄土真宗聖典註釈版一八一頁。

第七章　信念――金剛の真心徹到の端的

一　全人格を打ち込んで

徹底的であれ、徹底せよ。皮相を去って、中途半端を除け。徹頭徹尾、自己の全人格を打ち込め。全努力を注げ、全精神を集中せよ。これが我らが信念に赴く唯一の法である。徹底という語は本来禅家から出る語で、その至らざるものを未徹底として排斥される。そしてこれを喩え顕すに三獣渡河をもってする。兎が河を渡るとき水の表面を飛び、馬が河を渡るとき脚をその底につけずに渡り、象が河を渡るとき脚を水底に印す。兎はこれ皮相の悟り、馬はこれ未徹底、象に至って初めて徹底する。我らをして万事、象の河を渡るがごとく徹底せしめよと。皮相の止まることなかれ、未徹底にあるなかれ、底を極め底を叩けよ。

事をなすにはつねに徹底的であれ、百芸に通じるよりはむしろ一芸に達せよ。才子多病・器用貧乏とは昔から相場が決まっている。何でもできるという人は、その一つ一つを完成することのできない人である。一事は万事、一事に徹底すれば、これを万事に応用することができる。その一事にも徹底することのできない者が、どうして万事に通ずることができようか。釈尊に十大弟

仏英露独の国民性

子があったが、各々その一能に達していた。智慧において舎利弗《しゃりほつ》、神通において目連《もくれん》、頭陀(1)において大迦葉《だいかしょう》、多聞において阿難《あなん》、説法において富楼那《ふるな》、解空において須菩提《しゅぼだい》、論議において迦旃《かせん》延《ねん》、天眼(2)において阿那律《あなりつ》、持戒において優婆離《うばり》、密行(3)において羅睺羅《らごら》と、みな一行に達して、もって能く全体を領得したのであった。自分になすべく与えられたものは、事の大小を問わず、徹底的に遂行せよ。決して誤魔化してはならない。一事の小さなつまずきに逡巡し、小さな壁に辟易して、なすでもなくなさぬでもなく中途にうろうろするのは、いたずらに時間ばかりを空しく過ごすだけで、何らの功もない。なすならば飽くまでなし、止めるならば潔く止めるべきである。皮相、未徹底ほど他を誤りみずからを害するものはないと知れ。

物を見るにはつねに徹底的であれ。明敏に確実に徹見せよ。朱利《しゅり》槃徳《はんどく》は箒一本で大悟に達し、倶《ぐ》胝《てい》和尚は指一本にて証悟に徹したではないか。枝頭のリンゴはどうして地に落ちたのか、雲烟《うんえん》過眼《かがん》視《し》するものには玄微《げんび》なる引力の大法を発見することはできない。ニュートン(4)独り能くこれを発見して、物理学史上、一大革命を与えたではないか。沸騰蒸発する湯気に重い鉄瓶の蓋は何故上がるのか、雷鳴するとき、紙鳶《たこ》の糸は何故持っている手に響きを与えるのか、これを徹底的に考察し徹見して、ワット(5)は蒸気力の利用を創造し、フランクリン(6)は電気力の応用を創造し、もって人類生活上、一代革新を来したではないか。みずから徹底的観察の良風を養え。

かってこのような話を聞いた。ある人が口をつけられないような熱湯をコップに並々と入れて、フランス人の前に出すと、フランス人は憤然として、「このようなものは飲めるはずもない」と退ける。イギリス人はにっこりとして、「これはとても熱いので、少し水を入れてください」と如才なく請求する。ロシア人はじっとそれが冷めるのを待って、おもむろにこれを飲む鷹揚なところがある。ドイツ人はどうするか。この熱湯はいかにしたら飲めるかと、工夫に工夫を積んで、ついに飲み得るように至らしめるという。仏・英・露・独四国人の気風を比べてみると面白い。我々はドイツ人のように、徹底的に追求する姿勢に学ぶべきである。

事をなす、ものをよく見る、つねに徹底的でなければならないとともに、修養信仰もまた徹底的でなければならない。仏心とは大慈悲心これなり。つねに仏心に徹見せよ。中途半端なあやふやな信仰で片付けておいてはならない。如来の大命をなんと聞くのだ。

一切の人は、老いる人と、老いた人とに摂《おさ》められる。いずれにせよ老いるということは免れない。したがってその前途を眺めるとき、一様に死というものに慄《おのの》く。ちょうど涯《はて》のない荒野をとぼとぼと夕陽を追って行くようなものである。多くの若い人はこの死を遠い彼方の霞の奥に埋めて見まいとし、多くの老人たちは前途が短いだけに、いつも行く先に背中を向け、後ずさり歩んでいる。誰が知り得ようか、若い人の足下は死の谷である。老人たちの背後は死の溝である。この実相がどうして大胆に眺められようか。だから若い人たちはいつも向こうばかりを見て足下を見ない。老人たちはいつも後ずさりに歩みながら、来し方のみ思い出して、喜んだり悔やんだりしつつ、つとめてその後を見まいとする。これが果たして真面目な態度であろうか。我々は大胆にこの真実の姿を見なければならない。たった一度でもよい、真にこの姿を眺めた人ならば、自

死を望む老婆

覚した人である。自分の値打ちを見た人である。真の人生に触れた人である。ここにおいて如来の大悲に、ぞっこん徹底させて頂けるのだ。

あるお寺の堂内に、老婆がいつもいつもお参りして、なにやら小声に独り言を申しつつ念仏しているのを、腕白な小僧が不思議に思っていた。ある日いつものとおりの老婆の独り言を耳を澄まして聞いてみたら、「私もつくづく娑婆が嫌になりました。せっかく生き残った親でありながら、嫁は邪魔にするし、孫は相手もしてくれず、息子さえ嫁にまかれてとやかく小言を言う。ほんに娑婆が嫌になりました。どうか早くお迎えに来てくださいませ」と言っている。来る日も来る日もこんなことを言っているので、小僧もふと出来心を起こして、次の日須弥壇の後ろに隠れていて、例のごとくやって来た老婆が決まり文句を繰り返すのを聞き澄まして、「さらば願いどおり聞き届けてやろう。さあ、いまからお浄土へ連れて行くぞ」と大音声に怒鳴ると、びっくりした婆さん、慌てて向拝口から飛び出し、階段を転がり落ちて、したたかに腰を打ち、「やれやれ、仏様はものを仰らぬものと思えば……ああ、うっかり冗談も言えない」と痛い腰をさすりさすり、後も見ずに宙を飛んでその嫌な娑婆の家に帰っていったという。

随分応えたことであろう、我らの胸に招喚の勅命がこのくらいに応えなければ真剣にはなれない。信仰だ後生だ人生だと言ったとて、煮え切らない中途半端な不真面目なものは、大抵この婆さんと同じであろう。ひとつびっくりして性根に入るほど、腹に応え徹底しなければならない。善知識の教語をなんと聞くのか。

註

（1）**頭陀**　煩悩の垢を落とすための修行。

（2）**天眼**　あらゆるものを見通す能力。

（3）**密行**　戒・律を微細に守ること。

（4）**アイザック・ニュートン**（一六四二―一七二七）　イングランドの哲学者・自然哲学者・数学者。万有引力を発見。

（5）**ジェームズ・ワット**（一七三六―一八一九）　イギリスの発明家・機械技術者。トーマス・ニューコメンの蒸気機関へ施した改良を通じて全世界の産業革命の進展に寄与した。

（6）**ベンジャミン・フランクリン**（一七〇六―一七九〇）　アメリカ合衆国の政治家・外交官・著述家・物理学者・気象学者。凧を用いた実験で、雷が電気であることを明らかにした。アメリカ合衆国独立宣言の起草委員の一人。

赤垣源蔵徳利の別れ

二　徹見徹底の勇者

川向こうに火が見えるとき、誰も燃えていることを疑わない。しかしそれが胸に応えるかというと、自分の家の火事のようには応えない。同じように夕景の殷々とした鐘の声は、自覚したものには何と響くであろうか。

今日の日も暮れぬるとのみ告ぐる鐘　胸にこたへて涙こぼるる

皮相を去れ、中途半端を除け、つねに徹底の竟にあれ。昔、達磨大師西来して、少林寺で壁に向かって九年、ようやく龍将、慧可、神光という高弟、またその他多くの弟子を得て、我が仕事は終わったと、まさに西に帰ろうとしたとき、四人の弟子を評して、「私の皮を得た者、肉を得た者、骨を得た者はいるが、慧可独りが私の髄を得ている」と言われたという。我らも教えの髄を得なければならない。もし皮を得れば進んで肉を、肉を得ればさらに進んで骨を、骨を得ればいよいよ進んで髄を得よ。髄に達する者は真実の徹底者である。

仏教の真髄に達した者、僅かに五、六輩に足りないことを信行両座(1)の故事に見よ。真実に君恩に徹した者、幾万の侍の内、僅かに四十七士しかいないことを赤穂の事跡に見よ。真心徹到の容易でないこと、そしてまた徹底した人の牢乎として抜くべからざる印象を知るべきである。

赤穂義士四十七人が、明日はいよいよ討ち入りという元禄十五年十二月十四日、朝から降り出した大雪、綿を千切って投げるような景色の中、赤穂浪士赤垣源蔵は饅頭笠に赤合羽、貧乏徳利を腰に下げ、酔ってふらふらとした足取りでやって来たのは、脇坂淡路守の家老で兄の塩山伊左衛門宅の玄関口。勝手に回って「頼もう、頼もう」。出てきたのが下女のお鍋。「源蔵様、いらっしゃいまし」「ああお鍋か、大層きれいなったな」「嫌でございますよ」「時に、兄上はご在宅か」「旦那さまは今日は御当番でございます」「ああ左様か、御当番とあれば致し方ない。姉上様は」「ご持病の癪で休んでおられます」「ご病気とあればそれも致し方ない。実はな、それがしこの度さる西国のお大名のお抱えと相成り、明日早朝出立致すに付き、お暇乞いのためにまかり越したのじゃが、兄上は御当番、姉上はご病気とあっては、誠に残念千万である。ついては何でもよいから、兄上の御紋のついた衣類を一枚貸してくれ」。言われたお鍋、よもや質にでも持って行くのではと思ったが、取りあえず衣紋掛けに掛けてあった紋服を持って、「源蔵様、これでよろしいでしょうか」「ああ、それをそこの鴨居に掛けてくれ」。源蔵はお鍋に茶碗を求め、それに持参した貧乏徳利から並々と酒を注ぐと、鴨居に掛けた兄の紋服に向い、「さて兄上、浪々中は身に余る厚きお情けに与り、源蔵、心より有り難く存じます。この度ようやく時節到来、ある西国大名のお召し抱えと相成り、明朝出発仕りますにつき、お暇乞いに参上仕りましたところ、兄上には御当番、姉上にはご病気とのこと、誠に残念千万に存じますが、今日持参致しましたるこの酒、なにとぞ一献召し上がってくださいまするよう」と、生ける兄に向かって話すがごとく、じっと紋服を見つめ、感極まったか涙をぼろぼろと、これが今生の別れかと、口には言わねど胸は張り裂ける思い。なにも知らぬお鍋は「あら、泣いてお出でで。源蔵様、泣き上戸でございますか」「ああ寒い寒い。あまり寒いので目から鼻水が出たのじゃ」と冗談にまぎらして、「兄上、御流れを頂戴いたします」と供えた酒を飲み干し、また注いで「兄上、一献召されよ、お流れは源蔵が頂戴致します。兄上もう一献、お流れは源蔵が」。お鍋は頻りにクスクス笑っている。

「こりゃお鍋、兄上がお帰りになったら、忘れぬようにこの由を申し上げてくれよ。今後、いつお目にかかれるや判らぬによって、お身体を大切にあそばしまするよう、また姉上様にもご病気ご大切に遊ばされまするよう申し上げてくれ」「畏まりました、源蔵様。今度はいつお出でになられますか」「さあ、来年の七月にはきっと立派になって参るであろう。ここに残った酒は、源蔵がわざわざ持参致した酒じゃによって、兄上様にどうぞ召し上がってくださるよう申し上げてくれ」。そう言い残すと、源蔵は門を出で後ろ振り向いて、「もうこれがこの家の見納めか、これが今生の別れか」と思えば流石に心惹かれ名残は惜しかれど、かくてはあられじと、苦しい胸の内を謡に紛らせて立ち帰った。

入れ違いに帰って来た兄の伊左衛門、「お帰り遊ばせ。先ほど源蔵様がお出でになりました」「ああそうか、何の用かな」「私は持病の癪で伏せっておりました故、御伝言はお鍋が伺っております」「お鍋、源蔵は何か申しておったか」「源蔵様はいつもどおり酔っ払ってお出でで、兄上がお留守なら御紋服を貸してくれと仰いますので、旦那さまの御紋服を鴨居に掛けて差し上げましたら、それに向かってお持ちになりましたお酒を注いで、供えてはお流れ頂戴と申されて、泣きながらお呑みになっておられました。そして残ったお酒を、旦那さまに差し上げてくれと」「なに、紋服に酒を供え。何か申してはおらなんだか」「はい何ですか、さる西国のお大名にお召し抱えとなられましたそうで、明朝早く出発するので、旦那さまにお暇乞いにまいられたとか」「そうか西国のお大名に……、一体どこの御家中であろうか。どこと申しておった」「さあそこまでは……」「よいよい判った。もう休むがよい」。伊左衛門も寝間に入ってみたものの、なにか胸騒ぎがしてならない。眠れぬままに早夜も白々と明けてくると、何か外が騒々しい。「昨晩、赤穂の侍たちが」「吉良様のお屋敷に」と聞こえてくる。もしやと思った伊左衛門、早速中間《ちゅうげん》の常平に、「いま町人たちが騒いでいる声を聞くと、どうやら浅野家の御家臣たちが吉良殿の邸に討ち入ったらしい。そなた、直ぐに行って確かめてきてくれ」。命じられました常平、騒ぎの声のする方へ駆け出してみると、ちょうど一行は仙台藩主松平陸奥守上屋敷の裏を通るところ。よく目をこらしてみると、平生の酔いどれ姿と打って変わって、凛々しく勇ましい天晴れなる姿の源蔵を見つけた。「源蔵様」「おお常平か、よく探してくれた。苦労の甲斐あって、昨夜吉良邸に討ち入り、見事仇を討ち果たし、亡き殿のご無念を晴らしたぞ。我らはこれより泉岳寺に参り、亡君の御墓前にて一同切腹の覚悟なれば、最早兄上にはお目にかかるわけに相成らぬ。昨日お暇乞いに伺ったみぎり、兄上にも姉上にもお目通りできなかったのが残念でござったと申し上げてくれ。これは兄上に形見として」と肩に着けていた名札の短冊と印籠を渡し、源蔵は雪を蹴立てて走り去った。常平は立ち帰って事の次第を報告すれば、聞いて伊左衛門、「ああ源蔵、たった一人の弟よ、昨夜暇乞いにまいったおり、遇えればよかった。奥や、そなたにとっても義理ある弟、遇わずに帰したのが返す返すも残念じゃ」と熱き涙に咽《む》せんだという。

我らの周囲は誠に恩寵をもって包まれている。君の恩親の恩、この恩寵の内にありながら、実に御恩を感ずること、果たして伊左衛門のごとく徹底していようか。如来招喚の勅命は果たして我が腸《はらわた》を貫き髄に徹するほどであろうか。

何事の在《いま》しますかは知らねども　ただ尊さに涙こぼるる

この心境に達せなければならない。

註

（1）**信行両座**　法然門下の大衆に、信不退・行不退の座を分けて、いずれかを選ばせた故事。御伝鈔第六段にある。

三　底を究めて奥に届いて

仏の教えの真髄を得たる者、如来招喚の御声に徹底した人、これを名づけて信心獲得《しんじんぎゃくとく》の行者となす。人を信ずるならば飽くまでこれを信じ、信じ信じてまた何らの疑いなく、全人格を打ち込んで、至誠を他の胸中に置く、それで絶対の信はここに成立する。人を疑うならば飽くまでこれを疑い、疑い疑って疑いの及ぶ限り疑え、最後に如来の光明が来るであろう。疑い疑い疑い尽くして、ついに疑うことができなくなったとき、如来を信じ、友を信じ、親を信じ、人を信じ、世を信ずるに至るであろう。信ずるでもなく、疑うでもなき不徹底の取り扱いほど、みずから損し他を害することのはなはだしいものはない。

みずから信ぜば飽くまでこれを信じ、みずから疑えば飽くまでこれを疑え。信仰上の問題は生命の問題である。血の滴る問題である。溌剌とした脈の顫動《せんどう》がなければならない。信仰は思いつきでもなく、思想でもなく、概念でもなく、希望でも言葉でもない。だから耳に聞いて合点しても駄目であり、なるほどと思っても駄目であり、そのとおりと思っても駄目である。生命は生命によって、血は血によってでなくては解るものではない。他力の信心といえば親鸞聖人の二十年の御苦労の跡を思い、念仏といえば法然上人の三十年のご苦心の跡を偲び、御恩・御慈悲・本願・名号・他力・救済、これらの一語ごとに、如来の五劫の思惟も、永劫の修行も封じ込められているることと本当に底に究めて味わい、心と心、血と血、命と命と、触れ合い触れ合って、ただ尊さに涙こぼるるの境に徹到しなければならない。

総じて仏のことは疑われるのが本当である。始めから疑わないなどというのは、まだ大事がかかっていないからである。本当に大事がかかったら、疑うのが当然である。「疑へばすなはち華開けず。信心清浄なれば、華開けてすなはち仏を見たてまつる」[1]という。清浄なる信心の華は、真実如来の実意に打たれて、疑いの消え去ったとき開くのではなかろうか。泥の中から生えない蓮華は、根拠のない生命を失った造花に過ぎない。

小僧の告げ口

ある寺の和尚、里から一人の子供を弟子にして小僧として召し使っていた。ところがこの小僧、ある日里へ逃げ帰ってしまい、親に「せっかく寺に入りましたからには、何とかして学問に励み出家を遂げたいものと思って今までは随分我慢してまいりましたが、師の和尚があまりにも理不尽なことを申され、折檻されますので、堪らなくなって戻ってまいりました」と言う。両親はこれを聞いて「それはまたどんなことか」と尋ねれば、「常々であってももっともだと思ったことはありませんが、中でもことに迷惑に思ったことが三つございます。第一に寝てはならないと叱られます。第二に誰も勝手にしたわけではないのに、味噌を擂ってはならない、味噌の擂りようが悪いと叱られます。第三には用をたしに雪隠へまいりますと、また雪隠か、心得違いをしているといって折檻されます。一つならず三つまでも、常々このようでございます。こんなことでは一生勤まりません」との答え。

「なるほど、それはもっての外のこと。いくら弟子に取ったからとて、あまりといえばあんまりな。一刻も捨てておかれぬ」と腸《はらわた》煮えくりかえって、父親は早速寺へ駆けつけ、和尚に直談判に及んだ。直接我が身の上ならぬ子供のこととはいえ、我が身以上に腹にこたえたものと見え、我が子可愛の思いは、和尚を疑い憎むに至ったのである。

和尚は言葉を和らげ、「まあまあ、そんなに怒らんでも。事の次第を聞いてくれれば解ることじゃ」「それでも生きている者に、寝るなとはいかがでござるか。なんと無理な話ではござらぬか」「それはさ、わしら坊主は頭を剃るのは誰も自分で剃るので、一々他人に頼むことはせぬ。だからあの子にもそれを教えておかねばならぬが、初めから自分の頭を剃るのは無理がある。そこで稽古のためにわしの頭を剃らせていたが、そのときに居眠りをしてカミソリを使い外し、わしの頭を枕にグウグウ寝てしまうから、これ寝てはならんと叱ったまで」「左様でございますか。それでは小僧の方が悪い。それをとやかく申す私も悪うございました。がしかし、味噌を擂るなとは何事でござるか」「それもさ、どこも同じじゃろうが、味噌にお客用と並のものとがある。それをあの小僧、いつも上等の方を出して、しかも杓子で擂っておる。それでその方の味噌を擂ってはならんと叱ったまで」「はい、それも解りました。それなら雪隠へ行くなとは何事でござるか。食べるのに出さずにはおられますまい」「それもお客用と勝手向きとがあって、お客用には誰も行かぬのに、あの小僧は一人自分用にして行き、時々汚して知らん顔をしているから、その方へ行ってはならんと折檻したまでのこと」「なるほど、それですっかり解りました。すべて家の子が悪うございました。それをなにも知らずに怒るとは誠に済まないことでございました。あんな腕白者を親切にお世話くださる和尚様、本当に有り難いことでございます。なにぶんにもよろしくお願い申しあげます」と、お詫びやお礼の言葉を百万遍述べて帰っていったとか。

聞かなければ事情が解らない。一段の不審をも立てて法門の沙汰をするところに、自分の浅ましさが知れて、なるほどこの身故の御慈悲と、ぞっこん一致することができる。父親が寺へ怒鳴り込んだように、生死の問題について阿弥陀如来の御前に怒鳴り込め。そうすればご恩のほども我が身に知られて、有り難さに涙こぼるるの境に達せられる。父親は和尚を責めるよりも、由来を聞いてまず我が身の迂闊《うかつ》さを責めなければならないことになり、同時に和尚に感謝しなければならなくなった。御慈悲を胸に徹底させよ。

註

（1）『十住毘婆沙論』易行品。浄土真宗聖典註釈版七祖篇一七頁。

四　身心脱落、脱落身心

南隠禅師と学生

他の言を容易に受け容れられない者は不幸である。何事も「はい」と受けとめることをしないで、聞くでもなく聞かぬでもなく、煮え切らないほど困ったものはない。南隠《なんいん》(1)禅師の許に一人の学生が来て、法門を授かりたいという。見るからに生意気な風情で、鼻先に学問をぶら下げている様子。禅師、打ち解けて愛想よく、「さあさあ、おあがり」と茶碗にお茶をなみなみと注いで出す。学生、もじもじしてまだ飲まないうちに、禅師はまた注ごうとされる。学生慌ただしく遮って、「ああ、お茶はまだたくさんあります。もう入りません。溢れるばかりです」「ああ左様か。汝の胸中、邪念充ち満てり。法門授けんとして、あに入るべけんや」お前の胸中には邪見の茶が充ち満ちている。この上法門は入れようとしても、入りはせぬ。まずその邪見を捨てて、ひたすら法を聞けとのことであった。

洪川和尚の一喝

尾張名古屋の万松寺《ばんしょうじ》は尾州侯の菩提寺であり、かって洪川《こうせん》という大徳がおられた。あるとき、一人の雲水がやって来て、和尚に謁を乞い、開口一番大音に言った。「久しく洪川ときく。麦香《こう》煎《せん》か米香煎か」。和尚、答えて曰く、「試みに喫却《きっきゃく》せよ、見ん」と。久しく洪川という名を聞くが、一体麦香煎か米香煎かどっちだ。香煎というのは麦焦がしのこと。夏のおやつに食されるものだが、気をつけないと粉を吸い込んで咽《む》せることがある。洪川とは麦焦がしか米焦がしか、洪川和

謙信の参禅

尚よ、あんたの悟りはどんな味がするんじゃ、と尋ねたのである。それに対して、それなら試みに食べてみよ。そしたら解るだろう。人に聞くよりおのれで味わってみよ、と言ったがそこが解らない。なんと喫却せよとな、嘗めよとならば嘗めてやる。この和尚が……、という剣幕で「カーツ」と大喝一声した。その途端、和尚は雲水の背中を撫でながら、「おお、咽せたか咽せたか」とにっこりされたという。

「おお、咽せたか咽せたか」。我らはのどに引っかけて咽せなかったから幸せであるが、哲学を研究すれば哲学に咽せ、科学を修習すれば科学に咽せ、道徳を論じて道徳に咽せ、仏法を研究せんとして仏法に咽せてしまう。咽せるのはいまだのどを通過しないからである。いずれもその真意義に徹底していないからである。

彼の上杉謙信《うえすぎけんしん》(2)がまだ仏門に入る前で、名を輝虎《てるとら》といった血気盛んの頃、禅に志を立てあまねく諸山の知識を訪《とぶら》い、大いに得るところを積んで、内心はなはだ慢ずるところがあった。たまたま林泉寺の宗謙《そうけん》(3)禅師が機鋒鋭いと聞いて、「彼に何ほどのことやある。直ちに挫《くじ》いてやる」としのびで他の参禅者とともに和尚の道場へ参った。時あたかも梁の武帝達磨初相見の話(4)を提唱して達磨大師の厳しく気高いことを舌頭火を吐くがごとく、燦《さん》たる眼光はしばしば輝虎を直射《ちょくしゃ》した。

提唱が終わるのを今や遅しと待ち構えていた輝虎、直ちに禅師の部屋へ参上し、入室独参(5)を申し込んだ。禅師の許しを得て、輝虎、右の足を一歩室に運ぶや否や、大喝一声「達磨不識の話、なんと合点したか」と禅師に切り込まれ、不意を打たれた輝虎が答える術もなくうろうろする様を見て取った禅師、破顔一笑、「大守は平生よくおしゃべりになる様子、何故説破せられないか、いざいざ」と心憎きまで悠然としている。「さあさあ、早くなんとか仰ってみられよ。早く早く」と急き立てられて、輝虎はいよいよ行き詰まり、眼ばかりパチつかせて、仁王立ちに立ちすくみ、背も額も汗みずく。ここに輝虎の我慢は却って打ちひしがれ、心から禅師の定力に心服した。禅師は静かに顧みて、「このことを会せんと欲せば、すべからく大悟一番し来たれ」と。この一言、輝虎の身骨に徹し、畏れ退いてみずから参究すること数ヶ月、大いに省悟するところあって、髪を剃って入道し、改めて宗謙禅師の門に入り、禅師も感じて謙の一字を与え、彼は名を謙信と改め、号を不識庵とした。この不識庵の名は、最初に宗謙禅師と対面したとき、禅師が提唱していた梁の武帝達磨初相見の話にある不識の語に因んだものである。

思うに、宗謙禅師の峻烈なる説得に、軽心高慢な輝虎は打ち砕け、熱心謙虚な謙信が生まれたのである。その瞬間、咽せて喉に引っかかっていた禅法は、遅滞なく彼の心に徹したのである。誠に邪見憍慢弊懈怠はこの法を信受することが難しい。すなわち何物をも打ち措いて、徹底的に如来の大悲に帰依するものである。

註

（1）**南隠**（天保五〔一八三四〕—明治三七〔一九〇四〕）渡辺全愚。幕末—明治時代の臨済宗の僧。羅山元磨の法を嗣ぎ、明治十七年（一八八四）、山岡鉄舟の招きで東京谷中の全生庵に入る。号は南隠。

（2）**上杉謙信**（享禄三〔一五三〇〕―天正六〔一五七八〕）　戦国時代の越後国の武将・戦国大名。後世、越後の虎や越後の龍、軍神と称される。謙信は法号。俗名は輝虎。

（3）**益翁宗謙**（生年不祥―元亀元〔一五七〇〕）　戦国時代の曹洞宗の僧。郷里越後国林泉寺の天室光育の法を嗣ぎ、林泉寺七世となる。上杉謙信に禅を教えたことで知られる。

（4）**梁の武帝達磨初見の話**　達磨大師が梁の武帝に招かれ、「朕の前にいるそなたは誰だ」と問われて、「識らん」と答えた故事。

（5）**入室独参**　師家の部屋に入って、自己の境地を披瀝して、師に点検してもらうこと。

入れ智慧の不徹底

五　入れ智慧の不徹底

入れ智慧というものはとかく徹底しない。その智慧もよく消化して自分のものにならなくては、いわゆる生兵法は大怪我の元というようなことになる。自分の血となり肉となった智慧でなくては、徹底したものではない。

釈尊御在世の当時、朱利槃徳《しゅりはんどく》と申して大層物覚えの悪いお弟子があった。自分の名前さえ憶えることができないので、人から名前を聞かれたときに困るといって、墨黒々と書いた名札を首から提げていたという。この話を聞きかじっていた男が、さも得意げに友達の至ってよくものを忘れる男を捉まえて、「君のようによくものを忘れる男は、ちょうどお釈迦様御在世の当時の、……あのお釈迦様御在世の当時の……あの……それ、俺も忘れてしまった」と言って恥をかいたという。

またある説教者が、一生懸命説教本を覚えたまんま、よほど力を込めて弥陀・観音・勢至の三尊のお徳を述べるつもりで、「真ん中は弥陀如来、左は観音、右は勢至」と言うべきところ、「真ん中は弥陀如来、左は観音・勢至、……」とやってしまい、右が出てこない。もう一度やってみるも、また「真ん中は弥陀如来、左は観音・勢至……」となってしまうから、右に移ったときやっぱり言葉が出てこない。三度目は「真ん中は弥陀如来、左は観音・勢至、右は……右はなにもな

機転を利かせた役者

正宗を焼いて呑む

い」と言ったそうな。

またあるとき、上方の役者が田舎回りをしていたとき、役者が足りず臨時に一人の田舎役者を雇い入れた。そのときに芝居で、その田舎役者が「ご注進、ご注進、ご注進」と花道から舞台に走り込んできて、その口上を言う場面で、花道から「ご注進、ご注進」と走り込んできたのはよいけれど、言うべき口上を忘れてしまった。仕方がないので舞台中央の殿様の傍に行き、「親方、済みません、台詞を忘れました」と小声で謝ると、さすがの上方役者、さも口上を聞き届けたかのように、「でかした、急げ」と大声あげて、その場の調子を外さなかったという。

集会の席からほうほうの体《てい》で萎れて帰ってきた息子。涙ながら母に向かって、「さきほどひどい目に合いました。ある人が『お前は毎晩酒を呑むか』と尋ねますから、『この頃は酒が高くてとても呑みかねます。その代わり酒の粕を食うております』と答えますと、みなが一度にドッと笑って、『酒は高いからこそ美味いのじゃ、その美味い酒を呑まずに、粕を食うているような甲斐性なしでどうする』と馬鹿にしました。誠に残念でなりません。なにかよい工夫はありませんか」と訴えれば、母は親切に、「それはお前があんまり馬鹿正直すぎるからじゃ。この頃はむやみやたらに見てくれを飾る時節じゃから、内では味噌をなめていても、外では鯛のお造りを食っているような顔をせねばならん。それでもし人から酒を呑むかと尋ねられたら、正宗を樽で取っておいて、毎日呑んでおります、と言えばよい」と教えた。「なるほど、今度はそのように答えます」と得心していた。次の集会に出て見ると、皆がてんでに「酒粕先生」「酒粕先生」と冷やかしてくる。「いやいや、わしは酒粕の先生ではない。この頃は正宗を樽で取っておいて、毎日これを呑んでいるよ」と母に教えられたとおりに答えた。「こいつは剛気じゃ。この間と大違いじゃ。して、いつもどのくらい呑むんじゃ」と聞かれて、思わず「二、三枚食うた」と答えて化けの皮が剝がれ、一層笑いものになってしまった。残念で堪らず、また帰って母親に話せば、「五合呑んだと答えるのじゃよ」と教えられた。また次の集会で口の悪い友達が「どうだい、今日も二、三枚食うてきたのか」と冷やかしてきたので、「今日こそ呑んできた。正宗を五合じゃ」と答えると、「ほほうそうか、それは凄いな。で、それは冷やでか燗してか」と聞かれて、「いや、焼いてじゃ」と答えてまた恥をかいたという。

とかく入れ智慧は役に立たない。借り物はまさかのときに通用しない。借り着はしっくり身に合わない。

智慧の念仏うることは　法蔵願力のなせるなり
　信心の智慧なかりせば　いかでか涅槃をさとらまし(1)

この智慧もいよいよ我が物とならなければ、仏恩報ずる身とはなれないのである。徹底してこれを身につけよ。

註

(1)『正像末和讃』浄土真宗聖典註釈版六〇六頁。

嘘念仏も称えるうちに本物に

六　真似からでた本真

徹底といっても、最初からその境に至れるものではない。まず皮相より未徹底に至り、未徹底よりついに徹底に達するのである。皮を得たるものは肉を得たい、肉を得たるものは骨を得たい、骨を得たるものはさらに進んで髄を獲取したいという嘆きを要する。自己を絶体絶命のところに置いて、一切を放下し去って、大悲に安住するのである。真似でよいから、初めは型にはめていく。そのはめた型に生命を生じたとき、初めて徹底して潑剌たる血が通うことになる。信仰は如来の救済に与るという以外になにもない。しかしこれは型である。この型が実際になって、いま現にこの私が助けられるのである、救われるのである。私を措いて他に救われるものはないとまでに感じたとき、胸が躍って御慈悲がズッシリと応えてくる。信仰が型だけに止まらず、内容が充実して、実際に生きて働くことになる。その味わいはいわゆる冷暖自知である。

一口に飲みたる水の味《あじわい》を　問ふ人あらばいかに答へん

何とも答えようはない。呑んでごらんと言う外はない。

石州のある富豪の老翁に、大変な篤信者がいた。つねに念仏を口にしている。一年の三分の二以上もこの翁の用事をさせてもらっている出入りの按摩がいた。心易さについ戯れて、「ご隠居様、そんなにお念仏を称えておられては、極楽はとうに通り過ぎて十楽へでもお出でになるでしょう」と言ったところ、一徹の老翁、大立腹で「もったいないことを申しおる。言語道断な奴じゃ。さあ帰ってくれ、そのようなことをいう者は我が家へは出入り差し止めじゃ」とひどく怒られて、追い出されてしまった。どれほど謝っても聞き入れてもらえない。いくら悔やんでも仕方がない。明日からは「口に鍵をかけなければ」とお粥腹たたいて泣いている。そこへ頓智の効く友達がやってきて、「なに、それは心配するには及ばぬ。御隠居さんが念仏好きなら、お前も日に幾遍でも大声に念仏して、隠居所の周りを聞こえよがしに行ったり戻ったりすればよい。そうするとあの按摩も今では念仏者となったらしい、出入りを許してやろういうことになるのは必定だ。早速やってみろ」と元気づけられて、いかにも合点して、按摩は毎日毎日十日も二十日も、教えられたとおりに大声あげて念仏して通るけれど、一向効き目がない。

これは弱ったと再びあの友達に相談すれば、「それでは仕方がない。少し横着ではあるが、許しも待たずに御隠居さんとこの御仏壇の前に座って、一生懸命念仏してみなさい。ご隠居が何とか言われるであろう。そうすればそれを手がかりに、再びお出入りのお許しを願ったらよかろう」と教えてくれたので、按摩も大喜び、「こいつはよい思いつきじゃ、やってみよう」と、もとより勝手知ったるところ、ズカズカと隠居所の御仏壇の前にどっかと座り込み、一心不乱、脇目も振らずに念仏申すこと二時間あまり。怪訝な顔つきでじっと様子を見ていた隠居、まさか押しのけるわけにもいかず、嫌いなお念仏ではないからなすに任せて置くうちに、いつしか自分も釣り込まれて、按摩の後ににじり寄り、一緒に念仏を称えだした。按摩は驚いたふうに席を退き、また念仏を称え始める。隠居のいかにも嬉しそうな、有り難そうな雰囲気を感じるにつけ、つくづく自分の心の浅ましさが知られ、この殊勝な人を計略に掛けているかと思えば何だか空恐ろしくなり、済まぬ申しわけない思いがこみ上げてきて、隠居の前にひれ伏して、「ご隠居様、私の念仏は嘘念仏でございます。実はご隠居様にお許しを得ようという策略でございます」と泣き入れれば、隠居も可哀想になって、「ああ、そんなことは百も承知じゃ。しかし策略でも何でもよい。念仏する身になってくれたのは何より有り難いことじゃ」と笑って許された。これを聞いて按摩はますます痛み入り、ああ、こんな浅ましい奴をお助けかと、今度は御本尊に真実のお礼を遂げることになって、御慈悲がぞっこん染みこんで、本真の信者になり、出入りも許されて、好い法義友達になったという。

念仏の力、真に大ではないか。按摩は自分の生活問題という実際にぶつかって、策略から真実に入り、型から生命ができたのである。元暁律師の仰るには、「我が弥陀は名をもって物を摂す。これをもって耳に聞き口に誦するに、無辺の聖徳、識心に攬入して、永く仏種となり、とみに億劫の重罪を除く」(1)と。誠にゆえんあることだ。

註

(1)『阿弥陀経義疏』大正三七、三六二上。

七　不断の警策《きょうさく》(1)に驚かざるか

なまじっか半端な智慧は大法の前にうち捨てて、むんずと本願を信ずるのがよい。それができなければ、飽くまで疑い究めるのもよい。蓮如上人は、いつも「ものを言え」と仰った。もの言わずに黙っているものは恐ろしい。御法義のことについては、何も隠さずに打ち明けて相談せよと言われている。胸を開いて心を広くしてこれを信受せよ。

彼の臨済《りんざい》(2)禅師は申された。「大衆、それ法のためにする者は、喪身失命を避けず。我れ二十年黄檗《おうばく》(3)先師のところに在りて、三度仏法的々《てきてき》の大意を問うて、三度他の杖をたまふことを蒙る。如今、蒿枝《こうし》の払着《ふっちゃく》するがごとくに相似たり。さらに一頓《とん》の棒を喫せんことを思ふ。誰人か我がために行じ得ん」と。いわゆる信念、信仰、徹底の味わいは、学問や知識の講釈では決して得られるものではない。当然ながら実参実修が要る。臨済禅師のことはその好例である。

才学ともに衆に秀でた臨済禅師は、初め黄檗禅師に参すること三年、身を屈め畏れ謹んで禅林の規則を厳守して研鑽に努めたが、一向にどうも目鼻がつかない。そこへ直日《じきじつ》(4)の睦州《ぼくしゅう》(5)という和尚が来て、「あんたはここに来てもはや何年になられる」と問うた。「三年です」と答えれば、「師匠のところに行って、直接問答をしたことがあるか」「いや、いまだ伺ったことはありません。一体何と申してまいったらよいのでしょうか」「それなら仏法のギリギリのところはそもそもなんでしょうかって、尋ねてみたらよかろう」。そこで臨済は、お師匠黄檗禅師の許へまいり、「仏法のギリギリのところはそもそもなんでしょうか」と出し抜けにやってみた。禅師、有とも無とも言わず、座右の樫の棒をつかんで、真っ向からウンというほど殴りつけること二十回。痛さをこらえてすごすご帰ってくれれば、睦州和尚待ちかねて、「話の次第はどうじゃ」と聞く。「まだ言い終わらないうちに、殴り飛ばされて、何のことだかさっぱりわけが解りません」「それならもう一遍行ってこい」と言う。臨済は正直にまた行ってお尋ねすると、禅師はまた何も言わずに殴りつけた。帰ってくると、睦州がもう一度行ってこいという。また行くとまた殴られる。このようにして三度、仏法的的《てきてき》の大意を問うて三度殴られ、三頓の棒を喫して六十棒を与えられた。

このとき、臨済は年僅かに十六歳、道を求めて一生懸命であったが、まだ六十棒の意味は理解できなかった。睦州に向かって、「いろいろと御親切にお引き立てくださいましたが、どうもまだ因縁が熟さないためか、一向に理解できません。しばらくお暇を頂いて他所へ行こうと思います」。これを聞いた睦州はまず禅師の耳にそれを入れておいて、「それならば、お師匠にお暇乞いをしたらよかろう」と臨済に勧めた。臨済が黄檗の許に行くと、万事承知して、「高安灘頭大愚《こうあんなんとうだいぐ》(6)の許に行きなさい」と勧めた。臨済はそれに順って大愚の許へ参ずると、大愚は「どこから来たのか」「はい、黄檗のところよりまいりました」「黄檗禅師は何を教えられたか」「私は三度、仏法のギリギリのところはなんですかと質問しましたが、三度とも棒で殴られました。一体私の何がいけなかったのでしょうか」。すると和尚は、「黄檗禅師はこれほど親切を尽くしてお示しくださっているのに、お前はその親切が解らぬのか」と叱り飛ばされた。その一喝を受けて、臨済は豁念大悟、「そうか、黄檗禅師の仏法とはそういうことか」と叫んだという。こうして臨済はついに黄檗の衣鉢を伝えたのである。

自分の迂闊《うかつ》を叱られたとき、その叱られた瞬間に大悟徹底したのである。我らは不断の警策に驚かなければならない。如来の大音宣布はいろいろな方面に顕れ、偉大なお叱りの警策はいつでも我らの上に加えられているのである。なすべきことは、善知識の言葉の下に帰命の一念を発得し、かたじけなさに涙こぼるるの境に達することである。

註

(1) **警策**　座禅中に怠け心や眠気を覚ますために用いる棒。

(2) **臨済義玄**（生年不祥―八六七）中国唐の禅僧。臨済宗の開祖。諡号、慧照禅師。曹州南華県（山東省菏沢市）出身で俗姓は邢氏。

(3) **黄檗希運**（生年不詳―八五〇）中国唐代の禅僧。黄檗山黄檗寺を開創。臨済宗開祖の臨済義玄の師として知られる。

(4) **直日**　禅堂の総責任者。

(5) **睦州**　中国唐代の僧。俗姓陳、諱を道蹤といい、黄檗の法を嗣いで睦州観音院にあり、のち衆を捨てて開元寺の房に住し、蒲鞋を売って母を養い、陳蒲鞋とよばれた。『睦州和尚語録』がある。

(6) **大愚**（不祥）中国唐代の禅僧。帰宗智常の法嗣。瑞州（江西省）高安に住す。

執着を捨てよ

八　放下著《ほうげじゃく》(1)　放下著

「石橋も叩いて渡れ」というが、馬鹿な取り越し苦労はしない方がよい。カーラというバラモン(2)が人生・宗教上の問題に疑いを生じ、死生の大事を明めることに苦しみ、青桐の花を両手に持ってお釈迦様に捧げ、疑いを解いてもらおうと御前にやってきた。お釈迦様はカーラの来るのを御覧になって、「捨ててしまえ」と仰せられた。カーラは持っている花を捨てよとの仰せと心得て左手の花を捨てると、また「捨ててしまえ」と言われた。そこで右手の花も捨てると、またも「捨ててしまえ」と言われる。カーラは不思議に思って、「二つとも捨てました。これ以上何を捨てればよいのですか」。するとお釈迦様は「右手と左手の中間にあるものを捨ててしまえ」と一喝された。「お前自身の心の中の執着を捨ててしまえ」との一喝にカーラは大悟して、平生の疑いも一事に解け、安心を得たと伝えられる。

我らの胸中に何か一物があると、つねに穏やかにならない。我が胸中に怖れがあれば怖れる心の中にあるものを捨て去れ、迷いがあれば迷う心の中のものを捨て去れ、疑いがあれば疑う心の中にあるものを捨て去れ。捨てるのは拾う本になる。一切を捨て去って、如来の大悲を仰げ。

無想の剣

疑いがあるかと胸を眺むれば　代わりに来たぞ念仏の声

神田は柳原辺りの大道易者。近頃はよほど世の中が不景気になったのか、とんとお客が少ない。

特に今日は朝から一人の客もなく、これでは晩飯も食えないというありさま。さてどうしたらよかろうかと思案してふと思いついたのは、当時剣術道場では試合に来た修行者には勝っても負けても飯を食わせて、何ほどかの草鞋銭をくれるとのこと。「これはちょうどよいことに気付いた。一つ修行者の振りをしてどこか道場へ行こう。負けるくらいはいと易いこと、一つ打たれさえすれば晩飯にありつける」と、一人で合点して出かけたのが、将軍家指南番柳生但馬守の道場。同じ打たれるならと覚悟を決めて、「但馬守殿と試合いたしたい。弟子は御免蒙る」と申し込んだ。これを聞いて道場の方では、「さては名のある剣術者か」と但馬守に注進した。但馬守もわしに試合を申し込むとは余程腕に覚えのある者かと出てきて一礼するに、別段武芸者らしいところもない。変だとは思ったが、用意して木刀を持っておっとりと立ち上がった。こちらは易者先生、今まで試合はおろか、木刀一本持ったことがない。どんなふうに構えてよいか、そんなことには頓着なく、やたらに木刀を振りまわす。普段振りなれている筮竹より数は少ないが、重さが違う。こんな重いものを三日も食わぬ腹で持たねばならぬのは堪らん、と思いながら振りまわしている。但馬守は木刀に力を入れて立ち向かったものの、相手はまったくの隙だらけ。「さあ打て」と声をかけてくる易者先生の態度はどこに変化の手あるやと、おのれが腕に覚えのあるだけに、力負けして容易に手を出せない。易者先生の方は、最初から負けるつもりで打たれさえすればよいと「ヤァー」と声をかける。但馬守、ますます驚いて手の下ろしようもない。一足二足後に下がると、向こうは「ヤァヤァ」と進んでくる。これは余程できるものであろうと、さすがの但馬守も怖じ気立って木刀を投げ捨て、「驚き入ったる貴殿の腕前。そもそも何流をご修行されたか」と平伏して尋ねれば、先生驚いて顔赤らめながら、事の次第を物語った。但馬守は黙然として我が修行の足りないのを思い知り、「剣は心にあり。彼は打たれると心に定めて勝敗に念がない。この念がない故に我が術も施しようがなかった」と言ったという。

但馬守は雑念があるために負け、易者先生は雑念がないために勝った。雑念ほど人を惑わし損なうものはない。御教化には「雑行雑修自力のこころをふりすて(3)」よとある。この振り捨てたところが一心に弥陀を頼まれたところであり、頼まれたところが捨てたところである。「とても地獄は一定すみかぞかし(4)」となったところに、「弥陀にたすけられまゐらすべしと……信ずるほかに別の子細なき(5)」身となられる。放下著放下著、一切を捨てて如来の御声に向かえ。「一心正念にしてただちに来《きた》れ(6)」。何の疑いや慮りの要があろう。

註

（1）**放下著**　「捨ててしまえ」の意。
（2）**バラモン**　インドのカースト制の中で最高位に在るバラモン階級の人。
（3）『領解文』浄土真宗聖典註釈版一二二七頁。
（4）『歎異抄』二。浄土真宗聖典註釈版八三三頁。
（5）同前八三二頁。
（6）『観経疏』二河譬。浄土真宗聖典註釈版七祖篇四六七頁。

九　仏我一体の徹底境

徹底の境に達する融合一致、自他の区別を完全になくして、少しの隙もない境地に住す。大灯《だいとう》国師[1]に、

座禅せば四条五条の橋の上　行き来の人を深山木《みやまぎ》と見て

の歌があるのは誰もが知るところ。天桂《てんけい》[2]禅師はこれを挙げて、山僧はそうではない、

座禅せば四条五条の橋の上　行き来の人をそのままに見て

と歌われた。活物を死物と擬するか、活物を活物として見て、死物に対するときと異ならない心境を持てるか、その間の差は毛ほどのように見えるけれども、徹底と未徹底の境地をおのずから分けられるところである。すでに大悟して動静を完全になくしてしまったなら、何ぞ人を深山木に擬する必要があろうか。

一遍《いっぺん》上人[3]は法灯《ほうとう》国師[4]に参禅して、念仏三昧の境地を、

称ふれば仏も我もなかりけり　南無阿弥陀仏の声のみぞする

と示したところ、「これはまだ未徹底である。仏我一体、声が何故遺っている。さらに参究せよ」と言われ、熟慮数年、ついに、

称ふれば仏も我もなかりけり　南無阿弥陀仏南無阿弥陀仏

との心境に達したという。乾坤《けんこん》一如、念仏以外に一切ないことに徹底して、真に一遍上人となられたのであった。

黄檗宗の独湛《どくたん》(5)和尚はかって念仏上人に向かって、「あなたのお歳はいくつですか」と聞くと「弥陀と同じです」と答えられた。そこで「弥陀のお歳は」と聞くと「私と一緒」だと言ったという。

我か仏か仏か我か、

南無といへば阿弥陀来にけり一つ身を　我とやいはん仏とやいはん

仏凡一体・機法無碍。

弥陀は久遠の古仏　私は久遠の古凡夫　弥陀と私は同い年　古いことといや同じこと

そのままのお助け

昔、一蓮院秀存《いちれんいんしゅうぞん》(6)講師の許に、五、六人の同行が集まって法義を聴聞していた。秀存師が感極まって、「そのままのお助けじゃ」と話されると、座中の一人が「このままのお助けでございますか」「イヤ違う」。他の一人が「このままのお助けでございましょう」「イヤ違う」との仰せ。みな顔を見合わせて、どうしたことであろうか、そのままのお助けじゃと仰せられるからこのままのお助けでございますかと問えば、イヤ違うと仰る。どうにもわからない。そこで「もう一遍仰ってくださいませ」とお願いすると、「そうか、そのままのお助けじゃぞ」。その言葉を言い終わられる前に、一人の同行が「有り難うございます、有り難うございます」「そうじゃ、それでよい」とお許しになった。そのままのお助けじゃぞや、有り難うございます。お受けするばかり、その外には何もない。ここに偉大な徹底味がある。

これなりの極楽参り

美濃田代町のおせきさん。香樹院徳龍講師御来化のとき、手水桶を提げてお庭前へまいったところ、講師が突然「おせき、極楽参りはどうじゃ」。あまりの出し抜けにおせきは慌てるかと思いきや、「はい、これなりでございます」と答えたので、師はにっこりして、「おせきはよく聴聞したな」と仰せられたという。

註

（1）**大灯国師**（弘安五年〔一二八二〕―延元二〔一三三七〕）宗峰妙超。鎌倉時代末期の臨済宗の僧。播磨（兵庫県）の出身。同国浦上荘の豪族、浦上氏の一族、浦上一国の子として生まれた。朝廷から興禅大灯、高照正灯の国師号が与えられた。京都大徳寺の開山。

（2）**天桂伝尊**（慶安元〔一六四八〕―享保二〇〔一七三五〕）江戸時代中期の曹洞宗の僧。駿河静居寺の五峯海音に参じて嗣法、近江国の大雲寺等に住した。盤珪禅師とも親交があり、天桂老人と呼ばれた。正法眼蔵研究家でもある。

（3）**一遍智真**（延応元〔一二三九〕―正応二〔一二八九〕）鎌倉時代中期の僧侶。時宗の開祖。諡号は証誠大師。

（4）**法灯国師**（承元元〔一二〇七〕―永仁六〔一二九八〕）心地覚心。鎌倉時代の臨済宗の僧。姓は恒氏。無本と号した。京都宇多野に位置する臨済宗建仁寺派の妙光寺を開創。

（5）**独堪性瑩**（一六二八―一七〇六）江戸初期の黄檗宗の僧。日本における黄檗宗第四祖。中国福建省生まれで、二十七歳のとき隠元隆琦とともに来日。禅僧でありながら念仏行を勧め、「念仏独堪」と呼ばれた。

（6）**一蓮院秀存**（天明八〔一七八八〕―万延元〔一八六〇〕）江戸時代後期の大谷派の学僧。贈講師。香月院深励の門下。

十　徹底真悟の絶対境

仏法は真剣でなければならない。頭がぐらつくくらいでなければ、薬の効き目も出ない。後に群賊悪獣、前に水火の二河、止まるも死、還るも死、往くも死、一つとして死を免れるところがないとギリギリのところに行き詰まってこそ、水火の中間に一条の白道が見え、この道を辿ったらと思った瞬間、前と後から来いと往けとの声を聞いて、本願の白道を驀進することができる。だからどん底まで行き詰まれ、そこに道は開けよう。

越後塔の浜のある女が心に病むところがあって、わざわざ命がけで京都へ上って、香樹院徳龍講師にお会いして、「この後生、どうしたらよかろう、どうしたらよかろう」と涙ながらにお尋ねした。すると師は、

鶴の脚は長いなり、鴨の脚は短いなり、そのままのお助けじゃ

との一言で、ツイっと座を立たれてとんと相手をしてくださらない。女はとても失望し、またその冷たさを恨んでみたが、イヤ待て待てと、仕方なく帰路について、道すがら終日とぼとぼと歩きながら、そのお言葉を繰り返し繰り返し、「鶴の脚は長いなり、鴨の脚は短いなり、そのままのお助けじゃ」とくちずさんでいる中に、いつとなく大悲の光にほのぼのと闇が晴れ、「ああ、この御恩、どうしたらよかろう、どうしたらよかろう」と言いながら家に着いたという。行きが

鶴の脚は長いなり、鴨の脚は短いなり

大瀛和上と聖人一流章

けには「この後生、どうしたらよかろう、どうしたらよかろう」、帰り道には「この御恩、どうしたらよかろう、どうしたらよかろう」と一転した味わい。この違いが何ともいえないではないか。まずこの後生を真実に気付いた人が、この御恩を真実に徹底するのである。

安芸の真実院《しんじついん》大瀛《だいえい》和上(1)のところに、ある夫婦が聴聞に参った。ところが和上はお出ましになって御法話をされるのに、聖人一流の御文章を繰り返し繰り返し拝読するばかりであった。女房は亭主に向かって小さな声で、「力の入ってないことじゃな」とささやいた。しばらくすると亭主も堪えかねて、「もーし和上様、そのお言葉は誠に結構でございますが、もう少し別のお話を聞かせてくださいませ」と申し上げると、和上は早速その場をお立ちになり、座敷に籠もられて、待てど暮らせどお出ましがない。そこで夫婦は顔を見合わせて、「あんたがいらぬことを言うから、和上様はお出ましになられないんじゃ」「お前も力が入っておらんと言うたではないか」と言い争い、仕方がないので亭主が和上様のお部屋にまいって、「和上様、先ほどのお話で結構でございますから、もう一度お読みになってくださいませ」と申し上げると、和上は「あれでなければならん。もう一度話してあげましょう」とお出ましになり、また聖人一流の御文章を「聖人一流の御勧化のおもむきは、信心をもつて本とせられ候ふ、……」とお読みになる中に、御慈悲が徹底したものとみえて、いつの間にやら夫婦は両眼からハラハラと涙を流し、我を忘れて拝聴していた。和上も我を忘れて読んでおられたが、ついに和上の方から「同行、変わった御文を読みましょうか」「いいえ、変わったのはいけません。その御文をもう一度読んでください」「変えようか」「いいえ、変えてはなりません」「変わった方がよかろう」「変わらないのが結構でございます。もう一度お願いします」。

法然上人は極悪最下と仰せられた。それが我らにはなかなか承知できない。却って極善最上とは思わないまでも、そんなに悪くはないと考えてしまう。それがそもそも勘違い、愚の中の最愚、狂の中の最狂であろう　その極悪最下の人のために極善最上の法が成就されていると聞き、落ちてはならんと心配するより先に、落としてはならんと焦ってくださる方があると承っては、御親切肝に銘じて、かたじけなさに涙がはらはらとこぼれずにはおられない。ここに「広大難思の慶心」という、真実の喜びが生まれてくる。

達磨の図に題して
そんなにすねずに此方むかしやんせ　あじな話があるわいな(2)

註

（1）**真実院大瀛**（宝暦九〔一七五九〕―文化元〔一八〇四〕）江戸時代後期の本願寺派の学僧。安芸（広島県）報専坊の慧雲に師事し、京都西本願寺学林に学ぶ。三業惑乱事件の際、新義派の智洞の説を批判する古義派を代表して、文化元年（一八〇四）江戸で智洞と対決したが、勝利をみることなく同年五月客死した。俗姓は森。名は廓亮。号は芿園、天城、金剛庵、瑞華など。著作に『浄土真宗金剛錍』『真宗安心十諭』など。

（2）武田黙雷の賛。

第八章　讃仰──称称念念無礙の一道を

一　懺悔《さんげ》の大道を辿りつつ

明るいばかりが人生ではない。暗いのもまた人生の動かすことのできない事実である。「人生の明るい方面だけを見て、暗い点を見るな、そして快く笑え、そこに生命が湧く」と教える人もあるが、しかしそれはホンの浅い見方である。危ない芸当である。我らは電灯によって、ガスによって、終夜真昼のように目を欺くことはできても、夜はやはり夜である。人生の夜はどうしてもぬぐい去ることができない。この意味において、我らは正直に自然にありのままに、この真の人生を見なければならない。これを見るとき、我らは痛切に自分の罪悪におののく。罪悪におののくものは救済を求め信仰に入って、懺悔の心もまた痛切である。懺悔の心痛切なるところ、感謝の情もまた切実である。実に我らは自分を省みるとき、及ばないことばかりで懺悔に堪えないが、またこのために頂いた御恩を思うと、感謝せずにおられない。

懺悔ということは、いずれの宗教でも重んぜられている。儒教といわず、神道といわず、キリスト教といわず、イスラム教といわず、仏教といわず、およそ古今の教えといわれる教えに、これを大切にしこれを重んじていないものはない。我が仏教においては、特にこれが勧められている。

懺悔の三品

もし懺悔せんと欲《おも》はば、端坐して実相を念《おも》え。衆罪は霜露のごとし、慧日よく消除す[1]

とは名高い『普賢観経』の語である。これは理懺《りさん》といって心に深く罪悪の本性を観じ、真理に合体する方法である。相にかけての懺悔（事懺《じさん》）には、『心地観経』や『法事讃』に三通り示されている。下品《げぼん》というのは、我が身の罪悪を悔いて、一念悪かったという思いに駆られ、全身に熱を催し、目からは涙がこぼれるほどである。中品《ちゅうぼん》の懺悔というのは、全身に熱い汗を滴らせ、目からは血が流れるほどである。上品《じょうぼん》の懺悔というのは、涙や汗くらいでなく全身の毛穴からも、目からも鼻からも血潮が流れ出るほどである。

それなのに我らのいわゆる懺悔とはどんなものであろうか。高峰岳山も及ばないほどの永劫の罪を抱いていながら、罪を懺悔すると言いつつも、血の一滴すら出ないばかりか、汗も出なければ涙も出ない。自分の生活や愛欲名利のためには血を吐く思いで数日苦しんでも、果たして自分の罪悪のために一夜を泣き明かしたことがあるか。阿闍世王は自分の罪咎に驚いて悔い熱し、苦悶のあまり体中の熱が高じて臭い瘡ができたというが、それを聞いてまったく嘘のように思ってはいないか。全身の毛穴から血が出るなんて思いも寄らないことのように思ってはいないか。

蜀山人と運平

有名な狂歌師であった蜀山人は、いつも貧乏していた。大田運平という男にいくらかの金を借りたが、返すことができない。どこかで遇わなければよいがとビクビクしている矢先、ふと江戸の赤城坂で出遇ってしまった。逃げようにも横道はなし、仕方がないと腹を決めて、知らぬ顔で通り過ぎようとした。その途端、「ヤレ待て」と声をかけられ、振り向かざるを得ない。その瞬間、

　やれ待てといわれて顔が赤城坂　とんだところで大田運平

と一首詠んだら、さすがの強欲運平もこれには敵わぬと逃げ出したという。

ヤレ待てと言われたくらいで面の皮が赤くなるほどに薄ければ結構だが、打たれても引っかかれても跡さえつかない千枚張りではどうしようもない。そんな人に限って働かないから、足の皮は吉野紙[2]より薄い。願わくば足の皮は厚く顔の皮は薄くありたいものである。

我らも時には本当の罪悪をいくらか打ち明けることがある。けれどそのときはすでに片方で算盤を弾いている。これだけの懺悔をすればこれだけの罪が消えて、これだけの徳が得られる。いま少し出そうか、イヤ少し引っ込めようかと、飽くまで算盤尽くであって、勘定高いことはなはだしい。いつも釣り銭を取る心でいる。この懺悔の傍らに算盤を弾く心は、やがて自分の懺悔を評価しているのではあるまいか。この心はついに懺悔利用の心に悪化し、懺悔を捨てて、その結果の功徳である滅罪にのみ着目することになる。そのありさまはあたかも射的場へ行って空気銃を撃ち、上手く的に命中すれば時計の景品がもらえるときに、景品ほしさに的を狙わずに景品の時計を撃つようなものである。どんなに上手く景品の時計に命中したところで、景品はもらえぬ上に叱られてしまう。罪を許してほしさの懺悔、楽がしたさの信仰は、すべて的を忘れて景品に狙いをつけているのではなかろうか。

痛くない足を診せる男

我らの罪悪はそんな生温いものではなく、心の奥深く根ざしている。上辺だけの一遍の懺悔や不真面目な少しばかりの詫びくらいで消えるはずのものでもなければ、済むわけのものでもない。なぜならそれはあまりにも大きく、あまりにも広いからである。

秋の雨後、柿の木から滑り落ちて右の足を打ち挫いた男がいた。周りは驚いて早速病院に担ぎ込んだ。ところがこの男、いまだかってこんなところに来たことがなかったので、見る物聞く物ことごとく驚くことばかりである。わけて自分の運び込まれた外科の治療室は、少なからぬ怖れとおののきを与えた。辺りを見れば、キラキラ光る切開用のメス、丸や四角い瓶に納めた薬、いろいろ外科道具が備え付けてある。「まあ、あんな物でこの痛む足を切られてなるものか、なんとかこれを逃れる工夫はなかろうか」と思案しているところへ、入ってきた医者の顔を見ると、恐ろしそうな髭面。いよいよ困ってハラハラしていると、「痛いのはどっちの足じゃ」と聞かれる。さあ大変、痛い足を出せばきっと切られてしまうと、思わず痛くない左の足を出した。すると医者は曲げたり伸ばしたり、一、二ヶ所押さえて「痛いか」「いいえ、大丈夫です」「そうか、それなら高いところから落ちて、びっくりして腰を抜かしただけだろう。家でしばらくおとなしくしておれば大丈夫じゃ。もう帰ってよろしい」「はい、有り難うございます」と帰ってきたが、痛い方の足を見てもらっていないから、どうにもならない。結局苦しみ抜いて、右の足は不自由になってしまったという。

我らの日常生活は、いつもこんなことをやっている。腹の底には言うに言われぬ苦悶を宿していながら、しかも痛い右の足を隠して痛くない左の足を出し、平気を装っている。そのため痛みはいよいよ増すばかり。やるせなさはこみ上げる一方である。そしてとんでもない結果を招いた揚げ句、「こんなはずではなかった」と悔しがる。煮ても焼いても食えない奴とは我らのこと。こうして我らはどこまでも罪悪の塊であり業報の結晶なのである。千万遍の懺悔も、百千度のお詫びも、決してこれを拭うことはできない。それなら懺悔をしなくてもよいかというと、それは邪見憍慢の骨頂である。それとも押さえきれない衷心の痛みから、包むに余る内心の悔やみから、「これは悪かった」といやしくも一念懺悔の思いが起こったら、その起こった本源を尋ねなければならない。

「懺悔せよ、罪が消える」というのは仏のお言葉であり、親の声である。凡夫の言うべきものでなく、この語るべきものでもない。総じて親としては、なにかの口実を求めてその罪を許してやりたい思いである。無理な願望も叶えてやりたい心である。そのため「お詫びせよ、堪《こら》えてやる」という。それなのに「お詫びしたから堪《こら》えてくれ」とはなんたる横着な言い分であろうか。「許してくれ、まだ許してくれぬか」ときては、まったく問題外である。沙汰の限りではない。

不真面目な放蕩息子の詫びが、浅はかな凡夫の懺悔が、道理の上からいって何の役に立とうか。何にもなりはせぬ。しかもこれをことごとしく取り上げて、過分の値打ちをつけて褒め、済みもせぬものを済ませてくださるのは、特別な親の慈悲であり、如来の恩寵である。元々なかった我らの心にこの念の起こったのは、起こさせてくださる親の念力であり、仏の御方便である。如来様はしぶとい我らの心を促して、衷心の痛み、内心の罪悪に気付かせ、おぼつかない我らのこの懺悔によって、我らに大悲のやるせなさを知らせてくださる。一度この大悲の親様に気付いてみれば、身の罪悪を懺悔せずにいられない。懺悔すればするほど、このような者をと一層親心の切なさに咽ばずにはいられない。真実親の心が解ってみれば、叱られて喜び、褒められて恥ずかしく思う。真実に叱ってくださるのは親ばかりだと感じ、褒められれば褒められるほどの値打ちのない者をと、いよいよ頭が下がってくる。ここに親子心が一致して、永く融け合うのである。「念々に称名してつねに懺悔す(3)」。ただ如来の御慈悲より外はない。

註

(1)『普賢観経』大正九、三九三中。

(2)**吉野紙**　大和国吉野で産した薄くて柔らかい和紙。

(3)『般舟讃』浄土真宗聖典註釈版七祖篇七五七頁。

宇都宮一夜の歌会

二　信心にて御慰みそうろう

信仰は売り物ではない。宗教は利用すべきものではなく、渇仰し服従し帰依すべきものである。大方の信心を云為《うんい》する人々は、信仰をもって人格を磨き上げる砥石のように思い、一時の苦悶を払う酒のように思い、地獄を逃れる弁護のように思い、極楽往生の路銀のように思い、社会国家改良の肥料のように思っている人が多いようである。けれどもこんな考えでは、真実の信仰は得られない。したがってこれを利用することも、応用することもできない。はなはだしい自家撞着の結果に陥るのは情けない。信仰は痛切な自覚の賜物である。この一念こそ、真に信楽《しんぎょう》開発《かいほつ》の時刻を促す極みであって、また広大難思の慶心《きょうしん》を顕すのである。

昔、野州宇都宮の宿屋に一夜五人の客があった。宿屋はそれなりに大きかったが、一人一人では寂しいので、みな一間に集まって囲炉裏を囲んだ。みな見知らぬ顔ではあるが、同じ泊まり客であることから、親しく言葉を交わし、「あなたはどこからみえました」「はい、私は越後から」「あなたは」「はい、私は九州から」と各々語り始め、仕事を聞くと禅宗の和尚もおれば、お侍もあり、お百姓も町人も、お同行もあるといった具合。話も弾んできた頃、年頃五十くらいのお侍が、「さて皆さん、お互い国も違うし仕事もそれぞれ違っているが、こうして一夜同じ宿に泊まるというのもなにかの縁。一つこの土地の宇都宮ということを入れ、今まで見知らぬ仲であったから、誰も知るまいという句を後につけて、一首ずつ歌を詠もうではありませんか」と言い出すと、みな「それは面白い」と賛成した。中には歌など詠めぬと辞退した者もいたが、せっかくの思い立ちというので、みな詠むことになった。

さあこうなると誰から彼からの詮索はさておき、言い出したお侍さんから始め、後は右へ順々にということになって、お侍さんがまず口を開いて、

錆刀《さびがたな》ぬいてかたきを宇都宮　かたきあるとは誰も知るまい

「なるほど、これはお侍さん、それならあなたは敵討ちのために諸国修行でございますか。それは随分お骨折りで」「さあ、今度は右隣の商人さんじゃ」「私はこんなことはできませんが、まあやってみましょう」。

朝起きて手水柏手《ちょうずかしわで》宇都宮　あひの符帳《ふちょう》は誰も知るまい

「やあ、これはよくできました。あの符帳だけはほんに誰にも解らぬ。さあ、今度はお百姓さん、あんたの番じゃ」「えっ、私もかえ。私は何も知らんが」「詠まんということはできない約束じゃ」「そんなら一つ」。

朝夕に田畑の塊《くれ》を宇都宮　みのりとるとは誰も知るまい

「いかにもよくできました。お陰でご飯が頂かれます」。

そこへ宿の女将さんが、「何をされていますか」とやって来て、お百姓さんの左に座った。

「さあ、あんたもそこに座ったからには、一首詠んでもらおう。実はこんな趣向じゃ」と説明す

ると、女将さんもさるもの、抜からぬ顔で、「はい、私も仲間に入れて頂けますか。そんなら一つ」。

朝起きて火打《ひうち》かどいし宇都宮　粥を炊《た》くとは誰も知るまい

「これはお上手お上手、打ち明けられたところ面白い。さあ、今度は和尚さん」「ウン私か、とうとうお鉢が回ってきたか。よしよし」。

朝夕に鉦鼓《しょうこ》木魚を宇都宮　嚊《かか》があるとは誰も知るまい

「これはいよいよもって面白い。さすがは禅宗の和尚さんだけのことはある。包み隠しがない。さあ、お次じゃ」「それなら私も一つ詠みましょうか」。

朝夕に案じて胸を宇都宮　今の安気《あんき》は誰も知るまい

「ほんに皆さんお恥ずかしゅうございますが、私は長らく我が身の一大事、心の落ち着き場所には案じ煩《わずら》い苦しみ悶《もだ》えましたが、今はいよいよ大願業力の不思議で、私の力ではない仏のお力で、往生一定御助け治定と安堵安心いたしました。私が案ずるよりも、阿弥陀如来様の私を案じてくださるのが強かったのです」とそろそろ自分の法悦話をしかけたので、一同笑い崩した襟を正し、夜更けまでお同行の法話を聞いたとのこと。

誰しも心の落ち着きをまず第一に定めねばならぬ。「仏法は心のつまる物かとおもへば、信心に御《おん》なぐさみ候ふ(1)」といつ思い出しても喜ばしてくださるのは、御信心である。今の安気は誰も知るまい。ほんに幸せ者である。

註

（1）『蓮如上人御一代記聞書』浄土真宗聖典註釈版一二四八頁。

三　いかに称えん弥陀の名を

信心の上は、ふと称えた念仏も報恩にそなわるとの仰せ。ならばその称え方に上手下手はないはずである。京都におさよという信者がいた。おさよが至って信者であるのに、夫は至って不法義者、妻がお念仏を称えるのが合点いかず不思議でならない。ある日、外から帰ってくるなり、「おさよ、おさよ」と喚ぶ。返事をしても返事をしても、「おさよ、おさよ」と呼び続ける。まるで「おさよ」「ハイ」「おさよ」「ハイ」の連発。女房はたまりかねて、「何どすいな、この人は。帰るや否や、人の名をばかり呼び続けにして、返事をしているのが解りませぬか」「解っている」「解っているなら、喚ばんでもよいではおへんか。用事を仰ったら」「腹が立つか」「立ちませいでか」「そんならお前のつねに大切にする阿弥陀様も、さぞかしお腹立ちであろう」「それはまたどうして」「お前はいつもいつも南無阿弥陀仏南無阿弥陀仏と喚びづめにしておるではないか」と言ったという。信仰のない人には、そのように見えるのであろう。

信の上の称名には、仏徳を賛嘆する意味と、仏の化益を助成する力と、仏恩を憶念する謝意があるので、おのずから報恩にそなわるのである。したがって懈怠しては済まない。とはいうものの、強《あなが》ちに行儀作法に依らなければならないというわけでもない。

男女貴賤ことごとく　弥陀の名号称するに

　　行住坐臥もえらばれず　時処諸縁もさはりなし(1)

時をもいわず、ところをも嫌わず、念仏すべしである。

念仏の称え方

さてその称え方は、蜷川親当《にながわちかまさ》があるとき一休禅師に参って、四方山話の末、「あの念仏の申しようは、和尚様、どうしたらよいのでござろうか。ナムアミダブツといい、ナンマンダブツといい、ナンマイダー、ナマイダー、ナムナムなどといろいろに申しますが、別に利益にかわりはございませぬのか。その辺のところを不審に思っております」「左様か、蜷川殿」「なんでござるか」「新右衛門殿」「なんでござるな」「親当殿」「だから何でござるか」「今年の米の出来は平年よりもよろしいかな」「これはしたり、さきほどお尋ね申した念仏のお返事もくださらず、米の話などは不審でござる」「いや、お返事はいたしたが、まだお解りならぬか」「一向に承りませぬ」「さてさて困ったものよ。さきほど蜷川殿と呼び、新右衛門殿、親当殿と呼んだとき、貴殿は返事をなされたな」「いかにも手前の名なれば、ご返事いたしてござる」「されば念仏もそのとおり。何と申そうが、いずれも仏の御名なれば、利益に別はござらぬ」。親当は横手を打って、「いかにも了解してござる」。

名前の称え方

織田信長に生駒万兵衛という人が初めて仕えたとき、ある無遠慮な横着者が万兵衛に向かって、「貴殿のお名前について三つ不思議がござる。それは貴殿のお名前は、〈まへい〉か、〈まんへい〉か、もしくは〈まんべえ〉でござるか。この辺のこと、何分不案内でござるで、はっきりと承りとう存ずる」と笑いもせずに問いたてた。そのとき万兵衛はこの横着者の問いを聞いて、憤然として色を変えて怒ったかというと、そうではない。にっこりとしてその者に対して、「貴殿の不審はもっとものことと存ずる。さりながら、いかように呼ばれても、少しも苦しゅうはござらぬ。およそ人の腹には虚実がござる。もし腹が空いて空っぽのときは、精力尽きて撥ねて読むべき勇気もござるまいから、〈まへい〉と呼ばれるがよろしくござろう。大飯を喰らい酒など痛く呑んで、腹がふくれて充実しているときは、〈まんべえ〉と撥ねて読むがよろしくござろう。しかし拙者の本名は生駒万兵衛と申すのでござる」と答えたので、さすがの横着者もこそこそと逃げ出してしまった。

今我らがお念仏するのには、種々な称え方をする。ナンマンダブツもナマンダブも、マンマンさんも、その意味は結局同じである。けれども他人がこんなぞんざいな呼び方をしたならば腹も立つであろうが、可愛い我が子がようやく母と知って、片言交じりに「かあやん」と呼んだときは、嬉しくて堪るまい。もう一度言うてみよと言わしておいて喜ぶは、親の慈悲。

子の母をおもふがごとくにて　衆生仏を憶すれば
　現前到来とほからず　如来を拝見うたがはず(2)

ああ、私を親と知ってくれたかと、衆生がいろいろの称え方をしても如来の親様は嬉しくて、耳傾けて聞いてくださる。

註

（1）『高僧和讃』浄土真宗聖典註釈版五九四頁。

（2）『浄土和讃』浄土真宗聖典註釈版五七七頁。

地獄必定の私

安心試し

四　触事《そくじ》触目《そくもく》みなことごとく法縁《ほうえん》

信の上は何かにつけて喜ばれると蓮如上人は仰せられた。

仏法には、万《よろず》かなしきにも、かなはぬにつけても、なにごとにつけても、後生のたすかるべきことを思へば、よろこびおほきは仏恩なり(1)

目に触れ耳に聞こゆるもの、順縁逆縁ともに歓喜感謝の種ならざるはないのである。

ある人、香樹院師の許にまいってお話を承って、自督を述べた。師、一言に叱咤して、「地獄に堕ちること必定」と。「さては有り難や、かねて聞いております。我が罪重くして、十方三世の諸仏も力かなわず、捨てたもうたとか。今また日本一の御講師様より地獄必定との仰せ。さすれば私はきっと堕ちるに相違はない。その者を堕とさぬぞとお喚びくださる御慈悲尊《とうと》や、なんとして御礼を申しましょうぞ」と却ってこれを縁に喜んだという。

またある同行は大病に悩める友を訪ねて、人払いして密かに言うには、「近頃君に悪い評判がある。気の毒なこと。夜な夜な当家に鬼が火の車を走らせて来るとか。君の御安心も覚束《おぼつか》ないことじゃ」「ふん、それは私が地獄に堕ちる前兆じゃ。私は悪人、私が堕ちないで誰が堕ちようか。かかる者を助けたまう本願、いよいよ有り難い」と却って限りなく喜んだ。同行は喜んで、「許してください、これは私の計略じゃ。君の安心を試さんとしたもの。君の安心は金剛のごとし、

損じゃ損じゃ

誠に安心した」と謝り、互いに手をとって打ち喜び、友はその厚情の深きことを謝したという。人の怒り出すところを怒らず、直ちに法義に引き寄せて身の幸せを喜ぶ、真に奥ゆかしい心がけではあるまいか。

九州に誠に法義を喜ぶお婆さんがいた。もとより目に一丁字なく、文字といったらいろはのいの字も知らぬほどである。祖先の法事に檀那寺を招待して三部経を読んでもらったところ、『無量寿経』の初めの方に、尊者了本際《そんじゃりょうほんざい》、尊者正願《しょうがん》、尊者正語《しょうご》などと、尊者尊者がたくさん出てくる。婆さん、それを聞いてホロリホロリ涙を溢《こぼ》して喜んでいる。あとで「婆さん、何がそんなに嬉しかったのか」と聞いてみれば、婆さん真面目に「これが喜ばれずにおられましょうかい。お経を聞いていると、損じゃ損じゃと何遍も何遍も仰る。阿弥陀様は私を助けるためにあれほどまで損をなされたかと思えば、もったいのうて有り難うて、何ともいわれぬことでありました」と言う。「婆さんや、それは違うぞ。尊者尊者というのは、あれは損をせられたというのではないぞ」「ふんそうかえ、わしはまたお阿弥陀様が損をなされたのかと思っておった」「あれはのう、尊いお方ということで、このお経を聴聞された尊い方々のお名前がたくさん並べてあるのじゃ」「あらまあ、ホンにそうかい。もったいない、そんなにたくさんの尊いお方がよってたかって、しぶといこの私を法義に引き入れて、今の幸せな者に育て上げてくだされましたか、御もったいない」とまた喜んだという。

ホンに幸せな人ではないか。目に見るもの耳に聞くもの、すべて御慈悲喜ぶ御縁になっている。

万事につきて、よきことを思ひつくるは御恩なり、悪しきことだに思ひ捨てたるは御恩なり。捨つるも取るも、いづれもいづれも御恩なり(2)
正に御恩の日暮らしをなすべきである。

註
（1）『蓮如上人御一代記聞書』浄土真宗聖典註釈版一三三九頁。
（2）『蓮如上人御一代記聞書』浄土真宗聖典註釈版一三三八頁。

値踏みする癖

五　癖のいろいろ

なくて七癖、あって四十八癖、とかく人には何なりとも癖のあるもの。習慣は第二の天性とかいって、ついた習慣はなかなか抜けがたく、しかも悪しき習慣ほどつきやすく、善き習慣ほどつきがたい。朝寝夜更かしの習慣や、喧嘩口論の習慣、その他おしゃべり、馬鹿笑い、居眠り、爪を噛《か》む、鼻をほじる、頭をかく、貧乏揺すりなどはたちまちにつく。酒も煙草もまたこのたぐい。

　人ごとに一つの癖はあるものを　我には許せ敷島の道(1)

こんなのは至極結構だが、鼻にかけては困る。

あるところに手当たり次第、いや目当たり次第、何でも値打ちをつけるという妙な癖の男がいた。ある日、先生の許に遊びに行って、挨拶をして茶を出されると直ぐ、「先生、この茶碗は九谷焼ですな。大変結構です。失礼ながら五円くらいお出しになりましたか。これは紫檀の茶盆ですが、三円くらいお出しでしたか。このお茶は玉露ですな、一斤二円くらいはいたしましょう」と値打ちをつけるのに忙しい。そのうち床の間の掛け軸から額へと移ろうとするところに、先生が「お前さんはすこぶる妙な癖がある。何でも見当たり次第、人の物を値踏みする。それは人の感情を害するのみならず、誠に失敬極まりない。かねがね注意しておいたのに、今日も来るやいなやこの始末、ちっと心得さっしゃれ」と懇《ねんご》ろに訓戒した。するとその男、大いに喜んで、「いや有り難うございます。先生なればこそ毎度このように注意してくださる。実にただ今のご訓戒は、我が身にとって値千金」「こらこら、また値踏みをしておる。わしの言葉にまでも」「はい、誠に済みませんでした。思わず知らず口を滑らせてしまいました。今後こそきっと心得ます。万一違いましたら、罰金百円を」「あら、また値踏みか。もうどうもならん。言えば言うほど値踏みする。勝手にするがよい。わしはもう知らん」「先生、そんなにお怒りにならず、勘弁してくださいませ。私は先生に見放されては、もはや三文の値打ちもなくなります」とまた値踏みした。三つ子の魂百までというが、なかなか古い癖は止まないものとみえる。

持って生まれた自性か、久遠劫来の焦げ付きか、止めるに止められぬ貪瞋煩悩、捨てるに捨てられぬ無明業障、貪欲が起こる、瞋恚が燃える、愚痴がこぼれる。諸仏菩薩はその悪癖捨てよ、捨てなければ成仏ができぬ、止めなければ正覚が得られぬと忠告される。けれどもそれができない。打っても叩いても三文の値打ちもない逆謗の死骸、しょうのない我らも、

　釈迦・弥陀は慈悲の父母　種々に善巧方便し
　　われらが無上の信心を　発起せしめたまひけり(2)

新しい信心念仏の癖をお授けくだされた。

　人ごとに一つの癖はあるものを　我にはゆるせ値踏みするくせ

値踏みする癖だけは私に許してくれとこの人は言うであろうが、我らはこう言いたい。

　人ごとに一つの癖はあるものを　我には許せ念仏のくせ

名聞の念仏でない、飾りの念仏でない、人に見せるのでない、御礼報謝の御称名。頂いた御信心がおのずと口に顕れてくる、善い癖をつけてもらいました。

念仏のうかぶものではなけれども　すがたをかりに弥陀の出這入り
忍ぶれど声に出にけり我が念仏　ちつとたしなめと人のいふまで

註

（1）**敷島の道**　歌道のこと。

（2）『高僧和讃』浄土真宗聖典註釈版五九一頁。

六　仏法に厭足《あきたり》なければ

道は須臾《しゅゆ》も離るべからず、離るべきは道にあらざるなり（『中庸』）

我ら、世間の道にはつねに離れがちであるのに、そのために如来の念力のみは、しばらくも我らを離れたまわない。真に道という道はこの本願の御慈悲より他にはない。この本願の大道は坦々として砥《と》のように浄土に通じている。我らはどうしてこれに向かわずにいられようか。一度この道に向かってみれば、ここには何の礙《さわ》りもない。そして無量の恩寵は、花のようにこの道に咲き匂っている。喜ばずにはいられないではないか。

仏法をあるじとし、世間を客人《まろうど》とせよといへり。仏法のうへよりは、世間のことは時にしたがひあひはたらくべきことなりと云々。(1)

今生のことを心に入るるほど、仏法を心腹《しんぷく》に入れたきことにて候ふと、人申し候へば、世間に対様《たいよう》して申すことは大様《おおよう》なり。ただ仏法をふかくよろこぶべしと云々。またいはく、一日一日に仏法はたしなみ候ふべし。一期とおもへば大儀なりと、人申され候ふ。またいはく、大儀なると思ふは不足なり。人として命はいかほどもながく候ひても、あかずよろこぶべきことなりと云々。(2)

魚好きの精進日

真宗には精進日というものがあって、祖師・善知識や、祖先・家族の命日をもってこれに当て、その日は肉魚を食べず、身心ともに謹慎を表し、その恩を偲ぶことになっている。篤信の家では大抵これを守っている。ところがここにすこぶる魚好きな人がいて、とても数多くの精進日を守ることができない。種々工夫の結果、祖師・善知識のご命日は血縁でないことから勘弁して頂くことにして、先祖のは古いから、兄弟のは同輩じゃからとしても、どうにも止めることのできないのは、両親の精進日である。これも二日もするのは辛抱できないと、檀那寺に頼んで両親の命日を一緒にしてもらった。さあ今日こそは一緒にされた両親の命日である、いわば二重の精進をしなくてはならない。亭主のわがままに奥さんは気が気でない。朝飯はまず精進で済んだ。しかし亭主はもとより不機嫌だ。昼頃になると台所の隅に行って、なにやらこそこそしている。奥さん、不審に思って様子を窺えば、何を図らんや、鰹節を削っていた。たまりかねた奥さんは、

「あなたは何ということを。大事な父親の命日、母親の命日まで一緒にしてもらって今日は二重に精進をしなければならないはずなのに、鰹節を削るとは何事でございますか。お気は確かですか」といえば、亭主は真面目に、

「何を言っておる、ものの解らぬにもほどがある。よいか、能く聞け。昼までは父親の精進日、昼からは母親の精進日じゃ。間に仕切りをしなければ解らぬではないか。両親が喧嘩をされるだろう」。

せっかく二親の精進日まで魚を喰らう。決して感心した話じゃない。真に慎みのない横着とい

わねばならないが、好きとなっては止められぬものとみえる。これほどに仏法が好きになり、御恩報謝が好きになりたいものである。蓮如上人は仰せられた。

物にあくことはあれども、仏に成ることと弥陀の御恩を喜ぶとは、あきたることはなし。焼くとも失せもせぬ重宝《ちょうほう》は、南無阿弥陀仏なり。(3)

いかにもこうでなくてはならない。「仏法に飽き足りなければ法の不思議を聞く」とは正にこれのことか。

註

(1)『蓮如上人御一代記聞書』浄土真宗聖典註釈版一二八一頁。
(2)『蓮如上人御一代記聞書』浄土真宗聖典註釈版一三二三頁。
(3)『蓮如上人御一代記聞書』浄土真宗聖典註釈版一三〇七頁。

七　御恩が御恩と知られたら

恩を知るの始中終

みずからを不孝とした舜

施した恩は忘れようと心がけ、受けた恩は報いようと心がけよとは先哲の訓言である。けれども、なかなかそれができかねるのが凡夫の情けなさ。できかねるくらいならよいが、とかく反対に出たがるので困る。かけた恵はいつまでも忘れずに恩に着せたがり、受けた恩は遠の昔に忘れてしまって侮《あなど》りたがる。そこで親様は気が気でない。自分ながら愛想の尽きた、随分とやっかいな代物である。

恩を知るは徳の初めなり。恩を報ぜんとするには、まず恩の何たるかを知らねばならぬ。恩を知るには始中終の三段階がある。

始　なるほど恩を受けているか、幸せ者であると思う。

中　この大恩を報ぜねばならぬと、気を焦らす。

終　とても報い尽くせぬ、我は恩知らずであると懺悔する。

大舜は父と継母に仕えて、孝養を尽くした。しかし父は有名な残酷な人であるのに、みずからは仁人であると思っていた。大舜は後に挙げて天子にされるほどの大孝行者、しかもつねに父の杖に打たれながら、孝養の足らぬ不孝者と思っていた。人々はこれを称して「父親は大仁人、舜は大不孝者」と言った。これすなわち恩を知るの終点に達して、我は不孝者なりとの自覚に入った

酒呑まぬは人でない

のである。

今なら郡長、昔は代官といわれた役人が初めてその職について、領内を巡回した。その道すがらある山里の小村にさしかかると、向こうから一人の老人が、いたく酒に酔い、着物の襟も合わせずに、胸毛を風に吹かせながら、千鳥足で鼻歌歌いながらのこのこ歩いてやって来る。制すれども聞かず、大道の真ん中に仁王立ちしたまま動かない。止むを得ず引き立ててきて、よくよく聞き正してみると、誰あろう、この村の村長であった。「これは幸いのこと。ついでながら問うが、この村の戸数人口はどのくらいあるか」と郡長が懇ろに尋ねると、「戸数は百、人は男女合わせて六十人ばかりもございましょう」と答える。そこで郡長は戸数に比べて人口が少ないのはどうしたわけかと問いただすと、村長は「人は他にいくらもおりますが、酒を呑むことすら知らぬ奴は数えるには及びますまい」と言ったという。

「酒呑まぬ人は人でない」とは酒呑みの言い種であろうが、酒は呑まずとも人は人に相違ない。しかし恩知らずこそ真に人ではない。仇に報いるに徳をもってするという教えさえあるに、受けた御恩を忘却しては実に申しわけがない。特に大悲の如来様には久遠劫からの御恩である。

　　如来大悲の恩徳は　身を粉にしても報ずべし
　　　師主知識の恩徳も　ほねをくだきても謝すべし[1]

雨山に被った御恩徳、口に適った御称名を相続しつつ、御冥見《ごみょうけん》に恥じ入って、「御恩知らずでございます」の自覚に入らねばならない。親鸞聖人は懺悔された。

悲しきかな愚禿鸞《ぐとくらん》、愛欲《あいよく》の広海《こうかい》に沈没《ちんもつ》し、名利《みょうり》の太山《たいせん》に迷惑《めいわく》して、定聚《じょうじゅ》の数に入ることを喜ばず、真証《しんしょう》の証《さとり》に近づくことを快《たの》しまざることを、恥づべし傷むべしと。(2)

ことに血の出るような懺悔ではないか。この心に入りてこそ、真実に如来の御恩が知られ、報謝の行に進まれるのである。聖人はこれと同時に、

慶《よろこば》しいかな、心《こころ》を弘誓《ぐぜい》の仏地《ぶつじ》に樹《た》て、念《おもい》を難思《なんじ》の法海《ほうかい》に流す。深く如来の矜哀《こうあい》を知りて、まことに師教《しきょう》の恩厚《おんこう》を仰ぐ。慶喜《きょうき》いよいよ至り、至孝《しこう》いよいよ重し。(3)

と慶ばれている。

註

（1）『正像末和讃』浄土真宗聖典註釈版六一〇頁。
（2）『教行信証』信巻・御自釈。浄土真宗聖典註釈版二六六頁。
（3）『教行信証』後序。浄土真宗聖典註釈版四七三頁。

八　信心の火あるところに

思い内にあれば色外に顕るとは、よくいったものである。

言うまいと　思へど今日の　暑さかな

心にあることはすべて外に顕れるもので、心に添う形ほど正直なものはない。それに人はとかく上から塗りたがる。内から湧き出たのでなくては仕方がない。試みに南洋のワニが白い鶴の羽を被って、北海の黒熊が孔雀の尾で飾ったことを思ってみるとよい。これが虚栄であり偽善である。人物の価値というものは、鶴の羽や孔雀の尾で左右されるものではない。牛は牛、馬は馬としての真価を発揮すればよいではないか。何事も心の底から湧き出たのでなくては、本物でなく価値もない。しかもその心は最もよく外に顕れて、容易に人の知るところとなるのである。佐藤《さとう》一斎《いっさい》(1)先生は言われた。

信を人に取るは難し、人は言を信ぜずして身を信ず、身を信ぜずして心を信ず、これをもって難し。

人は心を信ずるものにして、心はうちにあってよく知られるものである。故にまた頼もしい辺がある。

心ほど人のよく知るものはなし　恐ろしの世やたのもしの世や

義政公と万阿弥

足利八代の将軍義政公[2]は、有名な北山の銀閣[3]に居を構え、珠光[4]という者を師として茶の湯に凝り、天下に茶道を流行せしめただけに、酒は大嫌い。ある年、洛中洛外にふれを出して、酒を呑むことを禁じたことがある。しかるに万阿弥という寵臣が、少しぐらい呑んでもばれることはあるまいと、横着にも一杯引っかけて御殿に登ったところ、義政公は早くもそれに気付かれて、「万阿弥、万阿弥」と声をかけられたので、万阿弥は恐る恐る「はっ」と首をもたげた。義政公、その顔をつくづくと見て、「飲酒は一切相成らんという掟に背いて、その顔はなんじゃ」というお咎め。万阿弥も言いわけに困って、「これはその……ただ今まで焚き火で寒さを凌いでおりまして、急に出仕をいたしましたので、このように顔が赤くなりましたのでございます」。義政公もフッと吹き出されて、「世の中に真っ赤な偽りということもあるが、その方のことであろう。どれ、焚き火か酒か、嗅いでみれば解ろう。近う近う」と言われて、万阿弥も拠んどころなく御前近く進むと、義政公は鼻を差し出して万阿弥の息を嗅ぎ、「やあ、熟し柿臭いぞ」との仰せ。万阿弥はハッと思ったが、抜からぬ顔で、「それはそのはずでございます。柿の木を薪にして焚きましたので」。何と言っても争われない。酒の息が呑んだということを証明してしまう。

信心治定の人はたれによらず、まづみればすなはちたふとくなり候ふ。これその人のたふときにあらず。仏智をえらるるがゆゑなれば、弥陀仏智のありがたきほどを存ずべきことなり[5]とは喜ばしいではないか。仏智満入と我が心の中へ仏智が入り満ちてくだされたから、入り満ちてくだされた仏智の光がおのずから外に顕れて、見る人に尊く嬉しく思わせるのである。そうして「徳は孤ならず必ず隣あり」、必ずこれと同様の人、同相の人を造るのである。

染香人《せんこうにん》のその身には　香気《こうけ》あるがごとくなり

　これをすなはちなづけてぞ　香光荘厳《こうこうしょうごん》とまうすなる(6)

御信心の香気は法界外にまで弘まることである。

註

(1) **佐藤一斎**（安永元年（一七七二）—安政六（一八五九））江戸時代後期の儒学者。昌平黌の儒官（総長）を勤めた。諱は担。通称は捨蔵。字を大道。号は一斎のほか、愛日楼、老吾軒。

(2) **足利義政**（永享八（一四三六）—延徳二（一四九〇））室町幕府第八代将軍（在職一四四九—一四七三）。父は六代将軍足利義教、母は日野重子。幕府の財政難と土一揆に苦しんで政治を疎み、東山文化を築くなど、もっぱら数奇の道を探求した。

(3) **銀閣**　京都市左京区にある臨済宗相国寺派慈照寺の楼閣建築である観音殿。室町幕府八代将軍足利義政が鹿苑寺の舎利殿（金閣）を模して造営した。「古都京都の文化財」の一部として世界遺産に登録されている。

(4) **村田珠光**（応永二九（一四二二）—文亀二（一五〇二））室町時代中期の茶人、僧。「わび茶」の創始者とされる。

(5) 『蓮如上人御一代記聞書』浄土真宗聖典註釈版一二九九頁。

(6) 『浄土和讃』浄土真宗聖典註釈版五七七頁。

若返りの薬

九　長生不死の神方《しんぽう》

春の風の及ぶところには花が咲き鳥が歌うように、如来の御名の聞こえるところにはついに心の春が生じて誰の身も和らぎ、心も和らぐ。そうして潑剌とした血の通うのを覚える。胸に若々しい血が通い、命の泉が湧いてくれれば、どうしても歓ばずにはいられなくなる。子供は一番によく歌う。年を重ねても、人はみな花咲く野を通るとき、月の澄み渡る宵など、何となく歌いたくなって、歌もおのずから出てくる。こうしてつねに歌うことのできる人は幸せである。孤独の寂しさも哀れさも、貧しい生活の悲しさも、病の床の苦しさも、このために和らげられるからである。ことにそれが嘆きの歌でなく、悲しみの歌でなく、道を歌い恵を歌うことのできる者は、一層幸せである。親鸞聖人はつねに歌われたお方であり、苦しみの坂にも、悲しみの谷にも、如来の御名を称えて進み、大悲の御旨《みむね》を讃えて喜ばれ、人生の秋《とき》の老いゆくをも思わず歌われた。見よ、『正信偈《しょうしんげ》』(1)も歌であり、『二門偈《にもんげ》』(2)も歌である。三帖の『和讃《わさん》』(3)は、大聖釈迦如来の金言と七祖の論釈と、自己の信念とを明かした、仏徳讃仰の一大詩篇である。何人がこの霊音《れいいん》に引きつけられない者があろうか。如来の御名は実に、生命の国永久の春に進むマーチである。

人の盛りも花の一時。昨日まで紅顔の美少年も、今は白髪の梅干し面。「婆さんや、三三九度の盃をしたときには、お互い若うて美しい、内裏雛のようだといわれたが、今じゃ二人とも棺桶に片足突っ込んで、お迎えを待つばかり。心細いなあ」と涙に鼻汁混ぜて嘆けば、「お爺さんや、そんなに泣き言ばかりいうものではありません。まあ、これでも一つ呑んでもみなさい」と懐中から紙包みを出し、「これこの丸薬を呑むと若くなるといって、今日ある人からもらいました。一つ私が試してみましょう」というより早く一粒口に入れて飲み下すと、不思議や不思議、見る間にしわだらけの顔は瑞々しく艶やかに、雪のような白髪は打って変わった烏の濡れ羽色。年は三十五、六の女盛りになった。お爺さんはびっくり、「どれ俺も一粒」と早速服用すれば、これも四十ぐらいの男盛り。そうなると欲がつく。「婆さんや、もう一つ呑ませてくれ」と呑んでみると、今度は二十五、六の血気盛んな若者に。婆さんも負けてはおれぬ。また一粒呑めば、十八九の娘盛りとなった。まだ三粒残っているから、いっそのこと一つずつ分けて呑めば、十五、六の少年と十二、三の可愛らしい小娘となって、ままごとして遊ぼうというあどけない年頃。男の方はまだ若くなりたいつもりであったか、残りの一粒を取って正に呑もうとする。「あらおよしなさいよ、あなたがそれより若くなっては私が困るから」と引き取ろうとする、取らせまいとする。その刹那、薬は男の喉へ入ってしまった。お婆さんももう仕方がない。どうなることかと恐る恐る見ていると、お爺さんが急に「おぎゃあおぎゃあ」と赤ん坊になって膝へにじり上がってきた。これでは夫婦も何もあったものではない。

薬も過ぐれば毒になる道理。私どもは若返る工夫よりも、年寄らぬ方法をとるがよい。いよいよ年の寄らぬ若さの薬とは、如来の御名、南無阿弥陀仏である。すでに無量寿、量りない寿命というではないか。

　かの浄土はこれ阿弥陀如来の清浄本願の無生《むしょう》の生《しょう》なり。三有《さんぬ》虚妄《こもう》の生のごときには有らざることを明かすなり。(4)

無生の生であるから、ついに死ぬることはないと、曇鸞《どんらん》(5)大師が仰せられている。何はさておき、命あっての物種だから、何でも長生きがしたいというのが原因で他力の信仰に入られた曇鸞大師から、この教えを聞くのは決して偶然ではない。親鸞聖人は、

　大信心は、すなはちこれ長生不死の神方(6)

と仰せられている。幼にして父母に離れ、夜半《よわ》の嵐に散る桜に出家せられた聖人からこの言葉を聞く。決して無理ではない。私どもはただこの信念によって、老いを解脱することができる。身は衰えても心は信に養われて、つねに若くつねに勇ましく歓喜の歌を歌いつつ、今や如来大悲の春の最中と、称々念々無碍の一道を進み行こう。

註

(1) **『正信念仏偈』** 親鸞聖人作。『教行信証』行巻末にあり、七言六十句百二十行の偈文。

(2) **『入出二門偈』** 親鸞上人作。『往還偈』ともいう。

(3) **三帖の『和讃』** 親鸞聖人作『浄土和讃』『高宗和讃』『正像末和讃』の三帖をいう。

(4) 『往生論註』浄土真宗聖典註釈版七祖篇一二三頁。

（5）**曇鸞**（四七六―五四二）　真宗七高僧の三祖。中国北魏の僧。浄土教に帰依して天親の『浄土論』を註解した『往生論註』を著した。

（6）『教行信証』信巻　浄土真宗聖典註釈版二一一頁。

新右衛門と一休

十　赤裸でまいる弥陀の国

蜷川《にながわ》新右衛門《しんえもん》親当《ちかまさ》という武士、つねに禅を修行し、坐禅三昧に日を送っていたが、名にし負う一休禅師の卓絶した気概を喜び、導師と頼んで究道しようと、あるとき禅師のお寺・紫野の大徳寺を訪《と》い、扉を打ち叩いた。一休、立ち出でて「何者じゃ」と聞くと、「仏法修行の大俗でござる」と言う。すると一休「汝はどこの人か」「和尚と同所」「されば国には何事もござらぬか」「さればでござる、烏はカアカア、雀はチュンチュン」「ここはどこと知りやるか」「紫に染めたる野辺」「いかんとして染めけるや」「尾花・朝顔・萩・菊・紫苑」「散りての後はいかん」「それは宮城野が原」「原には何事かある」「水は流れて沈々《ちんちん》、風は吹いて颯々《さつさつ》」。さすがの一休も、こ奴一癖あると見込んで、「よかろう、お通りなされ」と案内して座敷へ通した。庭景色のよい離れ座敷に通して、茶を一服進めた一休、茶請けも出さずに「何をがな参らせたくは思へども　達磨宗にて一物もなし」と言うと、「一物もなきをたまはる心こそ　本来空の妙味なりけり」と返す。それから四方山話のついでに「邪正一如とはどのように心得べきか」と問い出すと、「そなたは歌好きなれば歌で答えよう」と「生まれては死ぬるなりけりおしなべて　釈迦も達磨も禰子《ねこ》(1)も杓子《しゃくし》(2)も」「空即《くうそく》是色《ぜしき》とは」「白露のおのが姿をそのままに　紅葉に置けば紅の玉」「しからば色即是《しきそくぜ》空《くう》の意は前の歌の反対に心得べきでござるか」「花を見よ色香もともに散り果てて　心なくても春は来にけり」

讃岐の庄松
一念帰命の
味わい

「仏法とはいかなるものと、心得そうろうべきか」「仏法はなべのさかやき石の鬚　絵にある竹のともずれの音」「世法とはいかん」「世の中は食うて稼いで寝て起きて　さてそのあとは死ぬるばかりぞ」

一々このように歌をもって立て続けに答えられるので、親当も打ち驚き、いよいよ我が師と頼むのは和尚の外にないと思ったが、なお一つ不意をねらって胆を潰してくれんと、親当「重々のご教示、誠に有り難く存ずる。この後ともなおご高教を垂れたまわんことを」と辞し去ったが、枝折り戸《しおど》の側から急に引っ返し、「イヤ、忘れたり忘れたり、大事のものを忘れたり。仏にはどうしたらなれますか」と不意に問いかけた。一休もさるもの、そのままそこへ踏ん反り返り、大の字になって目も口も張り開け、「こうして仏にはなるものぞ」。このとっさの妙答に、親当二の句が継げず、「さすがは大活禅師」と九拝して辞し去ったとか。

「仏にはどうしてなれますか」と言われて、「こうしてなるのだ」と踏ん反り返ったというのは面白いではないか。親当、このところを何と悟ったか。一休は何と示したのか。

讃岐の庄松は、人に「一念帰命の味わいは」と聞かれて、阿弥陀如来の御前に寝っ転がって見せるのが常であったという。あるとき、十川村光清寺の本堂で子供を守《もり》して遊ばせながら、急に両手をついて、両足を上に差し伸べて、逆立ちになって戯れているのを見つけた講中の人々が、「あれあれ、同行が軽業をやらかしている。可笑しい可笑しい」と笑い囃した。庄松、抜からぬ顔で、「お前たちが地獄へ堕ちる真似じゃ真似じゃ」と誡めた。あるときは三本松の勝覚寺の本

一茶の信心

堂で、御本尊の真ん前に仰向けに寝っ転がって、ニコニコしている。友同行の菊松に咎められたときの言い種が面白い。「親の家じゃ、遠慮には及ばぬ、遠慮には及ばぬ。そういうお前は継子であろう」。穿ち得て妙ではないか。

これを彼の俳人一茶の言葉に聞こう。

他力信心、他力信心と一向に他力に力を入れて、頼み込み候う輩は、ついに他力縄に縛られて、自力地獄の炎の中へ、ぼたんと陥《おちい》り候う。其の次に斯かる穢き泥凡夫を、美しき肌になし下されと、阿弥陀仏におし誂《あつら》えに、あつらえ放しにして置いて、はや五体は仏染《じ》みになりたるように、悪すましたるも、自力の張本人たるべく候う。

問うて曰く。如何様に心得たらんには、御流儀に叶いはんべりなん。

答へていわく。別にこむずかしき仔細は存ぜず候。ただ自力他力何のかのいう、あくたもくたを、さらりとちくらの沖へ流して、さて後世の大事は、其身を如来の御前に投げ出して、地獄なりとも極楽なりとも、あなた様の御はからい次第、遊ばされ下されませと御頼み申すばかりなり。斯くの如く決定しての上には、南無阿弥陀仏という口の下より、欲の網をはる野に、手長蜘蛛の行いをして人目をかすめ、世渡る雁のかりそめにも、我が田へ水引く盗み心、ゆめゆめ持つべからず。然る時は強《あなが》ち作り声して念仏申すには及ばず、願わずとても仏は守り給うべし。これ即ち当流の守り心とは申すなり。あなかしこあなかしこ。

ともかくも　あなたまかせの　年の暮　　五十七齢　一茶

文政二年十二月二十九日

註

（1）**禰子**　神道の神に仕える者。

（2）**釈子**　仏弟子。

板担ぎのいろいろ

第九章　勇奮——御恩の板か我慢の板か

一　板を担ぎゆく人々

世の中には頻りと御幣《ごへい》を担いで騒ぎ回る人があり、また大きな広い板を担いで躍起になっている人もある。大工じゃなかろうに、指物師じゃなかろうに、木挽きでもなかろうに、誰がそんな板を担ぎ回る者があろうかといわれるかもしれないが、そんなことを言っていることがすでに担いでいるのかもしれない。東京の銀座、京都の四条のような賑やかな町、その中を広い大きな板を肩にして通った男、「ああ綺麗な美しい町じゃこと、けれど惜しいことには片側町である。あれが両方であったらどんなに結構であろうか。片側が板塀で情けない」と言ったそうな。自分が大きな板を担いでいるから、片側はどうしても板しか見えないことに気付かない。これはいわゆる板担ぎ担板漢《たんぱんかん》である。言葉荒く言えば「チェッ、この担板漢め」。担板漢といえば男のことですが、これは強《あなが》ちに男に限ったものでもありません。女にもある。強力なものです。担板爺、担板婆、担板息子、担板娘、担板親父、担板嬶、担板婿、担板嫁、担板親、担板子、担板赤子といったふうに何にでもある。

粗忽者の水瓶買い

粗忽者の旅

ある慌て者が、水瓶を買いに行った。店では水瓶を仰向けにして置くと中に塵が溜まるので、どれも伏せてある。「この水瓶は格好はよいが口がないな」「いいえ、口はございます」と起こしてみせると、「ああ、底もないではないか」と叫んだそうな。同じ様な男が足袋を穿《は》こうとして、どうしても穿けない。「おい、この足袋は馬鹿に小さくなっているぞ」「いいえあなた、それは右と左が違っておりますが」。細君に注意されて、「なに、片っ方くらい違っていてもかまやせぬ」という。何を馬鹿なことを言っているか、片っ方の違いは両方の違いとなる。

やはりこんな男が旅をしようとして、前の晩に用意を調え、早朝出発するために脚絆をつけ始めた。片方は上手く足に括り付けたが、片方は傍の柱に巻き付けて出て行った。昼頃、風呂敷包みを開いてみれば、弁当と思っていたのは枕であった。足を見れば脚絆は片方だけ。これは残念と家に引き返して、家人をさんざん叱り飛ばして、よくよく見れば隣の家であった。こんなのがいわゆる担板漢である。

世に「惚れやすの飽きやす」という俚諺《ことわざ》がある。惚れるかと思うと直ぐ飽きる。飽きるかと思うと直ぐ他の者に惚れる。これは美しいお雛様のようだと見込んでもらい受ける。妻として同棲すれば、だんだんとアラが知れる。屁もひる、糞もする。こんなはずではなかったと、

目についた　女房やがて　鼻につき

そろそろ秋風が吹き初めて、間もなく離縁沙汰。そうかといって、

手に取るな　やはり野に置け　れんげ草

向こうに花を眺めて、芸者狂いや女郎買いするのも馬鹿の骨頂。いずれは人間、低いところに置いてから上から見下ろしたところは立派でも、高いところに置いて下から見上げたら大変、尻の穴が見えて拝まれた様ではない。美点ばかりを見て惚れ込むのも、醜点ばかり見て逃げ出すのも、ともにこれ両面全体を知らぬ担板漢、板を担いで町の片側ばかりを見ているもの。

　もったいないも卑しいから

腐ったのやこぼれたのをそのまま捨てるのももったいないと、かき込んで腹を損ない命を捨てる。もったいないのなら、初めからこぼさないようにすればよい。腐らさなければよい。腹が減ったからといって嚙まずに呑み込む。喉が渇いたからといって生水を呑む。美味しいからといって酒を注ぎ込む。甘いからといってお菓子を口いっぱい頰張る。珍しいからといってご馳走を詰め込む。これも食欲に囚われて、衛生も養生も打ち忘れた担板漢。

　苦は楽の種、楽は苦の種

楽ばかり欲しがって、楽を造る道を知らぬ働羅漢《はたらかん》。

　金あればあるに任せて欲しくなる　なけりゃないのでなお欲しくなる

金ばかり欲しがって、金を儲ける道を知らぬ野良苦良漢《のらくらかん》。

　世の中は夢の世なれば寝るもよし　仮の世なればまた借りるもよし

寝ることばかり知って、借りることばかり覚えて、起きること返すことも忘れた厄介長者《やっかいちょうじゃ》。

　味噌こしの底に残りし大晦日　越すに越されずこされずにこす

年を越さずに年に越される迂闊坊《うかつぼう》。

　後の世と聞けば遠きに似たれども　知らずや今日もその日なるらん

この世ばかり見て、未来の見えぬ有耶無耶漢《うやむやかん》。いずれも厚い四分六分、広い二尺三尺の一枚板を、せっせせっせと担ぎ回る人々です。

二　我慢の板を担ぎつつ

物には長短得失があって、一概にいくものではない。一方の長所得点だけ見て善いと決め込むのも、一方の短所欠点ばかりを見て悪いとばかり決め込むのも、ともに担板漢。一方に見て長所とするところが同時に他方からは短所であるかもしれず、この方において醜点だとするところが、同時に他面において美点であるかもしれない。柳の下にいつも泥鰌《どじょう》がいるとは限らぬ故、いつも杓子定規を振りまわすのも厄介な担板漢、板担ぎである。徳川時代平田《ひらた》篤胤《あつたね》(1)一派の国学者が無闇に仏法を嫌い、明治初年の仏法者がキリスト教を攻撃し、現今のキリスト教徒が時折仏教を非難するような、大方はこの担板漢。我利我利の板を担いで、却って自家の愚を表明するものである。

規則規則を担ぐ人も、常識常識を振りまわす人も、大抵はこの担板漢で、畑で水泳を談じ、机上で空論を戦わしている。やれ宗教は必要だの必要でないのと得意げにいうのも、担いだ板に遮られて向こうの見えない人が多い。ある人が同行をしっかりけなしてやるつもりで、「婆さん、お前は一厘銭（江戸時代の穴あき一文銭＝最低の価値を意味する）だなあ」と言えば、「はい、私は一厘銭で一向値打ちもありませんが、あなたは一銭で結構ですね。しかしお気の毒なことには、一銭では向こうが見えず、私は一厘銭なればこそおかげさまで開いた穴から向こうが見えます。いつお暇が出ても、お待ち受けのお浄土へ行けます。嬉しいやらもったいないやら」と言われてし

杓子定規な
息子

まった。

母の手一つで育った侍の子、何でも学問勉強をしなければならないと、京へ上りある漢学の塾に入った。三年ばかり勉強して一通りの経書も学び、久しぶりで故郷に錦を飾ることになった。寂しく待っていた母の喜びはいかばかりか。定めし倅は余程の偉い者になったであろうと、村はずれまで迎えに出る。向こうから倅は大いばりでやって来る。見れば麻上下に大小を差し、衣紋正しく調えた姿。母は懐かしさに堪えかねて、躍り出るように、「まあ、無事でよう帰ってきた。道中、随分疲れたであろう」と傍へよれば、倅はキッと姿を正し、「これは母上様にはご健勝の体を拝し奉り、恐悦至極《きょうえつしごく》に存じます。かつ今日はお迎えの光栄を得て、恐懼恐惶《きょうくきょうこう》、再拝頓首《さいはいとんしゅ》」と塾の先生に習ったとおりの挨拶をしたが、母には一向に解らない。「まあ親子じゃもの、挨拶くらいどうでもよい。一緒に帰りましょう」といえば、「六尺を隔てて師親《ししん》の影を踏まず。母上、お先に」と答えて、自分は一間も後からのそのそついて行く。母は意外であったが、それでも子は可愛い。お腹も減ったろうと、家に帰りかねて用意のご馳走を出す。とはいえ、もとより田舎のことだから、芋や大根に蒲鉾くらいが関の山。ところでこの蒲鉾の切り方が少し歪んでいた。それに目をつけた倅、「君子は切り目正しからずんば食わず」と澄まし込んで箸を執らない。「いくら学者になったとて親子じゃもの、そんなに難しくいうものではない」「いや、いやしくも聖人・賢人の道を学ぶ者、あに田夫《でんぷ》・野叟《やそう》の類いとは違わずにしてどうしましょう」「そんなにいわれては、私は殿様の前でお叱りに遭うみたいじゃ」「いやしくも聖賢の教えによって、親しく孝道を立てんとする者を、殿様のお叱りとは何事でござるか」と血相変えて母親を睨み付けたという。

杓子定規もほどほどにしなければ、せっかくの孝行が親を睨み付けることになってしまう。

たとひ正義たりとも、しげからんことをば停止《ちょうじ》すべきよし候ふ。(2)

と蓮如上人は仰せられている。『論語』の塾の先生という大きな板を担ぎ込んで、無理矢理これに当てはめようとする、笑止千万なことではないか。

註

（1）**平田篤胤**（安永五（一七七六）―天保一四（一八四三））江戸時代後期の国学者・神道家・思想家・医者。出羽久保田藩（現在の秋田市）出身。成人後、備中松山藩士の兵学者・平田篤穏の養子となる。幼名を正吉、通称を半兵衛。元服してからは胤行、享和年間以降は篤胤と称した。号は気吹舎、家号を真菅乃屋。本居宣長の後を引き継ぐ形で、儒教・仏教と習合した神道を批判したが、やがてその思想は宣長学派の実証主義から逸脱した神秘主義に変貌し、ファナティックな仏教排斥論を主張した。

（2）『蓮如上人御一代記聞書』浄土真宗聖典註釈版一二七四頁。

三　前後左右に担ぐ人

総じて人と人の間は、愛と敬をもって繋がれます。「親しき仲にも礼儀あり」、礼儀が欠けてしまっては無茶苦茶になる。だからといって、また礼儀ばかり盾に執られても、窮屈になる。

元日や　家の女房に　ちょっと惚れ

あの上下つけた四角張ったところにこれも愛嬌。

元日や　家内ながらも　客言葉

これもこうでなくてはならない。だからといっていつも彼も恐惶謹言でやられては堪らない。一日十五里二十里を歩く健脚家でも、小笠原流(1)で真っ直ぐ歩けと言われては、四畳半の茶席が一日かかっても歩けない。二十貫三十貫を軽しとする関取でも、千家流で呑めと言われたら、汗水たらしても小さな抹茶碗一つを取り上げることができなくなる。それなのにぜひにこれをやれと強いるのも、一個の担板漢。同じ孝行でも石に上下着せたようでは、敬はあっても愛のない板担ぎである。「よし、これは好いことを聞いた。親子の間に隔たりがあってはならぬ」と、早速家に帰って、五尺の男が母の膝ににじり上がって、父の肩にへばりついて、お菓子や小遣い銭をねだり、仰向けに寝そべって甘えてみたところで、それも同じく担板漢。いずれも本当の孝行ではない。

権利と義務のはき違え

近頃は権利義務が大流行で、親子の間にさえ担ぎ込もうとする。ややもすると「親は子を育てる義務がある、子は育ててもらう権利がある」と言う。しかし義務の存するところには必ず権利があり、権利の存するところには必ず義務が伴う。それなのに、親には義務を強いて権利を認めず、子には権利を許して義務をなおざりにしようとする。それは間違っていよう。親にもし子を育てる義務があるとするならば、子を叱り導く権利がなければならない。子が親に育ててもらう権利があるとするならば、同時に親の指導に従い孝養を尽くす義務がある。それなのに親に対しては板を右にして権利を見ず、子に対しては板を左にして義務を見ない。この担板漢よ、どれほどわがままか。

親が子を養育する義務を忘れて、いたずらに権利を主張して子を食い物にするのは、同じく甚だしい担板漢、憎むべき板担ぎである。

三人の子を持つ父親、あるとき中の子の次郎に諭して、「これ次郎や、お前は上の太郎の弟であるのだから、兄の言うことを聞かなければならんぞ。また末の三郎にとってはお前は兄であるのだから、三郎を可愛がってやらねばならんぞ」と言い聞かせた。これで三人の子が仲良くやっていけるだろうと思っていたが、さにあらず。三人が大喧嘩してわいわい泣きわめいている。父親が仔細を聞くと、兄の太郎が「次郎がわがままで仕方がない。私には『兄さん、私は弟ですから、可愛がってくれなければ困ります』。三郎には『俺はお前の兄だから、俺の言うことは何でも聞かなければならんぞ』と言って、私の物は引ったくり、三郎は追い使います」と言う。なる

心の曲がりを正されると腹が立つ

ほど、これでは喧嘩になるはず。こんなのは板の向きを変えて、横にして後に担いでいるのだ。板を横にして後に担いで、町の中を走ってごらん、他の人への迷惑はとても筆舌に尽くされないだろう。これらは大分念の入った担板漢である。

さらにここに一つ、人として情けないことがある。ぜひとも改めたいもの。「あなたの着物の襟が曲がっておりますよ」と注意されれば、「はい、有り難うございます、よう言うてくださった」と直ぐ直す。「あなたの顔に墨がついておりますよ」と言われれば、「あらまあ、よくぞ知らせてくださった」「あなたの帯が解けかけております」「これはかたじけない」と一々人の言葉を容れて、御礼の一つも言いながら直す人でも、「あなたの心が曲がっています」と言われては、「なにっ」と怒りだす。姿形の及ばぬところは聞いて嬉しく直す人が、何故心の曲がりが直されないか。言っている私みずからが直せない。これも同じく担板漢。しかもその板は前に立ててある。

このように私どもは前後左右に板を担いで、怒りながら、恨みながら、泣きながら、僻《ひが》みながら、種々の芸当を演じている。さぞや肩の凝ることであろう。速やかにその板を下ろして、事物の真相を見究めなければならない。人の真相を窺い、自分の真相を知るのには、担板漢では無理なこと。まず我が胸を打って、「チェッこの担板漢め」と叱り、板を下ろして胸に手を当てて考えてみる。「胸に手を当てて考えてみれば、雨の降る日は天気が悪い、親父俺より年が上」それにもかかわらず、我慢の板を担いで雨の降る日を上天気と思い、年上であるはずの親父を子供扱いにしてはおるまいか。
心鎮めてよくよく見れば　犬はふりふり鶏は裸足　家のお袋女でござる
この見やすき道理が何故解らない。

註

（1）**小笠原流**　武士の作法としての礼法・弓術・弓馬術（流鏑馬）の流派。両足に体重をかけたまま歩くことを要求する歩法は、熟練しないと一歩も歩けない。

四　御恩の板を担いで

自他の真相を見て、あるいは他の忠言を聞くときは、しばらく板を下ろさなければならないが、いざ実行という場合、自分の目的を達するためには、馬車馬のように両肩に板を担いで、両担板漢でなければならない。この場合、板を下ろしてしまっては、あちら立てればこちらが立たず、こちら立てればあちらが立たず、両方立てれば身が立たない。終いには身を滅ぼすことになる。

親鸞聖人はその信仰において、正しくこの両担板漢であらせられた。

　親鸞においては、ただ念仏して、弥陀にたすけられまゐらすべしと、よきひと（法然）の仰せをかぶりて、信ずるほかに別の子細なきなり。[1]

よき人の仰せという厚い大きな板を担いで、無碍の一道である念仏者の道をさっさと行かれる。行き先が地獄であろうが極楽であろうが、そんなことに構いなく進まれる。ここに聖人の道が開ける。

　詮ずるところ、愚身の信心におきてはかくのごとし。このうへは、念仏をとりて信じたてまつらんとも、またすてんとも、面々の御はからひなり[2]

何という力強い鮮明な態度でありましょうか。

よきことを思ひつくるは御恩なり、悪しきことだに思ひ捨てたるは御恩なり。捨つるも取る

も、いづれもいづれも御恩なり(3)

蓮如上人も、御恩の板を両方に担いだ両担板漢である。

私の宗教はただ一個でなければならない。アーメン陀仏法蓮華経、遍照金剛薩婆訶ではいけない。私は私の宗教として、南無阿弥陀仏一点張りである。絶対他力の本願一本槍である。もちろんすべての宗教も見る。見ることは見るが、板を下ろして見る。板を下ろしてこの法界を眺めるとき、宇宙ことごとく如来大慈悲の顕現でないものはない。

迷いから地獄も餓鬼も出来るなり　尽十方は弥陀のふところ(4)

九十五種世をけがす　唯仏一道きよくます

菩提に出到してのみぞ　火宅の利益は自然なる(5)

ここに私は自他の真相を見極めるときにはぜひとも自力我慢の板を下ろし、自己の所信に向かって立つときにはよろしく御慈悲と御恩の板を両方に担ぎ、念仏の一行をまっしぐらに進み行く。そのように私はこの意味における一個の両担板漢であり得る光栄を、我が如来に感謝するものである。

註

(1)『歎異抄』二。浄土真宗聖典註釈版八三二頁。

(2)『歎異抄』二。浄土真宗聖典註釈版八三三頁。

（3）『蓮如上人御一代記聞書』浄土真宗聖典註釈版一三二八頁。

（4）徳本上人（宝暦八〔一七五八〕―文政元〔一八一八〕　江戸時代後期の浄土宗の僧。紀伊国日高郡の出身。小石川伝通院の一行院に住し、大奥女中の帰依を受けた）の歌。

（5）『正像末和讃』浄土真宗聖典註釈版六〇二頁。

五　板のおかげで毒が薬に

板を担ぐのが強《あなが》ちに悪いとは言わない。ある場合においてはぜひとも担がなければならないが、またある場合にはぜひとも下ろさなければならない。これを間違って、下ろすべきときに下ろさず、担ぐべきときに担がなかったら、やはり第三の悪担板漢であることを免れない。

事物の真相真価を見究め、自他の実相実状をことごとく知るには、残りなく板を下ろして虚心坦懐に、これを見破らなければいけない。身に余るような欲を起こしてはならんというので、

上見れば叶はぬことの多かりき　笠着て暮らせ人の世の中

上見ればあれほしこれほし星だらけ　下見て暮らせ星影もなし

という考えもあるが、そうかといって、笠被って下ばかり見ていると、いつしか自分が最上等のような気になり、上から目線で他人を見下してしまう。

下見れば我に上越すものはなし　笠とりて見よ空の高さを

謙虚におのが姿を顧みることが必要なのである。井の中の蛙では大海が知れぬ。まあ広い世の中であったなと初めて驚くのも担板漢である。

四季に花を開いていつもよい香りを放つ誠に不思議な大樹が、ある庭園の真ん中にあった。遠くから見ると誠に美しい。誰でも知らず知らず引きつけられて、その樹の傍へ寄っていく。傍に

寄った人々が「素晴らしい樹じゃ、美しい花じゃ」と眺めていると、いつしか頭が痛くなったり、腰や背中が痛み出し、ついには死んでしまう者まででる。それはその樹に不思議な毒があるからだった。しかしこの庭園の真ん中にあり、遠くからもその立派な姿が見えるため、知らぬ者がドンドンやって来てしまう。これを何とかしなければと考えた庭番が、勇気を起こしてこの樹を切り倒した。すると不思議なことに十日も経たない内に、再び生えてきて元の立派な大樹となる。何度切り倒しても直ぐに生えてくる。庭番はどうする術もなく頭を抱えてしまった。そこへ一人の修行者がやってきて、庭番の悩みを聞くなり、「それは根っこから掘り起こして捨てなければダメだ」と言う。庭番もそれは確かじゃと思ったものの、考えてみれば今まで樹を切り倒すだけでも、命がけでやった仕事。それを根っこまで掘り起こすとなれば、必ずや毒に当てられて死んでしまうであろう。世の人のために自分の命を投げ出すのは構わぬが、後に残す年老いた両親や妻子が可哀想だ。いっそのことこの庭番さえしなければよかろうと、仕事を捨てて逃げ出してしまったという。

さてそんな不思議な樹なんてあるものかとお疑いの方もあろうが、実はその樹はそこら中にある。一本や二本でない、あなたの周りに生い茂っているのに気付かれないか。白や黄色いお金という樹。地獄の沙汰も金次第といい、金はなくてはならないものであるが、なくてはならない金のために、どんな不幸を生み出すか。金が仇のこの世の中、金のために頭を痛め、身を苦しめ、恥までかいてはいないか。

もう一つは酒という樹。素面《しらふ》で行った人も、その毒に当てられて、帰りにはヒョロヒョロあちらへ寄ったりこちらへ寄ったり、八人連れの千鳥足。なんと酒という樹には、人を引き寄せて地獄へ堕とすアルコールという毒がある。

もう一つ美女という樹。

骨かくす皮には誰も迷ふらん　美人といふも皮のわざなり

と悟ってしまえばなんでもないが、悟ったようで悟りきれないところが我々。色欲という毒が回って、惚れた腫れたで心中沙汰や血の雨が降ったりする。チェッこの担板漢め、貪欲色欲の板を担いでいては、毒が却って薬に見え、苦が却って楽に見え、命を捨て身を亡ぼすことになる。「情欲と酒は甘き毒」「酩酊は一時の発狂」とか、下ろせ下ろせよその板を。

ハエと蜘蛛に救われた王子

六　下《お》して見れば敵も味方に

「疑心暗鬼を生ず」とは古今の真理。怖い怖いと思って夕暮れの野道を行けば、枯れたススキが幽霊に見え、そよ吹く風が恨めしやと聞こえる。あいつのせいじゃ、あいつのせいじゃと思えばきっとあいつが憎いものになってくる。板を担いでいては真相が見えない。自分の与えた免許では世間に通用しない。下ろせ下ろせその板を。「鬼婆なりと人のいうらん」と思えた人でも、板を下ろしてみれば、「仏にもまさる心と知りもせで」と恨むどころか御礼を言わなければ済まなくなる。良薬は口に苦い、苦い良薬も呑んでみれば病気が治る。治ってみれば苦さもありがたい。

ハエと蜘蛛の大嫌いな王子がいた。「もしできることなら、ハエと蜘蛛を一匹残らずこの世界から追い払いたい」と常々思っていた。あるときのこと、隣国と戦となり王子も出陣したものの、大激戦の結果敗北を喫し、命からがら逃げ出して、家来とも離れ離れになってしまった。ともかくどこかに身を隠そうと森の中に入り、大きな樹の下に身を横たえたところで、疲れのためにそのまま寝入ってしまった。後を追ってきた敵の兵士がこれを見つけ、そっと近寄って剣を抜き、今まさに命を取らんとしたそのとき、どこからかハエが一匹飛んできて、王子の顔を這い回った。その気持ち悪さで目を覚ました王子は、すんでのところで敵を倒して命拾いしたのであった。そ

元旦床の間の雑巾

の夜、王子は、この森の中にある大樹の洞穴に身を隠して寝入ってしまった。王子が寝入ってから蜘蛛が一匹下りてきて、虫でも捕まえて餌にしようと、その洞穴の入り口に大きな巣をかけた。夜明け頃、敵の兵士が二人で王子を探しにやってきた。王子はその声に気が付いて、洞穴の奥でじっと身じろぎもせずに隠れていると、兵士の一人が洞穴を見つけて、「おい、この洞穴を調べてみよう。ここに隠れているかもしれんぞ」「いいや、この中にはおるまい。なぜなら蜘蛛の巣が入り口に張ってある。確かあの王子は蜘蛛が大嫌いなはず。あいつがこの洞穴に隠れるなら、この蜘蛛の巣を取っ払ったはずさ。この蜘蛛の巣こそあいつがいない証拠だ」。こういって二人はどこかへ去って行った。王子はまた危ないところを命拾いしたのである。二人の影が見えなくなってから、王子はそっと蜘蛛の巣を壊さぬように這い出してきて、深々と蜘蛛に頭を下げて礼をした。その後、無事本国に帰還した王子は、自分が大嫌いであったハエと蜘蛛に命を助けられた不思議さを思って、以後はハエと蜘蛛を毛嫌いすることがなくなったという。

我らもまた気の付かないうちに、危ない命拾いを幾度もさせてもらっているかもしれない。思えば感謝せずにはいられない。嫌いで嫌いでならなんだ王子も、命を助けられてみれば、ハエと蜘蛛に感謝せずにはおれず、愛憐せずにはいられなかったであろう。下ろせ板を、板を下ろしてみれば法界ことごとく恩境ではないか。

明日は正月だというので、大変な騒ぎで掃除をし、あちらも拭きこちらも拭き、拭き上げて、床の間の飾りには、餅は申すに及ばず、勝栗・海老・昆布などをうずたかく盛り上げ、その夜も明けて翌朝になると、早暁から起きて、若水を汲み、晴れ着を着るやら大騒ぎ。神棚に礼拝するやら、座敷で屠蘇を祝うやら、お目出度うお目出度うと家内一同うち揃って祝っているうちに、夜もほのぼのと明けてきて、床の間の目出度い三幅対が美しく光を放っている。松・竹・梅に福寿草、いかにも目出度いと大恐悦の主人、ふと鏡餅の傍を見ると、真っ黒い蛙を踏みつぶしたようなものがある。よくよく見ると、誰が置き忘れたか、昨日の掃除の雑巾。驚くまいことか、縁起担ぎの主人、「誰がこんなところへ雑巾なんぞ置き忘れたのじゃ。なんという情けないことをする。ああ、今年もきっとろくなことはない。穢い雑巾を元日早々から床の間に飾っておくなんて、縁起が悪い縁起が悪い」。ついには「もうお目出度うなんぞと言うてくれるな」と怒り出し、家内中に八つ当たりを始めた。

　ちょうどそんなところに、隣に住んでいる滑稽家の歌人が、「やあ、お目出度うございます」と年始にやってきた。しかし主人はふくれっ面で、「お目出度いもなにもあったもんじゃない。もはや今年は駄目です」と悄《しょ》げている。ははあ、またいつもの縁起担ぎが始まったなと、「それはまたどうして」「どうしてもなにもあったものか、これこのとおり、元旦早々床の間に穢い雑巾を飾っておった。穢い雑巾で年が汚れてしまった」「なに、それでこそ余計に目出度い」「先生、冗談言っては困る、それが何故目出度い」「そんなに怒らずともまあお聞き」。

　　雑巾を当て字で書けば蔵と金　あちら福々こちら福々

これを聞いて主人にっこりとして、「なるほどこいつは目出度い、ここへ雑巾を置いてくれたのはどなたじゃな、ようこそ置いてくださった、御礼を申さねばならん」と打って変わって上機嫌になったという。

　板を担いでいては、年まで汚れたように見える。板を下ろしてみれば、穢い雑巾までが誰が置いてくださったかというように、有り難く嬉しくなる。チェッ、この担板漢よ、板を下ろしてみよ。

　三界は我が有にして衆生はことごとく我が子なり。一子のごとく憐念したまう如来の大悲が、何故に私一人のためであると頂かれないか。自力我慢の板を担いでいては、恵も却って仇となる。下ろせ汝が邪見憍慢の悪板を、自身は現にこれ罪悪生死の凡夫と自己の真相を見究めたとき、同時に無疑無慮《むぎむりょ》乗彼願力《じょうひがんりき》、私のための御慈悲と徹底することができる。これを張天覚の故事（本書一一一頁）に見よ。

強欲な娘

七　下ろしたらさらに担げ板を

至心信楽おのれを忘れてすみやかに無行不成の願海に帰し(1)

しばらく自己の領見を措いて、おのれを忘れて、先方の意思に聞き徹見せよ。我慢の板はおのずから下ろされて、真心徹到の身となられよう。ここに新しい我が行くべき道が開ける。開けたならさらに新しい板を担いで進み行け。自己の所信に向かって立つとき、当然ながら両担板漢で勇奮突進せよ。この場合、板を下ろしてはいけない。

この場合、板を下ろしては、どっちつかずの虻蜂《あぶはち》取らず、厄介千万なものになってしまう。鳥獣合戦に内股膏薬をきめ込んだ蝙蝠《こうもり》のように、結局捨てられるのが関の山。

母親が娘を呼んで「これ、お前も年頃になって、方々からもらいにくるが、今までこれぞと思う縁もなかった。ところがこの度の二件の話は相談してもよかろうと思う。一件は金持ちであるけれど少し婿殿の顔が不細工なそうな。もう一件は婿殿は顔もよく人柄もよければど財産は少ないという。どちらも婿殿は問題なさそうだし、どちらもお前を欲しいと言われる。この上はお前の心一つじゃ、さあどちらか選んでおくれ。なに、恥ずかしいのか。それもそうじゃな、こんなことは口では言いにくかろう。そうじゃ、それでは金持ちの方がよいのなら右肩を脱ぎ、顔のよい方がよければ左の方を脱ぎなされ。それまで私は目を瞑っているから」。母親がこう話して目を

虻蜂取らずの男

瞑っていると、娘は肩を脱ぎだした様子。母親が「もういいか」と尋ねると「はい」と言う。そこで目を開けて見ると、これはいかに、娘は両肩を脱いでおった。どちらへも行きたいと言う。どっこい、どちらへも行きたいのなら、どちらへも行けなくなる。このときこそ、新しい板が必要になる。

ごま塩頭のいい年をした男、艶満家で二人の女を囲っていた。一人は年増で一人は若い。ともに自分だけが囲われていると思っている。年増のところへ行くと、「私は年も取ってきて頭も白くなってきたのに、あなたがそんなにお若くては釣り合いがとれません。本当に私を思ってくださるのなら、どうかあなたの黒い髪を抜いてくださいませ。そして共白髪になりましょう」と懇願されて、男は仕方なく黒髪を抜いた。その後、若い女の方に立ち寄ると、「私はまだ花盛りの身なのに、あなたがそんなに白髪ばかりでは釣り合いがとれません。本当に私のことを思ってくださるのなら、そんな白髪は抜いてくださいませ」いわれてみればごもっともと、男は残った白髪をみな抜いて、とうとう毛一本ない禿げ頭になってしまった。そのためどちらへ行っても、「そんな禿げ頭の爺さんには愛想が尽きた」と両方の女に逃げられてしまったという。

二人にまで見捨てられては仕方がない。一人ならず二人の女に逃げられた男という面目なさに、世間を大手振って歩くわけにも行かず、それならと一念発起して田舎で百姓でもしようかと考えた。けれども考えてみれば、高い丘には旱魃《ひでり》の憂いがあり、深い谷には洪水のおそれがある。それならこうするに限ると、一ヶ月のうちで雨の降るときは丘に登って畑を耕し、日が照れば谷に下って田を耕すことにした。こうして畑も半途、田も半途、登ったり下ったりしているうちに、いたずらに春は去り夏過ぎて、丘の畑は日に乾き、谷の田は水に浸って、結局骨折り損のくたびれもうけ。

こんなふうに一生を終わって犬に生まれ、大河の東西に人家のあるところに住み着いた。そして河東の里に煙が立つとみれば河を渡って東に行き、河西の家に煙が立てば河を渡って西へ行く。東に行けばまだ食物ができあがらない様子。西に行けばもはや食ってしまって残りもないありさま。あちらが早過ぎればこちらは遅過ぎる。早過ぎたり遅過ぎたり、行きつ戻りつするうちに、河の途中で溺れ死んだという。

何だか馬鹿馬鹿しい話であるが、動かすべからざる真理がある。柳は緑、花は紅。紅の柳ができたり、緑の桜が咲いたり、女の父があったり、男の母があったらちと困る。ものの筋目は判然と一筋きっぱりさせなければならない。大工もすれば左官もする、木挽きもすれば機織りもする、商売もすれば百姓もする、何もかも一時にというふうになれば、結局なにもかも上達しないばかりか、疲れて病気でも発し、家も身も亡ぼしてしまうこと間違いない。ここは両担板漢となって、自分のただ一つの目的、それに一途に進むべきである。

かくすれば斯くなるものと知りながら　止むにやまれぬ大和魂(2)

忠義というも孝行というも、同じく君恩親恩の板を両方に担いで善き両担板漢となることを要するのである。

七　下ろしたらさらに担げ板を

註

（1）『報恩講私記』浄土真宗聖典註釈版一〇六九頁。

（2）吉田松陰（文政一三〔一八三〇〕—安政〔一八五九〕幕末の長州藩士。思想家・教育者・兵学者・地域研究家。明治維新の精神的指導者・理論者）の歌。

八　担いだら下ろしてはならぬ

世に八方美人というのがある。八方八面に色目を使って、さんざん浮き身をやつした揚げ句が八方塞がり、頭痛鉢巻きの行き止まり。宗教の信仰に関して、聴聞のときは当然ながら板を下ろして虚心坦懐《きょしんたんかい》に担板漢たらざるようにし、いざ修行実修となれば、たちまちに両担板漢として馬車馬のようでなければならない。「私は隔てをするのが嫌いだから、何神様でも信仰します。稲荷様でも、薬師様でも、弘法様でも、日蓮様でも、天神様でも、観音様でも、阿弥陀様でも、なんでも手当たり次第信心します。信心して悪いことはありません、みな御利益が頂けます」などと言う人がいる。これはちょっと開けたようで、実は御利益目的の八方美人信仰、一朝事にぶつかれば直ぐに崩れてしまう。聴聞の仕方がすでに間違っている。聞法のときには利欲の板を担いだ担板漢であって、修行のときには板を下ろした腰抜けである。こんな人のいわゆる信仰を叩いてみれば、「南無妙法蓮華経。南無阿弥陀仏。アーメン。おんあぼきゃべいろしゃのう。なむからたんのうとらやーや」、何が何やらさっぱり解らない。道は一つ、どれか一つに定めなければ、向こうに行けない。

これと同時に、一旦担いだ板は中途で下ろしてはいけない。彼の蜀山人が門人に諫められて、今後は一切禁酒すると誓い、

黒鉄《くろがね》の門より堅きこの禁酒　ならば手柄に破れ朝比奈

とやったはよかったが、三日も経たぬうちに禁を破って、

我が禁酒破れ衣となりにけり　さしてもらおうついでもらおう

と詠ったという。

四臓先生

中国のある先生、相当学識もあり門人も多いのだが、大酒を呑むのが玉に瑕《きず》。門人がいくら諫めても容易に聞き入れない。なんとかして酒を止めさせる方法はないものかと、思いあぐねているときに、今日もまた先生、大酒を呑んで酩酊し、揚げ句の果てに小間物屋を広げてしまった。よし、これでなんとか諫めようと、門人の一人がその中に豚の臓物を放り込んで、「先生、大変でございます。今先生が吐き出されました中に、先生のお身体の中の臓腑が入ってございました。人には五臓六腑があると申しますが、先生はそのうちの一臓を吐き出されて四臓になってしまわれました。もうお酒をお止めにならないと、命に関わります。どうかお酒をお止めくださいませ」と申せば、この先生、酔眼朦朧《すいがんもうろう》として豚の臓物を眺めながら、「なるほど、臓腑を吐き出してしまったようだな。しかし唐の時代には三蔵法師という名僧がおられた。三蔵ですら生きていたのだから、四臓ならまだ大丈夫じゃ」と、またも酒を呑み続けたという。

文覚と西行

高雄の文覚《もんがく》上人(1)はなかなかの荒法師であって、誰にもその勢いを止めることができないほどであった。この上人、どこが気に障ったのか、一度も遇ったことがないのに、西行法師を憎むこと甚だしく、「もし西行に出会ったら、頭を打ち砕かねばおかぬ」と高言していた。するとある年

のこと、高雄の法華会《ほっけえ》にたまたま西行が参会し、しかも文覚の坊に一宿したいと請うてきた。よし来た、これは天の与えたる良い機会と、文覚、松の大木のような腕を鳴らしつつ待っているところへ西行がやってきた。出迎えた文覚、何気なき西行の姿を見るなり、筋張った腕は和らげて慇懃《いんぎん》に案内し、一室に懇談して深夜に及び、あたかも百年の知己のようであった。翌朝に至って西行が辞して帰るのを文覚は玄関に送って、名残惜しげに後ろ姿を眺めている。弟子どもは不審でならない。「お師匠様。お師匠様は何故平生のお言葉のごとく、西行の頭を打ち砕かれなかったのでございますか」と尋ねると、「それはな、あの法師はこの文覚に打たれるような顔つきではなかった。下手をするとこの文覚の方が打ち砕かれるところであったわい」と語ったという。

さすがは文覚もいっぱしの者である。一旦担いでいた我慢妄見の板をも、会見して真相が知られると同時にうち捨て、さらに新たに畏敬の板を担いで追慕するところ、常人凡俗の企てが及ばぬところである。親鸞聖人と弁円《べんねん》の故事も、思い合わされてくる話である。

註

（1）**文覚**（保延五〔一一三九〕―建仁三〔一二〇三〕）平安時代末期から鎌倉時代初期にかけての武士・真言宗の僧。父は左近将監茂遠。俗名は遠藤盛遠。弟子に上覚、孫弟子に明恵らがいる。

慧可断臂

九　我が家業ただ一筋の道をこそ

新たに担いだ板を中途で下ろしてはいけない。熱心にその道に心を止めれば、きっと板は担げるものである。若存若亡《にゃくぞんにゃくもう》といって、なまくらの不徹底ではならない。

禅宗の祖師達磨大師は、嵩山の少林寺で面壁九年、ひたすら壁に向かって九年間じっと座っておられた。そこへやって来た神光《じんこう》が声をかけても怒鳴っても、一顧だにしてくれない。しかし神光はこの和尚から教えを聞きたいと、毎日毎日やってくる。来ても来ても達磨は知らぬ顔。衝いても押しても動きそうもない。神光も神光で、なにもこの和尚でなければならないこともあるまいに、どうしてもこの和尚から教えを受けたいと、両担板漢でやってくる。いよいよ今日こそはと、思い込んで訪ねたのが十二月の九日。神光は入り口に立って動かない。達磨と根機比べしている。

折から頻りに雪が降り出し、日は暮れかかる、寒さはきびしく淋しさも一層。雪はだんだん降り積もって、日はとっぷりと暮れてしまい、庭の木々は雪の綿帽子をかぶっている。石地蔵のように突っ立った神光の膝は雪に隠れてしまい、頭にも肩にも雪が五寸ほども積もっている。けれどもビクともしない。石臼のように座り込んだ達磨と、石地蔵みたいに立ちすくんだ神光、まるで石と石の対面。壁に向いた達磨、達磨に向いた神光、どちらも息が通っているかと怪しまれるほど。風は身を切るごとく、寒さは染み通るような中に、遠慮もせずに雪は積んで二尺三尺、腰を埋めるほどになったが、それでもビクともしない。ようやくにして求める人の誠は届いたのか、「お前、久しく雪の中に立っているが、何か用か」と達磨が聞いた。何か用かとは達磨もとぼけるにもほどがある。しかし初めて声をかけられて、神光は嬉しさに堪らず、「なにとぞ仏法の道理を教えてください」「なにっ、仏法の道理じゃと、こしゃくな。そんなことで聞かれるものか。さっさと帰れ」と取り付く島もない。それでも神光の志は堅く、この上はと持っていた刀を取りだして、おのれの臂《ひじ》を斬り落とし、これを達磨和尚の前に差し出した。「なに、お前は臂を斬ったのか、仏様方は命を捨てられたのだぞ」と和尚はいよいよ落ち着き払っている。神光はやるせなく、「それではまだ仏法を教えて頂けませんか」「それでも解らぬのか。一体何が聞きたいのだ」「私は心配でなりません、私の心を安心させてください」「よし解った。それではその心配をここに持ってこい」といわれた瞬間、神光は、その心配というものがどこにも実体のないものであるということに気が付いた。「はっ、解りました、そのお言葉に心配は逃げ出して、心は安心しております」。

　このようにして神光は頓悟《とんご》の境地に達し、達磨の弟子となって慧可《えか》と名づけられ、中国禅の第二祖となられたのである。これが真実の禅的両担板漢である。我らもまた善知識の言葉の下に、帰命の一念を発徳するとき、よく真実の実行者となり、よき馬車馬的両担板漢となり得るのである。ここに真人生の第一歩が開け、我が行く道が厳然と現れてくる。

我が家業ただ一筋の道を行け　外見《よそみ》をすれば躓《つまず》きやせん

盤珪と大梁

十　両担板漢の馬車馬式に

近代禅林の名徳、播州網干《ばんしゅうあぼし》の盤珪《ばんけい》和尚が、自坊で安居《あんご》を修したときのこと、諸方からたくさんの雲水たちが集まってきた。安居の中頃になると、毎朝の味噌汁にする味噌が、夏場のこととて少し傷んできた。そこで納所《なっしょ》(1)の大梁《たいりょう》という坊さんが、気を利かして老体の和尚に万一のことがあってはと、和尚の味噌汁だけは、新しい味噌を取り寄せて作った。すると一口食べた和尚が、「この味噌は昨日食べたものと違うが」と給仕の小僧に尋ねると、「はい左様でございます。味噌が少し傷んでまいりましたので、若い人なら大丈夫でしょうが、和尚様の老体をいたわって、納所さんが和尚様用に特別に取り寄せて作ったものでございます」と答えた。すると和尚は大喝一声「大梁を呼べ」。大梁が早速まかり出ると、「今朝の味噌は拙老のために別に取り寄せたのであると聞いたが、違いないか」「左様でございます」と聞くなり和尚は、「よし、それではわしに飯を食うなということである。それならわしは食わぬ」と言い捨てて、座を立つとスッと自室に入って固く錠を下ろしてしまった。大梁、驚くまいことか、早速追いかけて、和尚の部屋の前に平身低頭、大声を上げてお詫びを申し上げたが、ウンともスンとも返事がない。そのまま夜昼通して七日間、外では平身低頭、入り口に這いつくばってお詫びする。中では咳払い一つしない。無論両方とも食いもしなければ飲みもしない。

こうなっては驚かずにいられないのが外の雲水たち。立ち替わり入れ替わり戸の外でお詫びしても、何の響きもない。七日の間も、喰わず飲まずで堪ったものでない。捨て置けばいつまで続くかも知れない。この上続いては大梁は死んでしまうからと、大梁のために和尚に詫びを入れることに決し、この寺の檀頭《だんとう》(2)に泣きついて、和尚に詫びを入れてもらうことにした。檀頭も驚いて早速来て見ると、和尚の室は固く閉じられて開かない。そこで室の外から、「大梁は和尚に対して相済まぬと、今日までちょうど七日間飲まず食わずで、ここに平身低頭しております。お許しがなければ大梁は死ぬより外仕方がありません。なんとか罪をお許し願いとうございます」と言うと、和尚もそれを聞いて、「なに、大梁も今日まで飲まず食わずにおったのか。それは可哀想じゃ」と言いながら室の戸を開けて、「大梁、解ったか。その方は拙老の身の上を思う親切からしたことであろうが、しかしこれは拙老には仇である。よくよく考えてみよ。他人に食わせないものを自分一人で食うて、人の師匠となることができようか。大梁、解ったか」と言われて、大梁も「いかにもごもっともなことでございます」と和尚にお詫びすると、「もー二度とはすまいのー」と笑われて済んだということである。和尚の偉いことは申すまでもないが、七日間飲まず食わずにみずからの罪を謝した大梁も偉いことである。

大梁のしたことは、何も和尚を憎んでしたことではない。親切に和尚を思うあまりにしたことが、却って和尚の精神に背いて和尚の絶食となり、大梁は済まないとの心から、お許しの出るまで自分も絶食したのである。そこにあくまで師弟の情味が流れている。さすがにいずれも責任の

関山国師の求道

自覚が厳しいだけに、自己の行くべき道に猛進する両担板漢である。彼の、

一日作さずんば一日食わず

と言われた百丈《ひゃくじょう》禅師、また、

君子は財を惜しむ、之を用うるに道あればなり

と言われた仏源《ぶつげん》禅師、ともにこの種の老漢である。

我ら信仰によって真人生の生活をなす。当然ながら御恩尊《とうと》や、御慈悲有り難やの板を両方に担いで、異学異見・別解行人の言葉に惑わされることなく、ただ仏語の真実なると信じて、称々念々無碍の一道を猛進し、かって疑去退心《ぎこたいしん》を生じないのである。

ついでに今ひとつ禅宗の話をしよう。それは妙心寺の開祖にして花園天皇の戒師となった、無相《むそう》大師関山《かんざん》(3)国師の求道物語である。国師は二十一歳のとき、当時政治と宗教の中心地であった鎌倉において、建長寺の南浦紹明《なんぽじょうみん》(4)の許で出家し、修行すること三十年、日夜研鑽にいとまなく勤めたが、何ら得ることがなかった。

そこでたまたま鎌倉の建長寺の開山忌に諸方から多くの出家が集まってきて、これから開山堂に上って読経しようというとき、衣を着ながら同参の先輩たちに、「今日、我が国にはあちらにも大和尚、こちらにも大善知識と、禅師・知識はたくさんあるが、大和尚中の大和尚は一体誰でしょうか」と尋ねてみた。すると「お前さん、まだそれを知らないのか。京都の紫野・大徳寺に大灯国師(5)がおいでになる。この方こそ正しくそれであろう」と聞くや否や、法会もまだ終わらな

いのに、国師は足袋はだしで飛び出し、東海道を駆け上ったのである。伝には足袋を片足履いたままで、目に富士山を見ずとある。今の旅で列車の中に寝込んでいたら、富士山を見ずということもあろうが、昔の歩いて旅する中で、富士山を見ずに済ますことはあり得ない。それほどひたすら京都を目指していたということであろう。決して慌てたわけではない。このとき、国師五十一歳、血気に逸る年でもない。まったく求道聞法の熱誠を抑えられないためであった。国師もまたよき両担板漢であった。

この勢いで大灯国師の室に参じ、「いかんがこれ宗門向上のこと」とやるや、大灯国師「関」と答えつつ袖を振りきって出て行かれた。さあ与えられたこの一字に、実に三年間の参究を要したという。

註

（1）**納所**　禅寺で金銭や庶務を扱う係。

（2）**檀頭**　檀家総代。

（3）**関山慧玄**（建治三〔一二七七〕―正平一五〔一三六〇〕）　鎌倉時代末期から南北朝時代の臨済宗の僧。京都の妙心寺の開山。

（4）**南浦紹明**（嘉禎元〔一二三五〕―延慶元〔一三〇八〕）　鎌倉時代の臨済宗の僧。駿河国安倍郡の出身。諱は紹明、道号は南浦。勅謚号は円通大応国師。建長寺の蘭渓道隆に参禅し、宗に渡って虚堂智愚の法を嗣いだ。後、建長寺に住した。

（5）**大灯国師**　二三五頁註（1）参照。

第十章　清心——樹てよ流せよ仏地に法界に

一　ただこれ謙虚の一道

いつも清らかな心でありたい。そして清らかな生活を続けたい。心の清らかなほど、幸せな人はない。幸福ということは、財産があるとか、地位が高いとか、家庭が上手くいっているとか、そういう外的な境遇ではない。いかほど財産を積んでみても、不幸は心の中から湧いてくる。地位が高い、家庭がよい、名望がある、そんな人たちの心をも、不幸の鬼は食い破ってしまう。真に幸福だといわれる人は、独り心の清らかな人であろう。

人生の五期

人の一生はこれを分かちて五期とすることができると思う。この五期を上手く通過していった人が、真実人生の成功者だといわれる。女でいうならば、「幼児《おさなご》が娘《むすめ》とつぼみ嫁《よめ》と咲《さ》き　嬶《かか》と萎《しお》れて婆《ばば》と散《ち》るなり」。おぎゃあおぎゃあの幼児が、ピィピィの娘となり、櫛笄《くしこうがい》の嫁となり、子供抱えた嬶となって、孫の守する姑《しゅうとめ》となる。ここに人生の花もあれば実もある話。男でもそのとおり、幼年・少年・青年・中年・老年とだんだん年を重ねてくる。蚕は四遍まで皮を脱いで姿を変えるというが、人間は五回化けるのだ。

学問の四期

これを一学問勉強の上について申しても、

学問を　せねばならぬと　十五年

なんでも学問をしなければならない。早く学校へ行きなさいと言われているうちに、直に十五年は経つ。それから少々欲が出てくると、

学問は　したいものだと　十五年

学問はしたいなあしたいなあと思っているうちに、また十五年が経ってしまう。ここまでで都合三十年。すると、

学問は　ぜひにしたいと　十五年

学問は何でもしなければならぬが、どうしたらよかろうなどと言っているうちに、また十五年が経ってついに四十五年になる。さあこうなると所帯の苦労やら、子供の世話やら、いろいろのことに心配するようになるから、いよいよ学問ができなくなる。

学問は　とてもできぬと　十五年

もはや六十という老人株になってしまう。その段になっていくら嘆いても悔やんでも追いつかない。一生無学で終わらなければならない。これらは竪《たて》に人生の渡り損ないである。

家庭はゴム玉の箱

竪に人間が五度変わる。その変わる五つのものを、横に一緒にしたのが家庭である。すなわち家庭には、坊もいれば嬢もいる。娘もいれば息子もいる。嫁もいれば婿もいる。嬶もいれば亭主もいる。舅もいれば姑もいるといったありさまに、五つとおりの男女が集まっている。そうして

半分垢

これら幾十通りのゴム玉が、何個か箱に詰められたようなもの。これがいわゆる家庭なのである。すでに数個のゴム玉が一つの箱に詰められている。その中の一個が膨らめば、他の多くのものは容積を縮められて小さくなっていなければならない。親父がはびこれば息子が小さくなっている。嬶が出しゃばれば亭主が縮んでいる。積極的な親父の下にながく同棲している息子は、消極的なものが多い。これらのものが互いに負けていれば物騒ながらもまだ穏やかだが、互いに同時に自我を張り立てて、義務だの権利だのと膨れだしたが最後、箱が張り裂けるように家庭は破れて潰れるしかない。

台所の方でガチャンと音がする。お内儀さんが大声はりあげて、「お竹、何を割ったのじゃ」「はい、香の物の鉢を取り落としました。大変不調法で申しわけございません」「何じゃ、鉢を割った。その鉢はお前の二年や三年の給金で買えると思いますか。先日も大事な茶碗を割り、今日もまた鉢を割って、そうそう片っ端から割ってもらっては、家の身代は半年も続きはしない」。姫御前ならぬ山の神のあられもない柳眉《りゅうび》を逆立てた喚き方。

「これこれどうした。そなたはとかく仰山《ぎょうさん》な物言いをする。世間体が悪い。ちっとは慎め。すべて女というものは、何事によらず優しく取りなして言うものじゃ。わしが江戸から帰りがけに、三保の宿で朝発ちしなに富士の山が見えたので、『ああ、富士のお山は大きいものじゃな』と言うと、宿屋の女中が、『いえいえ、あのように大きく見えましても、半分は雪でございます』と言うた。女はとかくこのように優しく言いたいものじゃ。お前のように仮初めにも仰々しく言うてはならん」と叱りつけると、「そのくらいのことは私とて知っております」とふくれている。そこへ隣の人が「先ほどはご主人からのお土産、有り難うございます。まあ、長の道中、定めしお疲れもあろうかと存じましたに、却って少しお太りになったように見受けられます。お元気でよろしゅうございました」と言われて、お内儀さん、「いえいえ、あのように太って見えましても、あれは半分垢でございます」。これでは堪ったものではない。

老子[1]は、

あえて天下の先とならざるが故に、よく成器《せいき》の長となる。

と示されたが、一家の長としては、功を他人に譲り、美味いものはみな先に食わせてやるという度量がなければならない。そうすれば各々がよくその本分を守って、それらしく家が治まってくる。

口鼻目眉の喧嘩

あるとき、口が大変不平を訴えて、「俺は毎日働いて食べ物を噛んで栄養を与えて身体を養っている。こんな大切な役目を持っているのに、鼻はなんだ、ろくな仕事もせずに、俺より一段高いところを占めている。怪しからん」と言い出した。すると鼻も黙ってはいない。「あまり大きなことを言うな。俺は匂いを嗅ぐのが役目だ。これは香水の香り、これは魚の焼ける匂い、これは蕪が煮える匂いと、みなかぎ分けるからこそ、お前に怪我がないのだ。もし俺がいなかったら、お前がどんなものを食うか解らないぞ。大きなことを言うな」とやり込めてふと上を見れば、目の奴が上段に二つも構え込んでいる。それが気になってならない。「目の奴め、何もしないくせに、俺より高いところにいて、あまつさえ贅沢にも戸を閉めて眠っていやがる」と仰向いて罵れば、「なに、俺は俺で立派な仕事をしている。もし俺がいなかったら東も西も前も後も解らんではないか。横合いから面を張り倒されても、千尋の崖を踏み誤っても仕方があるまい。柱の角にぶつかって鼻を挫かないのは、俺がいるおかげじゃ。だから俺が上にいるのも無理はあるまい」と威張って、ちょっと上を見ると眉毛が悠然と上席に寝そべっている。さあこれが癪に触ってならない。「口や鼻や目はそれ相応の働きをしているのに、眉はなんだ。一番最上席を占めていながら、何にもしておらんではないか。はなはだ無礼な奴だ」と言われて、「なるほど、私は別に働きとてない。流れる汗をせき止めるくらいのこと。はなはだ申しわけがない、それではお前の下に行こう」と眉が目の下に引っ越した。ところが眉が目の下に居着いては、一向顔の形をなさない。男か女か化け物か、昼間でさえギョッとするありさま。実は何にもしないような眉が、顔全体の配置を締め括《くく》ってくれるので、人間様の面ができあがっている。眉は実に隠れた功労者なのである。

眉は謙遜なものである。この謙遜な眉によって、顔全体の争論も止んで、各々その職の価値を知った。『従容録《しょうようろく》』(2)に、

眼・耳・鼻・舌に各一能ありて眉毛上にあり。士・農・工・商一務に帰す、拙者はつねに閑《かん》なり。(3)

とあるが、この拙者が実に謙譲の美徳を発揮したものである。家庭は互いに持ちつ持たれつ、一

人が横着すれば互いが迷惑する。親も子も夫婦も兄弟も、すべてが謙虚の心に住すれば、喧嘩にはならない。

嫁さんが夕暮れに台所でランプの掃除をして油を注ごうとしたが、小出しがなかったので取りに行った。そこへ年取った姑が奥の間から出てきて誤ってそれに躓き、ガチャンとばかり火屋も笠も粉みじんに割ってしまった。油を取ってきた嫁は走り寄って姑の前に両手をついて、「私の置きどころが悪うございました。どこもお怪我はございませんか。誠に申しわけございません」と詫び入れる。姑はにっこりして、「イヤ、まったく私の不注意からじゃ。お前が悪いのではない。謝るのは私の方じゃ」「いいえ、私が悪いので」「イヤ、私が」と互いに詫び合いっこ、いつまで経ってもこれでは終わりそうもないのを傍で見ていた婿殿、「それは両方とも悪いのではない。ランプが腹を減らして、ものをよう言えなかったからじゃ」と仲裁したので、一同大笑いになったという。いかにも面白い家ではないか。こうあってこそ一家はよく治まる。この謙虚の心は「かかるものをお助け」という、如来の大悲に頭の下がった信仰の人にこそできることである。

家内中調子揃えて大笑い　これ天然の音楽の声

とやら。ここに竪も横も揃った、たっぷりの人間ができあがる。いつも清らかな清々しい心である。

註

（1）**老子**　中国春秋時代の伝説の思想家。姓は李、名は耳、字は聃または伯陽。楚の国の苦県（現在の河南省鹿邑県）、厲郷の曲仁の出身。周国の守蔵室之史（書庫の記録官）を勤めていた。孔子が礼の教えを尋ねたという。老子は道徳を修め、その思想から名が知られることを避けていたが、周の国で道徳の衰えを悟って、この地を去ろうと国境の関所まで来たとき、関所の役人である尹喜が「先生はまさに隠棲なさろうとお見受けしましたが、なにとぞ私に教えを書いて戴けませんか」と請い、老子は『老子道徳経』を著した。

（2）**『万松老人評唱天童覚和尚頌古従容庵録』**　曹洞宗で重んずる公案集で、宏智正覚の頌古百則に、序論的批評（垂示）、部分的短評（著語）、全体的評釈（評唱）を加える。

（3）『従容録』　大正四八、二三一中。

矛盾の由来

二　人生の表裏人心の明暗

ところが人の心はいつも上天気というわけにはいかず、雲が出て風が吹いて、土砂降りや大嵐とまではいかずとも、つねに乱れて統一が欠けて、矛盾ができやすい。矛と盾を売っている人がいて、矛の鋭利を自慢して、「この矛はどんな盾でも貫き通す」と言い、盾の堅牢さを自慢しては「この盾はどんな矛をも跳ね返し、決して突き破られない」と言う。それを見ていた野次馬から、「その矛でその盾を突いてみてくれ」と言われてぐうの音も出なかったという。矛の鋭利を自慢しながらも盾の堅牢を捨てられず、盾の堅牢を自慢しながらも矛の鋭利を捨てられなかったために、自分で自分に縛られてしまったのである。よってこの故事から矛盾という言葉ができた。我らの思想生活に、同様のことが多々ある。これを自己の内心に省察せよ。

夕暮れの忙しいときに来客がある。心の内では「またか、早く帰ればいいのに」と思っていても、「まあお久しぶり、ちょうどよいところに。さあお上がりなさい」と挨拶する。覚りよくさっさと帰ればよいが、いつまでも長尻据えて話される。このとき、口と心とは決して一致しない苦痛を感じている。こういう場合には早く帰らせる秘法があるそうな。箒に手拭いを被らせて立てて置く。するときっと早く帰るという。そんなこととは夢にも知らぬ子供は無邪気なもの。意気揚々お父さんに見せるつもりか、秘法の箒を担いでお客さんの前に躍り出た。「まあごゆっ

隣家の葬儀に赤飯

くり」と言う口の下からそんな秘法をする。これが矛盾でなくて何であろうか。

これと同じく、有る有るという人は、きっとお金を持っておらず、儲けた儲けたと言いふらす人は決まって損をしている。貧乏人に限って無駄遣いをする。金持ちはいつもないないと口癖のように言い、儲けたものは損だ損だと言い、金持ちは決して無駄な金は遣わない。人の遊ぶときに働く者は、必ず平生人の働くときに遊んでいる。これも矛盾のはなはだしいものであろう。手拭い一筋女房に惜しむ奴は、芸者や女郎に二、三枚の着物を惜しまない。チェッ、この担板漢め、灰汁《あく》水で目でも洗っておけ。

実際人間ほど嘘で固めた動物はまたとあるまい。口と心とはいつも裏腹になっている。なかなか本音を吐かない。とはいえ、あのとおり心からの本音を吐いたら、この世は大変になるかもしれない。

外に賢善精進《けんぜんしょうじん》の相を現ずることを得ざれ、内に虚仮《こけ》を懐けばなり。(1)

厳しいご意見である。しかし世の中は一通り、それで立っていくから不思議である。

ここに二人の男があって、軒を並べつつともに貧乏であった。ところが一人の男は勉強の加減によるものか、運が向いたのか、だんだんとお金を蓄えて、二、三年経たぬうちに家屋敷を買って気楽な身の上となった。さあもう一人の男は嫉妬に駆られて仕方がない。「いまいましい、あいつだって二、三年前までは俺と一緒で貧乏だったのに、俺を残して先に身代を造りやがった。何かあいつにケチでもつけばよいが」と思っている。何もその男の知ったことじゃない。一人は働いて貯めたし、一人は遊んでいて貯めなかったからで、決して他を恨むべきではなく、却って自分の怠情をこそ憎むべきであるのに、隣に蔵が建てばこちらには腹が立つ。

好《よ》き仲も近頃悪《あ》しくなりにけり　隣に蔵を建てしより後

表面は変わらなくても内心は仇敵。すると隣の長男が急病で死んだ。こちらの方は喜ぶまいことか。「これで腹が癒えた。虫は治まった。埋め合わせがついた」と赤飯でも炊こうかという腹の内。けれども隣へ行ったときには悲しげに四角張って、「この度は誠にどうもお気の毒なことで。手の中の玉を落としたようで、せっかく蝶よ花よと大切にお育てになられたものを」と涙の一つも溢《こぼ》してくる。腹の内ではよい気味じゃと思っている。しかしそれで世の中は一通り済んでいる。

それを反対に心のままをさらけ出して、「お宅の息子さんが死なれたそうで、お目出度うございます。昔は一緒に貧乏であったのが、急に先を越され、私は相変わらずの貧乏。腹が立って堪らず、お宅に何かケチがつけばよいがと、かねて待っておりました。こと幸いと喜んでおります。お目出度うございます。これ、赤飯を炊きましたのでお裾分け」とやったら、とんでもない大騒動が始まるだろう。これでは世の中が持たない。それでせめてものことに、表面だけは綺麗にする。

口と心を別にしなければならないのは、第一心が間違っているからである。この心を本として、仏法を修するの、往生の行をなすのといって、根本から間違っている。すべて雑毒の善、虚仮の行である。ただただ如来御廻向の仏智を頂く外はない。

衆生をしつらひたまふ。「しつらふ」といふは、衆生のこころをそのままおきて、よきこころを御くはへ候ひて、よくめされ候ふ。衆生のこころをみなとりかへて、仏智ばかりにて、別に御みたて候ふことにてはなく候ふ。[2]

この心が仏智に融かされて一体となる。それが信仰である。

註

（1）『愚禿鈔』下・至誠心釈。浄土真宗聖典註釈版五一七頁。
（2）『蓮如上人御一代記聞書』浄土真宗聖典註釈版一二五二頁。

三　六道輪廻の現在生活

闇の夜に鳴かぬ鴉の声聴けば　生まれぬ先の我ぞ恋しき

禅家では〈父母未生以前の我を見よ〉という。父母が生まれぬ前の私を考えろというのだ。闇の夜の真っ暗の中に真っ黒の烏を見つけて、しかも鳴かぬ声を聞けという。随分な難問題である。はなはだ難しい教えのようであるが、つまりすべての概念を捨てて、あらゆる約束を離れて、赤裸々の自己を見よというのである。和尚さんは弟子に向かって、その未生以前の我はこうもあろうか、などと教えてはくれない。この教えてくれぬところに味わいがある。概念を離れ予想を離れ、本真剣の自己になって、我と我が赤裸々の風光に接する。ここに真実の宗教の第一歩がある。

親鸞聖人が、

定水《じょうすい》を凝《こ》らすといへども識浪《しきろう》しきりに動き、心月《しんがつ》を観ずといへども妄雲《もううん》なほ覆《おお》ふ。(1)

との自覚も、善導大師が、

自身は現にこれ罪悪生死の凡夫、曠劫《こうごう》よりこのかたつねに没《もっ》しつねに流転《るてん》して、出離の縁あることなし。(2)

と自覚し、ご自身をば無人空迥《くうこう》の沢の、淋しい旅人に譬えられたのも、まったく一切を捨て離れたときの自覚に外ならない。

こうしてただ一人になったとき、私どもは我が心のつねに動きづめであることを認めるのである。何か事に当たって狂奔するとき、心は燃え上がり燃え上がって八熱地獄の炎に包まれるごとく、一朝当てが外れてままならぬ世を嘆くとき、寂しくて寂しくて八寒地獄の氷の中に閉ざされたようになる。八寒八熱の氷や炎に責められて、暗黒のどん底に沈み苦しむかと見れば、たちまちにして貪欲の餓鬼となり、たちまちにして肉楽の畜生となり、にわかに瞋恚の修羅となる。そうかと思うと修養だの人格だのと、立派な道に心がけのある人間様に立ち帰って、万物の霊長といったことに気を高ぶらせる。ともすると花に酔うた胡蝶のように、波に飛ぶ千鳥のように、ただもう何もかも打ち忘れて、恍惚とした天上界の平安に住することもある。しかしこれらがホンのしばらくの間であって、つかの間に転がり移り変わり、時々刻々刹那刹那の現前に、現実の六道輪廻をやっている。

この輪廻の裡に常没・常流転の心は、浮いたり沈んだり、喜んだり悲しんだり、跳ねたり躍ったり、勇気を出したり沈鬱に入ったり、ホンのしばらくに移り行く心を眺めては、さすがの私も戦慄せざるを得ない。身に寒気を覚えて肌に粟を生ずるほどである。そうしてこの間、絶えず巧妙に機敏に働き回っているのは、貪欲の爪、瞋恚の眼、愚痴のため息である。これがために束縛されて、首も回らぬまでに苦しめられている。

我々人間が罪を犯したならば、鉄鎖をもって繋がれるのを、「転輪王《てんりんおう》の王子が王に罪を犯した場合には金鎖《こんさ》をもって繋いで七宝の牢獄に投ぜられる」と、釈尊は説かれている。なるほど私どもも手に鉄鎖はないが、無形の金鎖に繋がれていないだろうか。同じ繋がれるなら金の方がよいというか、それは鎖に目をかけているからである。人生に囚われてはならない。世間に没頭してはならない。主人公、主人公、惺惺着。他時異日、人の瞞《だま》しを受けるなかれ。(3)お内かな、お内かな、主人が留守ではならんぞ。しっかり主人を捉えて逃がさぬように、真実の自己を見つめよ。そこに三毒の激しい跳梁を発見するであろう。

註

（1）『嘆徳文』浄土真宗聖典註釈版一〇七七頁。

（2）『観経疏』浄土真宗聖典註釈版七祖篇四五七頁。

（3）『無門関』第十二則。瑞巌和尚は、毎日みずから主人公と喚び、復たみずから応諾す。すなわち云く「惺惺着、喏。他時異日、人の瞞まんを受くることなかれ、喏喏」。瑞巌和尚という方は、毎日自分自身に向かって「主人公よ」と呼びかけ、また自分で「ハイ」と返事をしていた。「目は醒めているか」「ハイ」「これから先も人に騙されるなよ」「ハイ、ハイ」といって、毎日ひとり言をいっていた。

四　泣くも笑うも欲故に

人間に欲のないものはない。いつも欲と二人連れで働いている。けれどもその欲が程度を越してはならない。正欲はよいとしても、邪欲は却って身を亡ぼす。倹約と吝嗇とはよく間違えられるもの。いくら倹約するといったとて腹さえ突っ張れば充分で、滋養を摂らないで身体を弱らせ、病気になっても薬も呑まず気張っているのは、間違った生き方である。出すべきはずのところには出すが、その代わり出すべきでないところには出さぬと心がけ、浪費を慎むとともに、正費は果たさなければならない。

西洋にたいそうな吝嗇家がいた。しかし吝嗇の道にまだまだ上の人がいると聞き、「どうも俺はまだまだ修行が足りない。聞けば都には大変な先生がおられるそうな。一つ、この道について教えを乞うてこよう」と出かけて行った。ようやくその家を尋ね当て来意を告げれば、先生喜んで、「それはそれは遠方のところを、ようこそお出でくださった。ご飯はまだでしょう。何かご馳走を差し上げたい。どうです散歩がてら、一緒に町へ食べに行きましょう」「それでは」と二人で出かけたものの、田舎の吝嗇家は「さて、噂ほどのこともない。最初からご馳走をするという。これでは教えを乞うほどではないか」と思いながらついていくと、先生はまずパン屋の前に立った。「おい、上等の柔らかいパンはあるかい」「へい、柔らかい上等のまるでバターのようなのが

程々の良さ

ございます」「ふーん、するとパンよりバターの方が上等らしい。せっかくの客人には上等の方をご馳走したい。だからバター屋へ行きましょう」。バター屋に着くと、「おい、上等のバターはあるか」「はい、ちょうどオリーブ油のような上等がございます」「ああそうか、それならオリーブ油の方が上等なんだな。それなら油屋へ行こう」と今度は油屋へ向かった。今度は油屋に、「おい、上等のオリーブ油はあるか」「はいはい、水のような澄み徹った極上のオリーブ油がございます」「何じゃ、水のような上等……、それなら水が一番上等らしい。水なら幸いにも私の家にたくさん湧いている」と家に連れ帰り、裏の湧き水のところに連れて行き、「これこそ上等中の上等、水のような水でござる。さあ、たんと召しあがれ」と水ばかり飲ませた。田舎の吝嗇家はつくづく感心して、「なるほど、見上げたものだ。わざわざ都の先生に教わりにきた甲斐があった」と厚く礼を述べて帰って行ったという。こんな我利我利亡者では困る。欲のために心が汚れてしまっている。

相当の財産ができたので、少しは気の利いた付き合いもしようと心では思っても、ケチな細君を納得させることができず、どうか済度してくださいと黙仙和尚に願い出た檀家があった。和尚も承諾はしたものの、これにはちょっと困った。まさかケチではいけないと怒鳴るわけにもいかず、といってそのまま捨て置くわけにもいかず、仕方なく出かけて行った。一間に通され、主夫《あるじ》婦に挨拶が済んで、和尚、いきなり握った拳をニューとばかり細君の前に突き出し、抜からぬ顔で、「もしこの拳が始終こうなっていたらどうだろう」「それは不自由でしょう」と細君が答える。

「なるほどこれでは不自由じゃ。これはちょうどすりこぎの看板みたいなもので、何の役にも立たない。それならこれが始終こうであったらどうだろう」と今度は五指を開いて差し出す。細君、不思議な顔つきで、「それもまた不自由です」。言葉が終わらぬうちに和尚、すかさず「さようじゃ、これもまた不自由である。それだから五指握りづめにして転んでもただでは起きないというも悪い、また始終開きっぱなしでもいけない」と説き出すと、主人、いまじゃと横合いから、「のうこれ、菩提寺の和尚さんもああ仰るのだから、これからはまあこれくらいにして」と五指を半ば開いて示し、一同は思わず大笑いになった。

握りづめも困るが開きづめも困る。握りつ開きつ、貪らず捨てず、つねにその心を清らかに保ちたいもの。

五　尊重すべき現在の一念

諸々の悪を作すなかれ　諸々の善を奉《う》け行《おこな》へ
みずからその意を浄くするは　これ諸々の仏の教なり(1)。
心を清浄にするのがすなわち仏の教えである。どうしたら心が浄くなるか。悪を離れて善を行えばよい。みずから努力して廃悪修善するがよい。
円融至徳《えんにゅうしとく》の嘉号《かごう》は悪を転じて徳を成す正智《しょうち》(2)
信仰によって転悪成善の益を蒙るもよい。
あさみどり澄みわたりたる大空の　広きをおのが心ともがな(3)
心は広く清くなければならない。
ところでこの世界を欲界という。その意は三欲に耽《ふけ》るが故である。食欲・淫欲・睡眠欲、すなわち食い気と色気と眠気との三欲である。いずれもなくてはならないものであるが、得てして過ぎやすい。睡眠欲は少年期に多く怠惰を意味し、淫欲は中年期に激しく性欲の跳梁を意味し、食欲は老年期に多く、年寄りは食い力といって、若いときに嫌いであったものもだんだんと好きになる。武士は食わねど高楊枝というが、食わずに戦はできない。酒と女は敵といってもなくては子孫が繁栄しない。いくら豪傑でも紳士でも、これだけは一人でできるものではない。二十四時

信長と同日に生まれた男

間勤務は五年も十年も続けられるものではない。機械にも油を注さねばならないように、人にも休息が要る。さればこの三欲は適度に使用して、その規を越えないよう、その立場を誤らないようにしなければならない。それには現在に満足し安住することだ。

織田信長《おだのぶなが》(4)といえば、誰知らぬものがない戦国時代の武将で、一時は天下に覇を唱えて天晴れ天下を取り、自分の故郷に錦を飾った。そしてこの国内に自分と同年同月同日生まれの者を探すように命じた。早速家来が探し出し御前に連れてきたのは、国中で一番貧しいみすぼらしい男であった。尾羽打ち枯らし、身にはボロボロになったものを着ている。これを見た信長、「ほう、そなたが儂《わし》と同年同月同日に生まれた目出度い男であるか。みれば余程貧乏に苦しんでいる様子。自分は今日天下を取ったのに、同じ年同じ月同じ日に生まれながら、人にはこれほどの隔たりがあるかのう」。いささか不憫に思って声をかけると、男は声高く笑い出し、「仰せはごもっともでございますが、しかし煎じ詰めたところ、殿様と私はたった一日の違いでございます」「それはどうしたことじゃ」「はい、殿様は天下をお取りになられましたでしょうが、明日はどんな不幸に出遭って、食うや食わずの難儀をなされるかもしれません。私もまた、今日こそこんな貧乏をしておりますが、明日はどんな縁から玉の輿に乗るような幸運に恵まれるやもしれません。昨日までのことはもはや済んだことで、嬉しかったというも辛《つら》かったというも、みな夢でございます。明日から後のことは、その日になってみないと、何ともさっぱり解らぬことでございます。してみれば、天下取りの殿様というのも、この哀れな貧乏人というのも、僅か今日一日の違いでしかありますまい」。

これを聞いて信長は、なるほどこれはもっともな話であると、手を打って感心して、褒美としてたくさんの金銀を与えた。その後間もなく信長は家来である明智光秀《あけちみつひで》(5)のために殺されてしまい、あの貧乏人は信長からもらった金銀で一生のんきに安楽に暮らしたという。

ああ現在よ、ゆるがせにできない現在よ。我々はいたずらに過去の思い出に耽り、妄りに未来の予想に憧れて、努むべき現在をなおざりにしていないか。足下を見よ。昨日は過ぎて明日はまだ来ない。我々の正しく接しているのは現在なのである。今日一日と思えばこそ、現在についておのれの精力あらん限りを傾注し、なすべきをなし、勤めるべきを勤めるのだ。今は遊んでいても後で働こう、今はよいことをせずにいても後でよいことをしようなど、そんなのんきなことは言ってはいられない。

如来の救済も、過去の昔でなく、未来の臨終でなく、ただ現在の私の心に、大悲のやるせない仰せ一つが引き受けられて、念々に喜び喜び念仏するばかりなのである。現に罪悪生死の凡夫が、現に彼の願力に乗じているのである。そして刻々に無碍の一道を歩ませて頂いているのである。

註

(1)『七仏通誡偈』。

(2)『教行信証』総序。浄土真宗聖典註釈版一三一頁。

（3）　明治天皇御製。

（4）　**織田信長**（天文三〔一五三四〕—天正十〔一五八二〕）　戦国時代から安土桃山時代にかけての武将・戦国大名。尾張国（現在の愛知県）の一城主・織田信秀の子に生まれ、長じて隣国を伐り従え、天下統一を目指すが、途半ばで家臣明智光秀に斃された。

（5）　**明智光秀**（享禄元〔一五二八〕—天正十〔一五八二〕）　戦国時代から安土桃山時代にかけての武将。日向守。本能寺の変で仕えていた信長を斃したが、中国大返しにより戻った羽柴秀吉にわずか十三日で討たれた。その短い治世は「三日天下」とも言う。

六　金銭道徳の修養

人の心はどこまでも欲である。欲を離れて人の心はないといってよい。惜しい欲しいが病みつきで、怒るのも欲、愚痴るのも欲、疑うのも慢《たか》ぶるのも結局は欲である。欲の源は金銭である。金は弥陀ほど光るというが、欲に目のない現代人には阿弥陀以上であろう。

欲深き人の心と降る雪は　つもるにつけて道を忘るる

総じて金銭は、あまり大事にしすぎてもいけなければ、粗末にしすぎてもいけない。金金金と金に執着して暮らすも不幸なら、金銭を穢きものと毛嫌いしていては世の中を生きてはいけない。どちらに偏っても不幸である。貧乏なら貧乏でよいから、願わくば清らかにありたいもの。古人は清貧《せいひん》に甘んずるを理想としたが、借金していて清貧は不幸。さりとて濁貧《だくひん》は固より論外である。家貧にして道貧ならず。清貧はさることながら、仰ぎ願わくば清富となりたい。道徳的に金銭を得て、道徳的に使用したい。仏眼《ぶつげん》(1)禅師の仰るには、

君子は財を惜しむ、これを用ふるに道あればなり

金を貯める方法に二種ある。一つは働いて儲ける法。一つは儲けて遣わない法。しかしながら、儲けるばかりが能でもなければ、遣わぬばかりが効でもない。正しく儲けて正しく遣うのが一番。ベーコンの言うには、

君子は財を惜しむ

悪魔より来る金は疾駆《しっく》して来たり　神より来る金はゆったりとやって来る

金儲けの法

金銭獲得の方法に二種あって、一時的なものは危険が多く、永久的なものは安全である。

寛正の頃、静岡に黒鉄《くろがね》屋という金物屋があって、なかなかの金持ちであった。そこへやって来た一人の男、金儲けの法を授けて欲しいと請うた。黒鉄屋が「翌朝お出で」と言うので、早起きしてやって来ると、裏の井戸端の底なし桶に水を汲めと命ぜられる。朝から晩まで汗水たらして汲んでも汲んでも、汲む後から水はザアザアと流れてしまって、一向に溜まらない。翌日もまた来いというので行ってみると、今度は底抜けの釣瓶で桶に水を汲めという。「馬鹿馬鹿しい。昨日のことでもうこりごりだ」と思ったが、金儲けの法を教えてほしさに釣瓶をとって汲んではみたものの、二滴か三滴しか汲めない。しかし一生懸命、丹精凝らした結果は、驚くことに夕方には桶には満々の水が溜まった。そこへ旦那が「どうじゃ、水は汲めたか」「ハイ、このとおりでございます」「おお、よく精出した。それで金儲けの法は解ったろう」「まだ解りません」「解らんか。それそのとおり、倹約の底を入れて、一生懸命働いて少しずつ溜めるのじゃ」。瓢箪《ひょうたん》にも締めくくりがある。竹の筒にも節がなくてはならない。その底とは自己の分限を知ることである。

金を貯める秘訣

またこれと好一対の話がある。同じようにある男が、金持ちの家にまいって秘訣の伝授を懇願した。主人が「よかろう、秘訣を伝授してやるから、まずは十円を出せ」と言う。男は少し高いと思ったが、本当に金が貯まるならよかろうと思って、なけなしの十円を差し出した。すると二階で秘密を伝授すると連れられて上がれば、あたかも器械体操の鉄棒のように、天上から鉄の棒が吊り下げてある。その棒に飛びついてぶら下がれとの命令。仕方ないので、言われたとおりぶら下がった。すると主人は男がぶら下がっている下の床板を外した。男が下を見ると、何とそこには鋭い槍が何本も逆さまに樹《た》ててある。誤って落ちたら最後、串刺しにされるは間違いない。男は肝を冷やし、泣き声になって、「ご主人、冗談はお止めください。私は金を貯める秘訣を習いにきたので、こんな危険なことをするために十円払ったのではありません」「いやいや、しばらく辛抱されよ。金を貯めるというのは、なかなか危険なものでござる。これからそろそろ伝授しましょう」と落ち着き払って、「さあ、あなたの握っている両手の小指を棒から離してみられよ」。男は金貯めたさに仕方なく小指を離した。「よろしい。次は両手の薬指を離されよ」「先生、もう危ないので勘弁してください」「もちろん危険じゃが、これができなければ伝授はできぬ」。止むなく薬指を離した。「さて、いよいよ金を貯める秘術である。次の中指を両方とも棒から離されよ」もはや離すに離せぬとは思うものの、いよいよ秘訣の伝授であると思うから、二本とも思い切って離した。もうこれ以上離すことはできない。男は両手の親指と人差し指で丸く金の棒を握りしめて、ここを命と一心に取り付いている。「その人差し指を離してみよ」「もうできません、絶対に離せません」「左様、離せぬか。そのとおり円い金を握ったら、絶対に離さぬようにせよ。これが金を貯める秘伝秘術でござるぞ」。

註

（1）**無門慧開**（一一八三―一二六〇）中国南宋末の僧。諡は仏眼禅師。『無門関』の編著で知られる。

守銭奴の悲劇

七　調情の修養

道心の中に衣食あり、衣食の中に道心なし(1)。

衣食のみを追う者に道心はなく、道心に住する者に衣食はおのずから備わる。

事たれば足るにまかせて事たらず　足らで事たる身こそ安けれ

この道理・妙味を忘れて、いたずらに金銀財宝にあくせくすれば、夢に夢見る夢人となってしまう。

金拾ふ夢は夢にて夢の中　糞すると見し夢はまさ夢

夢は醒めたが、脱糞は残る。残る脱糞の始末に困る。

夢さめてみれば恥かし寝小便　恥かしといまだ夢さめぬ寝惚《ねぼけ》坊

これはドイツの文豪の小説である。いたって金の好きな男。毎日あくせく働いては貯め、貯めてはまた働き、銀行へも預けずにタンスにしまっておいて、時々取りだして紙幣を並べて見ては喜んでいた。今夜は夕飯後、女房は下男を連れて用足しに出ていく。四、五歳の子供と二人残った主人、いつものとおり紙幣を出して眺めている。

「この紙幣はあのときに得たものじゃ。これはこうして稼いだときのもの。これはこうだった」と、思い出に耽っては一人悦に入って、パイプの煙草に火をつけることを忘れていた。

「おお、烟《けむり》が来ないと思ったら、火をつけるのを忘れていたわい」とマッチを擦って点火し、その燃えかすをポッと投げて、「そろそろ帰って来る頃だが」と子供を残して表に出た。

捨てられたマッチの火は直ぐに消えないで、下にあった新聞紙についてチリチリと燻り始める。子供は無邪気なもので、それを見て面白くなり、消えそうな火を長持ちさせようと、机の上にあった紙幣を持って行って燃やしてみた。一枚二枚三枚四枚、だんだんと燃やしては喜んでいる。机の上に在った紙幣を燃やしきって、最後の一枚、もうお終いだというのでながく持っていたために、指を焼いてしまってアッと叫んだ途端、主人が戻ってきた。みればこのありさま。石のように固まってしまった主人に向かって、「お父さん、もう少し紙をください。焼いて遊ぶから」。大切な紙幣も子供にとっては紙切れ同様。この優しい声は父に何と響いたか。男は前後不覚になって、「なに、この畜生め」と子供の襟首を摑んで庭に投げつけた。子供はしたたかに石の塀に打ち付けられてぐうの音も挙げず、頭蓋は砕け脳漿はあふれて、見るも悲惨な最後。気付いたときはもう遅かった。父は呆然として段梯子を二階に上がっていった。

しばらくして女房が帰ってきたが、家の中は真っ暗である。「あら、明かりもつけないで」「旦那さま、ただ今帰りました」。返事がない。おかしいなと思いながら家に入って下男が明かりを点すと、その途端に子供の無惨な死骸が目に入る。母は不意のことに叫び声を挙げて卒倒してしまった。下男は男だけに気を強くして主人を探そうと隣の部屋に入ったところ、主人の帽子に躓いた。「旦那さまは上におられるのですか。ただ今帰ってまいりました。下りてきてください」

叫んでみたが応えがない。梯子を上って三足四足進んでみると、頭と肩に触るものがある。初めは押さえつけるように、次にそれが割け二つに分かれた。何か重いものが首に乗っかった。股のような気がする。ふと見れば二本の固くなった足が胸に掛かっている。アッと仰げば主人が首を吊っている。ヒャっと驚いて取り離すロウソクとともに下男は後に倒れ墜ちて、頭を打って気を失う。ロウソクはふわりと積んであった藁の上に落ち、たちまちに炎をなして燃え上がり、家は火に包まれて形もない灰になってしまった。翌日、灰の中からは哀れな四つの死体が出てきたという。

これをもってただ一篇の小説とみるべきだろうか。思えば我々は、毎日毎日このような転変破壊を繰り返しているのではないか。あれが欲しいこれが欲しい、あいつが憎いこいつが憎い、あれがあったらこれがなかったらと、ただ自分の欲望にのみ駆られて、いろいろの理屈を付けて、その邪見・高慢・気まま・わがままを弁解している。いつしか俺こそはと偉くなっている。恩を仇で返し、情を怨みに報い、みんなを足蹴にして自分一人偉くなろう、楽をしようという恐るべき悪念をいろいろに弁解して、いい気になって断行しようと企てる。「先輩が邪魔になる、それも葬ったらよかろう。恩人が邪魔になる、それも絶縁すればよい。自分は自分で遠慮なしにやる。それが男の本領である。それが現代人である」などと、とんだところに力みを入れて、悪魔の跳梁を煽っているではないか。見よ欲楽の生活の果てを、思え耽溺《たんでき》生活の終わりを。恐ろしい破滅の外はない。こうして我らはどうしても如来に帰依して、現在の清心を保たずにはいられないのだ。

註

（1）最澄『伝述一心戒文』大正七四、六五八上。

二人の息子を案ずる老婆

八　内心の平和か平和の内心か

宿かさぬ人のつらさを情けにて　おぼろ月夜の花の下ぶし(1)

つれなさが却って情けとなる世の中、悲しいことばかりではない代わり、また嬉しいことばかりに限ったものでもないから、そこは覚悟しなければならない。

世の中を思ひまはせば摺鉢《すりばち》の　甘い日もあり辛い日もあり

ある老婆、雨が降れば「草履屋の息子は草履が売れずに困っているだろう」と気遣い、晴れが続けば「傘屋の息子は傘が売れずに困っているだろう」と気遣い、明け暮れ心配ばかりしていた。これを聞いてある人が、気の持ちようを入れ替えて、晴れになれば「草履屋の息子は草履が売れて儲かっているだろう」と喜び、雨天になれば「傘屋の息子は傘が売れて儲かっているだろう」と喜べばよい、と教えて、その後は笑って暮らしたという。

藤の花だからといっていつもぶら下がっているというものではない。試みに池の岸に立って水中を見てみよ。

藤の花　水に映れば　ぶら上がり

水の中ではぶら上がって見える。もう少し丁寧にいえば、

藤棚の水に映りし花の影　下より上に下がるものかな

仏具のグチ

そのように下から上に下がることもある。日本三景の一つ天《あま》の橋立《はしだて》は、船で松林を一周したのではその真景が目に入らない。対岸の成相山《なりあいさん》に登って眼下に眺めれば、全景を一眸に集めて絶景であるけれど、これも直立して眺めたのではまだ足りない。足を開いて腰を屈め股の間から覗いてみて、初めて天下の絶景が見られるのである。

人も高いところに身を置いて直立して人生を眺めたらなんとなく不足を感じるが、我が身を屈して人生を大観するとき、見るもの聞くものことごとく愉快になる。人の世は浴槽のように全身を没して頸まで湯が届くような深い湯桶はない。もし誰か浴槽に直立して湯の不足を訴えるなら、たちまちに風呂屋の番頭に笑われるだろう。だから我らは我が身を屈して人生の湯桶に入れば、湯の多少にかかわらず全身を温めることができるのだ。天の橋立も腰を屈めて股眼鏡で見て一段の妙があり、藤の花も池の上を見ず池の底を眺めて、一層の面白さを感ずるのが人生なのだ。

朝夕仏壇の中に暮らしていればさぞや満足であろうと思うとそうでもなく、仏具どもが不平を漏らしたという。最初、真ん中の香炉が言うには、

磨かれて光ろうとすれど朝夕の　香の烟《けむり》に咽《むせ》ぶ切なさ

さぞや煙たいことであろう。すると隣の燭台が、

燭台の鶴にはなるなロウソクの　いつも火糞で頭焼かるる

するとその隣の花瓶が、

草と木と花と水とに宿貸して　家賃もとらず冬の冷たさ

「みんな何を言っているか。俺の姿を見てくれ」と輪灯が、

ふらふらと腰の定まらぬ浮世かな　地震のゆらぬ国に行きたい

土台から動いてはかなわぬだろう。熱い冷たいくらいの騒ぎではない。しかし「何を言うか、俺の方がもっとひどい目に遇っている」と泣きだしたのは鈴《りん》である。

初手二つ中の二つはさもなくて　安楽国の三つの痛さよ

言えば言いたいことはいくらでもある世の中、人ごとに一つの苦は持たなければならないはず。

我が物と　思へば軽し　笠の雪

痛い苦しいも覚悟してからはそんなでもないもの。叩かれるのを嫌っては鈴にはなれず、ぶら下がるのを嫌がっては輪灯にはなれない。いやしくも人間ならば、渡れない人生の橋も渡ってみなければならない。ぐずぐず不平を並べ苦情を言うのは、人として当を得たものではない。

世の中は人の上のみゆかしけれ　羨《うらや》む吾も羨まれつつ

不足なく思へば不足なきものを　不足をたてて不足する人

古人いわく、

世界はもとおのづから欠陥《けっかん》あり。人心はもとおのずから円満なり。吾人はつねに円満の人心をもって、欠陥の世界を円満にすべし。まさに欠陥の世界をもって円満の人心を欠陥にすべからず。

味わいある言葉である。我らはぜひとも信仰に依れる円満な心で、欠陥の世界を円満にし、現在

の清福清暢《せいふくせいちょう》を喜び、真に笑う人となろう。

註

（1）大田垣蓮月の歌。

三毒あって三光あり

車一杯の薪も豆粒の火で燃える

九　三毒三光の信念

無碍光仏《むげこうぶつ》のひかりには　清浄《しょうじょう》・歓喜《かんぎ》・智慧光《ちえこう》
　その徳不可思議にして　十方諸有を利益《りやく》せり（1）

如来に三光あるのは、我らに三毒があるからである。我らの身を省みれば、貪・瞋・痴三毒の影はつねに絶えないが、これのために如来に三光が成就されてあると思えば、感泣せずにはいられない。我に貪欲の濁った水の渦巻きがある故、清らかな清浄光の救いが成就され、我に瞋恚の熱い煙が燻《くすぶ》っている故、涼しい歓喜光の救いが成就され、我に愚痴の暗い霧が閉じ込められている故、朗らかな智慧光の救いが成就されたのである。

「私は年をとりまして、三毒の煩悩はいよいよ手強くなってまいりますが、どうしたことでございましょう」と聞いたとき、一蓮院師は「もし三毒がなかったら、三光の欠けた仏となるだろうよ」と答えられたという。有り難いではないか。

お釈迦様のお出でになる祇園精舎の近くに非常に酒好きの老人がいて、一日中酒を呑み続けている。通りがかった阿難尊者が、「爺さん、そんなに酒ばかり呑んでいないで、たまにはお釈迦様のところに来て、説教でも聞いてはどうか」と声をかけられると、老人は白髪頭をかきながら、「御出家様、私もこの年になるまで、近いところにいてまだ一度もお釈迦様のお説教を聞いたことがございません。一度お参りしたいお参りしたいとは思っておりますが、私は持って生まれた酒の病、酒を呑まないでは赤ん坊が乳に離れたようなもので、一日も生きていることができません。それに承りますと、お釈迦様は五戒をお説きになって、酒を呑んではならんと仰るとか。それではなんぼ有り難いお説教でも叶いません。そんなことでまあツイご無沙汰しております」とからから笑っている。

阿難尊者が呆れて帰られると、また呑み始めた。酔った機嫌でまた外に出て呑み、呑んでいる内に日が暮れてきた。闇の中をヨボヨボと千鳥足であちらへ寄ったりこちらへ寄ったり、八人連れで賑やかに鼻歌機嫌で帰ってくる途中、石にけつまずいてばったり倒れてしまった。「痛い」と言うほどどこか撲《う》った。「ひどいことをした。こんなくらいなら呑まなければよかった」と初めて気が付いた。家に帰れば女房から小言たらたら、傷の手当てをしながらふと昼の話を思い出し、足を引きずって祇園精舎を訪ねてみた。「よくぞ参られた」と迎えてくれた阿難尊者に、お釈迦様の前に連れて行かれた。

お釈迦様はもの優しく、「おお爺さん、よく来てくれた。大層酒が好きなそうだな。なあ爺さんや。ここに車一杯の薪が積んである。これを燃やしてしまうにはどれほどの火が要るかね」と尋ねられる。老人はいぶかしそうに、「なに、豆粒ほどの火があればできるでしょう」「うんそうか。それなら聞こう。お前のその着物はいつから着ているか」「お釈迦様、このボロですか。これは去年から着ております」「そうか、そんなに垢じみたのを洗って綺麗にするには、何日かかるか」「何日ったってあなた、ちょっと洗えば済むはなしです」「そうか」とお釈迦様はにっこりして、言葉を改め、「御身の罪は車一杯の薪のようだが、信仰の火一つで綺麗になくなる。御身の障りは一年も着古した着物のようだが、信仰の洗濯一遍で清浄になる。法を信じなさい」。老人は即座に信者となったという。

我らは深く如来を信じて、心の浄き人となろう。

心《こころ》を弘誓《ぐぜい》の仏地《ぶっち》に樹《た》て、念《おもい》を難思《なんじ》の法海《ほうかい》に流す。(2)

幸せな人になり、念々の称名に心の垢を洗い、日々の報謝に身の喜びを味わおう。

註

(1)『浄土和讃』浄土真宗聖典註釈版五六六頁。

(2)『教行信証』後序。浄土真宗聖典註釈版四七三頁。

一茶の勧農詞

十　簡易生活の妙味

職業に熱中するということは、同時に人の心を清くするものである。同じ職業でも農業は特に面白い。根が正直な天地を相手にしての仕事故、万事当て外れがない。もしあるならば、それはこちらの手落ちである。この意味において、俳人の一茶(1)が著した『勧農詞《かんのうし》』は頗る振るっている。あながち農業に限らず、この心がけで仕事大事にさえやっていけば天下に面白くないものはなく、簡易生活の妙味は味わい尽くせぬほどである。その著にはこう書いてある。

風流を楽しむ花園ならで、後の畑、前の田の作物に志し、みずから鋤を把って耕し、先祖のたまものと命の親とに懇ろを尽くし、吉野の桜、更科の月よりも、おのが業こそ楽しけれ。

世の中の職を営む人はこうでなくてはならない。仕事そのものがすでに骨休めをする遊びであって、仕事の外に遊びを求める必要もなく、吉野・更科と花や月を求める代わりに、みずから鋤を把って耕す方がどんなに楽しいか、というふうにならなくては駄目である。ここで鋤はあながち農具に限らず、すべての仕事道具と見たらよい。さてそのわけは、

朝夕心を留めてうちむかふ菜種の花は、井手の山吹より好ましく、麦の穂の色は、牡丹《ぼたん》・芍薬《しゃくやく》よりも腹こたへあるかと覚ゆ。

七重八重花は咲いても実のない山吹よりも、一重に咲く菜種の方がどんなに実があることか、役

に立つことか。麦の穂の色の無粋で率直なのは、虚栄虚飾にゆらゆらした牡丹・芍薬よりも、どんなに腹ごたえがあることか。何でも物は腹にこたえのあるくらいでなくてはならない。

朝顔より夕顔こそよけれ。

これは朝寝坊せよと言うのではない。朝顔がなくては朝起きができないというようでは話にならぬ。露の乾かぬ間の朝顔を愛するよりも、容器ともなり干瓢《かんぴょう》ともなる夕顔の方が実益だというのである。

萩・桔梗よりも芋・牛蒡に味あり。すべて花・紅葉より栗・柿は宝の植木なり。

華を去り実につけとはこのことか。

稲の穂波の賑はしく、菊の花より腹満つる心地して、粟穂に馴るる鶉《うずら》、野辺の虫の音を聞くが面白く。

秋の収穫時期になって、田の面に黄金の波打つありさまは何ともいえない。お腹の満つる心地がすると同時に、ほくほくで懐もふくれてくる。米のなる木は同時に金のなる木である。わざわざ木の片や糸の切れをこすってやかましい音をさせずとも、天然・自然の虫の音を聞くのがどんなに面白いことか。

遠き名所旧跡より近き田圃の見廻りが飽かず、松島・塩釜の美景より飯釜の下が肝要なり。

とかく近い田圃の見廻りを嫌って飯釜の下をお留守にして、そこよここよと遊び回るものだから、米のなる木は枯れてしまい、飯釜の下は空っぽになって、口を鈎《かぎ》に引っかけるか、人の物に手を出すか、どちらかにしなければならなくなる。飯釜の下が何より肝要である。

上作の名剣より、鋤・鎌は調法なり。書画の掛物より、かけてみる作物の肥を油断せずいかにも鋤・鎌は調法なもの。書画骨董を掛けて喜ぶより、作物に肥をかけることを忘れてはならない。何でも肥が大切だ。詩を作るよりも田を作れ。

投入《なげいれ》立花の巧みより、茄子・大角豆《ささげ》の正風《しょうふう》なるが見どころ多く、茶の湯、蹴鞠の遊びより、渋茶を飲んで昔語りこそ楽しけれ。

上茶の出がらしより、番茶の出ばながどんなに美味しいか。蹴鞠して足を挫くよりも、おへそに茶を沸かして昔語りに大笑いする方がどんなに面白いことか。「家内中調子そろえて大笑い　これ天然の音楽の声」。

玉の台より、茅葺《かやぶき》の家居《いえい》が心易く、高きにおらねば落ちるあぶなげなく。

寝ている人に倒れる気遣いはなく、金殿玉楼の高いところにいなければ落ちる心配はない。落ちたところで藁屋であったら大したこともない。

迷わねば悟らず、念仏のかはりに業を怠らず。実義を尽くすは、神詣でに比し。

朝から晩まで喉を痛めて作り声して、大汗かいて念仏したからといって、あながちに救われるのではない。念仏の真意を得て仏の御心を胸に頂けば、仕事するその間から念仏はひとりでに出てくる。いくら柏手打ったところで、心が誠でなかったら、それは神を欺くことになる。罰こそ当たれご加護はない。それよりも一心不乱に業を励み実義を尽くすのが、どれほど神仏の御心に叶うかしれない。一茶は他力念仏の行者であった。そのことは彼の『安心決定の文』によって知られる。

仁者にならふて、山に木を植ゑ、智者の心を汲みて、田の水加減をもっぱらにし。

仁者は山を楽しみ智者は水を楽しむとか。仁者・智者の精神は、ここに期せずして自然と行われる。

珍肴鮮魚《ちんこうせんぎょ》の料理より、銭いらずの雑炊《ぞうすい》が、後腹病める気遣いなし。

家にいる女房が心を込めて作ってくれる手料理に飽き足らず、落ちたら怪我する高い二階三階に上がって、左右に女、前に酒、どんちゃん騒ぎしているときは、面白かろう嬉しかろうが、四日も五日も十日も二十日も続けられるものではあるまい。よし続けられたところで、さてお勘定と書き付けを突き出されたときには、青い顔をしなければならなくなる。青い顔だけで済めばよいが、手持ちが足りなきゃ借金を抱え込む。ろくなことはない。維新の元勲大村益次郎先生[(2)]は、弟子と一緒に郭《くるわ》の傍を通り抜けるとき、弟子に向かって、「あれは何の音ですか」と問われて、弟子は正直に「あれは三味線の音です」と答えると、先生は笑いながら、「あれは金の逃げる音です」と仰ったという。もっと深刻に考えれば「あれは高い塀の中に、自由を奪われに行く足音」にも聞こえよう。いかにも大きに後腹が病めるではないか。人間は雑炊腹を鼓打って満足できれば平穏無事なのである。

すべて世の中は飛鳥川の流れ、昨日の淵は今日の瀬となるがごとし。唐の咸陽宮《かんようきゅう》[(3)]・万里の長城(4)も終には亡び、平相国《へいしょうこく》(5)の驕《おご》りも一世のみ。鎌倉の将軍も三代を過ぎず、北条・足利の武威尽き、織田・豊臣の栄も終り一代なり。時過ぎ世替れば、誠に夢のごとし。世に希なる珍味も舌の上にあるうち、伽羅《きゃら》・蘭麝《らんじゃ》の薫《かお》りも嗅ぐうちのみ。楽は苦の基ひ、財宝は後世の障り、遊興はしばしの夢。他の富も羨《うらや》まず、身の貧も歎かず。ただ謹むべきは貪欲、恐るべきは奢りなり。

貪欲と虚栄、これは正しく身を亡ぼす基である。謹むべくかつ恐るべきものである。

そもそも田地は万物の根元にして、国家の至宝なれば、父母のごとく敬ひ、主君のごとく尊み、妻子のごとく育《はぐ》くみ、寸地をも捨てず、どこにでも鍬先の天下泰平、五穀成熟願ふより外さらになし。

今年米《まい》　親《おや》といふ字を　拝みけり
何のその　百万石も　笹の露
やれ打つな　蝿が手をする　足をする
瘠蛙《やせがえる》　まけるな一茶　ここにあり
勿体《もったい》なや　昼寝《ひるね》して聞く　田植歌
阿弥陀仏の　土産に歳を　拾ふ哉
かたつぶり　そろそろ登れ　富士の山

註

（1）**小林一茶**（宝暦十三〔一七六三〕—文政十〔一八二七〕）江戸時代を代表する俳諧師の一人。本名を小林弥太郎。別号は、圯橋・菊明・亜堂・雲外・一茶坊・二六庵・俳諧寺など。信濃国（現在の長野県）の中農の家に生まれた。

（2）**大村益次郎**（文政八〔一八二五〕—明治二〔一八六九〕）幕末期の長州藩の医師、西洋学者、兵学者。

（3）**咸陽宮**　戦国時代に秦の孝公が咸陽に建てた壮大な宮殿。後に始皇帝が住んだ。

（4）**万里の長城**　漢民族が北方遊牧民族の侵入を防ぐために築いた長大な城壁。

（5）**平清盛**（元永元〔一一一八〕—治承五〔一一八一〕）平安時代末期の武将・公卿。伊勢平氏の棟梁・平忠盛の長男として生まれ、平氏棟梁となる。保元の乱で後白河天皇の信頼を得て、平治の乱で最終的な勝利者となり、武士としては初めて太政大臣に任ぜられる。娘の徳子を高倉天皇に入内させ、「平氏にあらずんば人にあらず」と言われる時代を築いたが、平氏の独裁は貴族・寺社・武士などから大きな反発を受け、源氏による平氏打倒の兵が挙がる中、熱病で没した。

第十一章　輪転――この世踊の輪に似たり

一　何しに来たぞ何をした

向こうから人がやってくる。出会い頭に「あなたはどこから来られましたか」と聞いてみると、「ハイ、どこから来たか知りません」「それならこれからどこへ行くのですか」「さあどこへ行くのか一向に存じません」「存じませんとは、一体何をしているのですか」「何をしているのだか、自分にも解りません」。こんな問答が実際にあったらどうだろう。阿呆とも馬鹿とも言いようがないだろう。しかしながら、お互いにこんな問答を平気で繰り返してはいないだろうか。我らは内に省みて、自問自答する。

「私は元来どこから来たのだろうか。どうしてこの世の中に生まれてきたのだろうか」。いくら考えても解らない。「いずれは死ぬ、死んだら後はどうなるのだろう」。やはり解らない。「それなら私は何をしているのだろう。生きている。生きているには違いないが、何のために生きているのだろうか」。さっぱり解らない。一通り解ったような顔をしていても、さらに解らない。真に、

生まれ生まれ生まれ生まれて生のはじめに暗く
死に死に死に死んで死の終わりに冥し。(1)

しかも「愚痴《ぐち》蒙昧《もうまい》にしてみずから智慧ありとなす」。随分変なものではないか。

これは他の者のことではない。我ら自分自身のことである。自分自身のことでありながら、しかもそれが、どこからこの世にやってきて、どこへ行くのか、とんと知らない。固よりこの肉身が、母の胎内を出でて、墓の塵に埋もれるものであるということは知っている。けれども肉身は自分ではない。自分はどうしてここに来てまたどうなるものやら、少しも解らない。過ぎた後も暗闇であり、向かう前も暗闇である。それでいて、いつ何時向こうの暗闇に陥らなければならないかもしれない。暗闇は恐怖を産む。恐怖は戦慄を催す。さあ困ったものだ、どうしたらよいのであろうか。人として誰かこの人生の根本問題に逢着して、驚かない者はいないだろう。

進んで他に聞くが、他に聞いても同様に解らない。退いてみずから考えるが、自分ではなおさら解らない。それなら過ぎた人生の後や、まだ来ぬ人生の詮索よりも、近く人生そのものはどうかと考えてみる。生まれぬ先はともかく、死んだ後はともかく、生まれてから死ぬまでの五十年七十年の間、すなわち産湯のタライから湯灌のタライへ移るその間はどうであるかと考えてみる。

誰しも「生きているか」と問われたら、「生きている」と答える。「何のために生きているのか」と追求すれば、誰しもちょっと返事に困る。「生まれたから生きているんだ」と言うか。それなら生まれたついでに生きているのか。生まれたのが主で生きているのはついでか。それではまったく心太《ところてん》式生活で、生まれたくはないが後から突き出されるので生まれた、生まれたから有るのだ。それではあまりにも頼りない話である。

註

（1）空海『秘蔵宝鑰』大正七七、三六三上。

二　最古の問題か最新の問題か

有るのか居るのかよく解らないが、人はみな動いている。動いている人に「何をなさるのか」と問えば、「働いているのです」と答える。「何のために働いているのか」と追求すれば、必ず「働かなければ食えない」と叫ぶ。なるほど、労働しなければ生活はできない。身の飢餓に迫るのをいかにするか。ごもっともだ、働かなければ食えない。「何故食わなければならないか」「食わなければ死んでしまう」。いかにもそのとおり。「それなら食えば死なないのか。食いつつ死ぬものがあるのは何故か」。元日のお目出度い雑煮餅を喉に引っかけて死んだものが多々いるという。問題はここでまた行き詰まる。

実際、人は絶えず食っていれば死ななくてもいいような気がするが、よく考えてみると、毎日毎日生きたいために食っていて、毎日毎日死ぬ方へ近寄っていく。

　這えば立て立てば歩めと急ぐなり　我身につもる老を忘れて

早く大きくなれと思う親の心は、同時に早く死ね早く死ねと急ぐようにもとられる。それなら死ぬために食っているかといえば、そうではない。生きたいために食っていながら、毎日毎日死ぬ方へ近づく。随分変なものではないか。生きたいために働く、働いて生きるかといえば死ぬ。死ぬために働くかといえば、そうではない。生きよう生きようと思いつつ、死にかかる。これは一体どうしたらいいのだろう。人はこれに気付かないのか。気付いていても驚かないのか、驚いても放っておくのか。生の執着があまりに強いため、この沈痛な人生問題に触れていて触れないのか。この一つ最古の問題にして最新の問題ではあるまいか。

今しばらく、生きるか死ぬかは別問題として、すでにおのれがこの世にいる以上、呼吸をしなければばならない、と同時に食わなければならない。着物も着なければならない。家に住まわねばならない。この衣食住の三つが、現在生活の主なるものであろう。この三つに依って、人の価値もおのずから定まるようだ。運が良いとか悪いとかの標準も、これであるようだ。広く天下を見渡せば、学者がいる無学者がいる、金持ちがいる貧乏人がいる、社会的な地位の高い人がいる低い人がいる、笑う人がいれば泣く人もいる。拗《す》ねる人もいれば怒る人もいる。様々だが、結局はこの衣食住の三つが根本のようだ。

三　衣食というか人格というか

食わぬ日は経たぬというが、すでに生きているのが事実なら、食わねばならないのも事実である。別に規則もなければ法律もないが、いつの世からの習わしか、ある少数の人類を除く外、一日に三度ずつは食うということになっている。腹は空かなくても時間がくれば食いたくなる。この食うということが人生の価値を定める標準となって、美味しいものをたくさん食べることに自由な人を富貴と尊み、不味いものを少しばかり食べることすら困難な人を貧乏だと賤しめる。食うことができれば、着ること住まうこと、これらの自由不自由に由って運不運、成功不成功を定める。これらの自由を得たいがために、七転八倒してしかも長く生きたいという。しかしこれが果たしてわざわざこの世へ出てきた目的であろうか。もちろん誰しも自由の境界が望ましいが、これのみをもって人生の終極目的とするのはどうだろう。ましてこれがために却って四苦八苦の狂態を演ずるのは、どんなものか。ただ生きることだけならば、禽獣の方が遥かに上手である。第一気楽で自由なことがとても比較になるまい。

ここには一つ、生き甲斐のある意義ある生活を営まなければなるまい。生き甲斐とは、その人の生まれたのが生まれなかったのより善いということである。生まれても生まれなくても同じ、生きていても生きていなくても同じというのでは、生まれなかった方が世話がない。したがって他の邪魔をするようなら、生まれてもらわなかった方が余程幸せである。総じて人は自分のためばかり思えば却って自分のためにならず、他のためにすれば結局自分のためにもなる。それで生まれたからには生まれただけのことがあり、僅かなりとも進歩に与らなくてはならない。茶碗一つでも親の代よりも殖やせば、それだけの生まれ甲斐があったことになる。とはいえそれだけでは情けない。進んでその人がいなければ御座が持てぬというほどにありたいもの。いたずらに造糞機では困る。

試みに問いを発して「お前は誰だ」と言えば、猫ならニャンと答えるだろうし、犬ならばワンと答えるだろう。馬ならばヒヒンと答え、鶏ならばコケッコッコウと言うだろう。もしそれが人間ならば、必ずや怫然《ふつぜん》として、「俺は人間だ。人間だが何か」と応ずるに相違ない。さあその人間、人間ならば人間であるということを一心に保って失わないようにする。親子・夫婦・兄弟・朋友、各々そのなすべきことを守っていくのが少なくとも世にある理由である。自覚の曙光《しょこう》はここに開け、責任の感はここに湧いてくる。

貧富苦楽は輪転す

四　人生貧富苦楽輪転の図

世《せ》は遷流《せんる》、間《けん》は差別《さべつ》といって、世間は皆それぞれ異なっていて、さらに同じものがないとともに、ちょっとも止まらず遷《うつ》り流れている。あたかも寄せては返す岸辺の波のように、はたまた四季の循環するように、踊りの輪にも似ている。楽しみの跡を悲しみが継ぎ、悲しみの跡を喜びが継ぎ、喜びの跡を憂いが継ぎ、たちまちに栄えたちまちに衰え、たちまちに富みたちまちに貧しくなり、ホンに人生は貧富苦楽の輪転の境。

この図（次頁）を見よ。人生世態の実況、これを仮に十種に区分してみると、貧富苦楽のありさまは正にこのようになって、しかもそれがいずれを終わりと定めなく、ぐるぐる輪転するから面白い。どこからでも始められるが、まず誰も好きな富満《ふうまん》、金持ちから始めるとしようか。あながち金持ちといわれるほどでなくとも（真の金持ちはそんなことはないはずだが）、少しでも懐に金があるとつい気が大きくなって、懐にしまっておけばよいものを、鼻にかけたがる。金が鼻にかかると憍慢《きょうまん》になって、人を馬鹿にし始めると同時に自惚《うぬぼ》れておだてに乗って有頂天となり、意気揚々・得意満面、足下にも気が付かず、鼻持ちならないことになる。憍慢に次いでは奢侈《おごり》、衣食住の三つにわたってそろそろ柄にもない贅沢が始まる。下駄は畳付きでなくては、着物も絹物でなければ、家も新築しなければ、いや別荘もなくてはとなり、頭痛鉢巻きで苦しい工面をして見栄を張る。すると今度は淫佚《いんいつ》と女狂い。女郎芸者に入れ揚げる。もっと進むと妾を囲う。そうなると遊興に夜も日も足らず、商売も仕事もあったものじゃなく、うつつを抜かせばそこら中が過《か》変《へん》のガタ崩れ。事業には失敗する借金は嵩む。まさか泥棒も詐欺もできず、投機にでも手を出すかとやってはみたもののすっかり当てが外れて、自暴自棄の果てが「売り家と唐様《からよう》で書く三代目」。お次は定まって窮困《きゅうこん》。これまでが向下門。これではならじと驚いて悔悟《かいご》して、生まれ変わって勤勉《きんべん》する。働くばかりでも尻抜けしていてはと万事節約する。稼いで無駄に使わないようにすると貯積《ちょせき》、貯まる一方。貯まったときが富満。これが向上門。上るときは辛いが下るときは早い。富満だと気取ったときが早や惰慢・奢侈。そろそろ下り坂。

歴史は繰り返す。こんなありさまは時間的にも空間的にも、事の大小にかかわらず、近く一身の上にも見られよう。人一代の上にも、また短く一年一日の間にも、このような輪転が見られよう。そしてこれの中心は心である。三界唯一心、心次第でいかようにもなる。

　心こそ心迷わす心なれ　心心に心ゆるすな

人生貧富苦楽輪転図

五　道心の中に衣食あり

さて我らはこの十界の中、どこにいるのであろうか。これはそれぞれが自分に問うてみてもらいたい。いかにも人生は回る。世の中は転ずる。回り回って回り止まったところが、死の墓場。石塔の下に入ってしまう。

迷ふ紫陽花《あじさい》七色変はる　色が定まりゃ花が散る

この間において、深く心がけなければならないことがある。

どうしたらこの回りを止めてながく富満《ふうまん》の幸福を持つことができるか。それはこの図（前頁参照）において、いつも向かい合わせの反対のことを注意する。

すなわち富満にあっては昔の窮困を忘れず、将来の窮困を防ぐ。平時に乱を忘れず、勝って益々兜の緒を締める、というふうにありたい。憍慢と解れば悔悟に志し、近く悔いのくることを思い、謙遜に改め悟る。みずから奢侈と知れば勤勉に、淫佚と解れば節約に、過変にあっては貯積を、窮困にいては富満を理想とし、誠心努力する。ここに向下門は一転して向上門となる。

艱難《かんなん》汝を玉にすというが、実際窮困と自覚するのは向上の出発点である。みずから窮困の位置に立ち、深く反省して悔悟の境地に入り、向かい合いの憍慢を謹み、勤勉には奢侈を、節約には淫佚を、貯積には過変を慎み、もって富満に至れば正に窮困を忘れず、富にいて貧を忘れぬようにせよというのである。

持つ人の心によりて宝とも　仇ともなるは黄金《こがね》なりけり（1）

ほんにそのとおり。金にかわりはないけれど、持つ人の心次第で宝とも仇ともなる。この心をいかにすべきであろうか。

心《こころ》を弘誓《ぐぜい》の仏地《ぶっち》に樹《た》つ

草木地にあればここに不動の基ができ、種々の養いを得て美しい実を結ぶ。この心が仏心の大地に樹てられたとき、初めて安らかに、初めて力を得るのである。こうして我が理性も特性もその中に尊い生命が注ぎ込まれて、本当に生きることができるのである。

道心《どうしん》の中に衣食《えじき》あり、衣食の中に道心なし。（2）

自己をまっとうするために自分のみに満足している者は、ついに死なければならない。ひとえに如来に頼る者こそ、自分を生かし、自分を円満ならしめるのである。

本起って初めて末行われる。心が一度信念の大地盤に定まるとき、富貴にあって淫《みだ》れず、貧賤にあって惑《まど》わず、真実人生の意義に徹する。もしも我らの理性を重んじてこれに基づいてこれに安心しようとすれば、それは自力門の開悟の教えである。特性を重んじてこれを摑んで進もうとするなら、それは自力門の戒行の教えである。はたまた恍惚とした心地を重んじてこれに宿ろうとすれば、それは西洋の新プラトン派の教えである。無念無想の感興を主としてこれに止まろうとすれば、それはインドのバラモン教の一派である。我が如来の他力の法門は、自力の修道でなく、新プラトン派でもなく、バラモンの一派でもない。その大信は分別でなく、修養でなく、恍惚でもなく、無想でもない。

真に、

貴賤緇素《きせんしそ》を簡《えら》ばず、男女老少《なんにょろうしょう》をいはず、造罪《ぞうざい》の多少を問はず、修行の久近《くごん》を論ぜず、行にあらず善にあらず、頓《とん》にあらず漸《ぜん》にあらず、定《じょう》にあらず散《さん》にあらず、正観《しょうかん》にあらず邪観《じゃかん》にあらず、有念《うねん》にあらず無念《むねん》にあらず、尋常《じんじょう》にあらず臨終《りんじゅう》にあらず、多念にあらず一念にあらず、ただこれ不可思議《ふかしぎ》不可称不可説《ふかしょうふかせつ》の信楽《しんぎょう》なり(3)。

心が一度この信楽《しんぎょう》を獲得《ぎゃくとく》すれば、壊れないこと金剛のごとく、富貴に在って楽しく、貧賤にいて喜ばしく、悔悟痛切に、勤勉忠実に、節約度にかない、貯積理に従い、固より敬虔《けいけん》であるから惰慢なく、質素であるから奢侈でなく、清廉《せいれん》であるから淫佚でなく、真摯《しんし》であるから過変にもならず、往く往く行路《こうろ》の春を辿《たど》る。すなわちこれ人間の好時節であることを得るのである。

註

(1) 昭憲皇太后の御歌。
(2) 最澄『伝述一心戒文』大正七四、六五八上。
(3) 『教行信証』信巻・法義釈。浄土真宗聖典註釈版二四五頁。

自惚れ、へこたれ、ふてくされ

六　富に処して貧を忘れず

昔は「名利」の二字を高く額に掲げて、それを自修の師とされた聖者もあった。母の紡いだ古い糸車を床に飾って出世の祝いの唯一の宝とした孝子もあった。今の世にみずから富貴にいて、かつて貧賤であった頃を忘れない者が果たして何人あろうか。身に一銭の貯えあるとき、かつてこれすらなかったことを思う者は、果たして何人いようか。幾多無量の恩恵を蒙っていながら、つねに我らは忘れがちである。浅ましくももったいないことである。

　親の財産当てにすりゃ　薬罐頭が邪魔になる　入れて置きたい火消し壺

怒る度に蓋をするとは随分下らないことを言ったものであるが、実際そのような形跡がないでもない。あながち親の財産でなくとも、自分の懐が少しでも温《ぬく》もれば、そろそろ我慢と自惚れが出てくる。三宅雪嶺《みやけせつれい》博士(1)が仰った。

　言葉の末に「れ」の音のつくので、三つ戒《いまし》むべきことがある。一に自惚《うぬぼ》れ、二にへこたれ、三にふてくされである。自惚れは力に余ることをあえてして遣《や》り損《そこ》なひ、へこたれはできることをなさずに止めてしまひ、ふてくされは自惚れであって、へこたれるような結果になるのである。何れも戒むべきであるが、普通に自惚れが最も戒められてある。自惚れと瘡気《かさけ》のない者はないといふとおり言葉になっているが、瘡気のない者は素よりある。自惚れのない者もあるのである。

が、自惚れは解釈次第、何人にもあるべきであって、あるいはある方がよいことにもなる。普通に自惚れというは、文字のとおり、おのれみずからに惚れるのである。惚れてはあばたもえくぼとなるごとく、おのれみずからに惚れてはおのれみずからの欠点が解らなくなる。他人から見れば欠点が明らかであるのにおのれみずから気がつかず、さも得意然としていることである。おのれが解らなければ人が見ても解らない勘定になる。そこで自惚れの強い者は分からず屋というような意味合いで悪い者になる。

中にもおのれみずからの外、誰でも解るのは器量自慢である。器量は誰でも目で見て直ぐ解る。しかるに当人は一廉《ひとかど》よいつもりで、色男を気取ったり、美人のつもりになったりする。人に解り易いだけ、器量における自慢は笑われる。実際気取りの随分可笑しいのがある。その他、お金自慢、力自慢、智慧自慢、種々あるもの……。

ある男がご馳走によばれて、吸い物椀の蓋を取る。汁が甘ったるそうで水臭い。同席の主人、「これはしまった、失礼した」と、台所から白いものを持って来て少し入れてくれたので、大変美味しい吸い物になった。男はつくづく感心して、「これは美味しい。ご主人、それは何というものでござるか」「これですか、これは塩でございます」「なるほど、塩ならたんと拙宅にもございる。よしよし」と一人うなずいて家に帰るなり、台所に入り塩瓶を見つけ出し、「あるある、どっさりある。少しばかり水に入れてさえあんなに美味しいのに、正味ならなお好かろう。ほっぺたが落ちるだろう」と一握り摑んで頰張ったところ、辛いとも苦いとも、口はヒリヒリ涙はボロボロ。息もできない目に遇ったという。

註

（1）**三宅雪嶺**（万延元〔一八六〇〕―昭和二〇〔一九四五〕）日本の哲学者、評論家。加賀国金沢（石川県金沢市）生まれ。本名は雄二郎。

市女の妄想

夢中の脱糞

七　覚めよ醒せよ迷いの夢を

タライを頭に載せて市に行く女がいた。道々「このタライの中には卵がある。これを売ったらどっさりお金が儲かる。それで鶏を買おう。また卵を売る、お金が貯まる、それで山羊を買おう。山羊が子を産む、乳を出す、子を売る、乳を売る。山羊よりも牛がよい。みんなを売って牛をドンと買おう。子を売る、乳を売る、肉を売る。旨いぞ、そうするとお金がウンとできる。できたお金で着物を買おう。家を建て替えよう。蔵を建てよう。そうすると四方八方から婿入りの申し込みがある。ここで一つ気取って、あちらも肘鉄砲、こちらも肘鉄砲。それでも寄って集って袖を引くだろう。そのときは嬉しいわ」と、思わず手を振って躍った拍子に、頭の上のタライが転がり落ちて、中の卵が全部グッシャと潰れてしまった。

憍慢の頂きには報謝の花開かず、懈怠の谷の底には法悦の光至らず。憍慢の人はともかく悔悟するべきで、悔悟の人はよろしく憍慢を捨てて空想を離れて、着実に勤勉すべきである。

春の暖かい日には潮干狩り。ただ一人手籠提げて出かけた男、汐はずっと引いて広い広い干潟。だんだん貝を拾っていくうち、砂の中に光るものがある。掘ってみれば、何と大判小判金貨ばかりが底知れず埋まっている。掘れば掘るだけ出てくる。籠も袂も懐も金貨で一杯。帰ろうとしても身動きができない。さて困った、このままにして帰るのも惜しい、車を持って来てみな拾ってやろうと、またまた元のとおりに金を納めて、人に知られぬようにと砂をかぶせたが、今度来るときに場所を忘れてはならぬと、目標に砂を高く盛り上げた。しかしそこら中に砂の山はある。竹を立てようか、やはり他にも竹が立っている。よしそれならこうすれば大丈夫。他人も避けるし目標になると、尻をめくって脱糞した。そこでハッと気がついて目が覚めた。目が覚めてみたら、そこは潮干狩りではなく布団の中。貝も金貨も夢だったが、脱糞だけは現実だった。

金拾う夢は夢にて夢の中　糞すると見し夢は正夢

笑い話ではない。実際人の世はこの脱糞の後始末に困っているようなもの。高い塀の中で丈夫な格子住まいもこれならば、借金で頭痛鉢巻きもこれ。これではならんと悔悟したら、せっせと勤勉されよ、かけた襷の切れるほど。

美女と四人の男

八　忠実服業は最後の勝利

稼ぐに追いつく貧乏なしという。したがって稼がなければきっと貧乏に追いつかれ追い越されて、浮かぶ瀬もないことになる。

ノ木偏の　家を出にけり　貧乏神

貧乏を追い出すにはノ木偏の家、すなわち稼ぐに限る。

貧乏の神を入れじと戸を閉めて　よくよく見れば我が身なりけり

これではどうにもならない。

さるところに一人の美女がいた。その姿の艶麗なることは、曼荼羅華、蓮の華のごとくで、何ともいえないほどの美しさであった。そのため男という男でこの美女に思いをかけない者はいなかった。中でもえり抜きの四人の男が、婿殿の候補者として名乗りを上げていた。四人は互いに意を凝らし術を尽くして、美女の意に叶い思いを遂げようと焦っていた矢先、無惨にもその美女はふとした急病のため、夜半の嵐に散ってしまった。さあ大変、四人の者の愁嘆は一方ではない。天に泣き地に咽んでも飽き足りない。呼んでも叫んでも、落花枝に帰らず。一人目の男は、いっそひと思いに冥土の道連れにと、美女を焼く火葬の火に飛び込んでともに灰となった。二人目の男は、焼けた美女の灰を集め、側に庵を結び墓守となって日々冥福を祈る。三人目の男は、失恋のあまり世をはかなむ修行者となって、諸国行脚の旅に出た。あとに残った四人目の男は、仕方なく諦めたものか、家に帰って元のように家業に就いた。

ところが第三の修行者になった男は、他国遊歴の途中さる修験者の家に一食を乞うたところ、快く迎えられ暖かい炉端に家人とともに食膳を供された。折しも修験者の子はひどく泣き始め、どうしても泣き止まない。始末に困った父は、怒りのあまりか、その子を摑んで燃え立つ炎の中に投げ込んだものだから堪らない。みるみるうちに悲鳴を挙げて子供は焼け死んでしまった。行脚の修行者はこの残忍な情景を見るに堪えず、顔を覆うて家を出ようとしたそのとき、主人は呼び止めて、奥の間から一冊の書物を持って来て、開いてある呪文を唱えると、不思議や、今まで灰となっていた子供が甦って、にこにこしている。

と同時に修行者の胸には何か新しい想いが湧いてきた。彼はその夜、闇を幸いに忍び入って書物を盗み出し、急いであの美女の墓場に至って例の呪文を誦するや否や、灰となっていた美女は突然その美しい姿を現した。それと同時にともに死んだ一人目の男も、厄介なことに甦ったのである。彼らは天に舞い地に踊るほど喜んだのも束の間、やがて二人の男の間でこの美女の取り合いが始まった。殴り合うわ蹴り合うわ、何れかが血を見なければ治まらぬ様子。

折からそこへ来合わせたのがこの国の王様。一部始終を聞き取って、こう決着を着けた。「命を与えるのは親である。故にこの女とこの男の命を甦らせた諸国行脚の修行者は、この女の親である。親を同じくするものは兄弟姉妹であるから、ともに甦った二人は兄妹である。また死者の灰を集めてそれに仕えていたものは、死者にとって奴隷である。それならばこの三人の男には、この女の夫となる資格はない。四番目の家に帰って家業に励んでいた者こそ、正しくこの女の夫となる資格があろう」。こうして四番目の男がこの美女を娶り、いつまでも幸せに暮らしたという。

これは古代インドの物語であるが、いつでもいずれのところでも、成功と栄誉とは忠実なる励行者に帰するものである。華を去り実に就け。

貧乏の棒が次第に長くなり　廻しかねたる歳の暮れかな
辛抱の棒が次第に長くなり　貧乏神を追い出しにけり

流水に一菜を追う僧

九　一塵一紙に籠もる無限の感味

我らはみずから生きていると思う。しかし実は生かしてもらっているのである。自分の力ではない。自分を包み自分の内にある一切のものの御恩である。これを思えば一塵一紙といえども決して粗末にしてはならない。我を包む個々の上に無限の御恩を謝するとともに、これを有意義に用い、貯積して他日の用に待たなければならない。

昔、道に志して師を求めるために諸方を行脚していた僧が、深山のある寺に大徳がおられると聞いて、その大徳を尋ねて山に登っていった。だんだんと上っていくと、一つの谷川がある。その谷の奥が大徳のお寺のあるところだと聞いて楽しみに上っていくと、川上から一茎の菜の葉が流れてきた。そこで僧は、「一塵一芥みな仏物である。それなのにこのように菜の葉をみだりに流すというのは、誤った了見である。そのような人を師と仰ぐことはできない」と、力を落とし踵を返して、山を下り始めた。すると後の方から一人の僧が走り下って来て声をかけた。「そこの行脚のお方、菜の葉が流れて来ませんでしたか。見かけられませんでしたか」「どうしたんですか」「料理の準備をしていて、誤って菜の葉を一枚流してしまったんです」「それなら今流れていって、ほら、あそこに引っかかっています」。急いでそれを拾った僧に、「あなたはどこのお方ですか」と尋ねると、「この奥にある寺の大徳の弟子でございます」と答えた。弟子でさえこのよ

大根の葉一枚で破門された雲水

うな考えなら、師の大徳も間違いはないと確信して、その行脚の僧は引き返して大徳の弟子となったという。

これとよく似ているが反対の話に、伊深の泰龍和尚の逸話がある。ある雲水が大根を漬ける作業をしていて、片付けるときについ大根の青葉を一枚落として行った。偶然通りかかった泰龍和尚がそれを見つけ、翌日侍者に、「昨日、大根を片付けたのは誰か」と尋ね、「その者をすぐにこへ呼べ」との仰せ。呼ばれてやって来た雲水に、和尚厳然として、「貴様は何と思ってあの大根の葉を残していった。まさか捨てようと思ったのではあるまい。しかし大根くらいという頭で粗末に思うところがあるから、知らず知らず捨て置いたのであろう。お百姓衆が心を込めて、汗油で作ったものを、有り難いとも何とも思わぬような不心得では、いくら修行しても何にもならぬ故、今日限りでこの僧堂を出ていくように」と言い渡された。言われて雲水は自分の心得違いを恥じ、「誠に申し訳ないことをいたしました。以後は決してこのような間違いをいたしませぬ故、どうかお許しください」と詫びたが、和尚は一向に聞き入れない。役寮の者たちも集まって来て、「あの雲水は平生人並み勝れて真面目に修行しているものでございます。今回のことはホンの不注意から起きたこと。今後は決してこのようなことをさせませんので、どうかお許しください」と言ってお願いしたが、「お前たちの知ったことではない。人の情の籠もったものを、たとえ枯葉一枚でも粗末にするような了見では、到底修行はできない。どうあっても出て行かせよ」と許されず、ついにその雲水は、可哀想に、大根の葉一枚のために追い出されてしまったという。

註

（1）岐阜県美濃加茂市伊深。無相大師開山の正眼寺がある。

おかるの胸中

十　家貧にして道貧ならず

以上のように説き去り説き来たって、いまここに至って一つの真理を得た。それは「家貧にして道貧ならず」ということである。身を貧賤に置いて、心を富貴にする。これに越えた処世法はない。我らは我が身を見ればあまりに浅ましい。しかしこれがために加えられた大悲の矜哀《こうあい》を想えば、感泣して満足せずにいられない。

昔、長州六連島《むつれじま》のおかる同行(1)は、彼女の法悦を慕って訪ね来る人に、「六連島はあなたのために御法義が盛んでしょう」と聞かれ、「一向に存じません」と答えた。聞いた人が「これはけしからん」と言うので、「六連島の御法義はどうなのか一向に存じませんが、かるが胸の中は、いつも御法義繁盛でございます」と答えた。この人は胸を衝かれ随喜されたという。おかるは貧しくてつねに薪を担いながら、心は浄土に遊んでいた。おかるの心は富にして賢であった。

そうはいうものの、この道理・理屈に迷う見惑は破石のように断ち易く、この実行に迷う思惑は蓮の糸のように断ち難いもので、我らの実践体得ははなはだ難しい。

世の中に酒と女は敵なり　どうか敵に巡り会いたい

夢と思えば何でもないが　そこが凡夫でねーあなた

諦められぬと諦めるより外仕方がないのが我らの心情。しかし覚めないでおれようか、驚かないでおられようか、慈光によって夜は明けてくるのだ。

　浄業内に薫じ、慈光外に摂す

有漏の穢身は変わらなくとも、心は浄土に遊ぶことができるのだ。

　明末仏教界の明星、雲棲《うんせい》大師袾宏《しゅこう》(2)は、みずから自警の詩を作ってこれを座右に貼って、衣食住についての警策とされた。

　屋《いえ》は風雨《ふうう》を蔽《おお》うべし　何を苦しんでか華麗《かれい》を闘《たたか》わさん
　尭舜《ぎょうしゅん》は古《いにしえ》の聖君《せいくん》にして　光沢天下に被《こうむ》る
　茅茨《ぼうじ》いまだかって剪《き》らず　土堦《どかい》また斫《きりいし》をせず
　知らずなんじは何人《なんびと》ぞ　鱗々大第《りんりんたいてい》にいる

これは先輩の慈受深禅師の作であるが、以下の三篇は雲棲大師の作である。

　食《しょく》は餓腸《がちょう》を充《み》たすべし　何を苦しんでか腴靡《そうび》を尚《たっと》ばん
　孔顔《こうがん》は古《いにしえ》の聖師《せいし》　心《こころ》を悦《よろこ》ばして義理に飽く
　一簞《いったん》また一瓢《いっぴょう》　疏食《そし》を飯《くら》い水を飲む
　知らずなんじは何人《なんびと》ぞ　肥甘砧几《ひかんてんき》に満つ

　器《き》は使令《しれい》に足るべし　何を苦しんでか淫巧《いんこう》を作らん
　釈迦は三界の師　万徳天藻《まんとくてんそう》に備わる

一たび鉢多羅《はったら》(3)を持《じ》して　四たび綴りてなお了《おわ》らず
知らずなんじは何人《なんびと》ぞ　盃箸七宝《はいちょしっぽう》を厳《かざ》る

衣《い》は形体《けいたい》を蓋《おお》うべし　何を苦しんでか文飾を競わん
迦葉《かしょう》は伝灯に首《しゅ》たり　聞誉《ぶんよ》千古《せんこ》に溢る
頭陀百結《ずだひゃっけつ》の鶉《うずら》　老死ついに易《か》えず
知らずなんじは何人《なんびと》ぞ　遍身《へんしん》みな綺穀《きこく》

一見消極に似て消極にあらず。「知らずなんじは何人ぞ」とは随分皮肉ったものである。この皮肉に感奮興起すれば、すなわち大の積極となる。いわゆる「身貧にして道貧ならず」の境に入り、進んでは身心ともに富満《ふうまん》に至るのは、簡単なことではないか。

君子は貧賤に処して貧賤に行い、富貴に処して富貴に行い、艱難に処して艱難に行うという。

これも心一つの据えどころである。

しかしながら、このようにはなかなかいかない。何故いかないかといえば、心がしぶといからである。しぶといのは昨日や今日ではない。これは久遠劫来の焦げ付きである。誠に唐の善導大師が、我が身心を押さえて「自身は現にこれ罪悪生死の凡夫」と自覚し、推してもって「曠劫《こうごう》よりこのかたつねに流転」すと過去の自己を見て、したがって「出離《しゅつり》の縁あることなし(4)」と深信せられたところは、今日の我らに異議の申しようのない衷心の告白である。

これと同時にこの「衆生を摂受《しょうじゅ》して」定めて往生せしめたまう弥陀願力の尊さよ、強さよ。ここにおいて、我らは三世の業障一時に消滅して不退の位に入り、仏果円満の境に至り、「極楽池中七宝の台」を家郷となす幸福を得る。人生の究竟の目的はその他にない。我らはいまここにありながら、心は如来浄土の都の市民たり得るのである。

註

（1）**かる**（享和元〔一八〇一〕—安政三〔一八五六〕）幕末の妙好人。長門国（現・山口県）六連島生まれ。

（2）**雲棲袾宏**（一五三五—一六一五）中国・明代の僧。雲棲寺に住し中国浄土宗の第八祖に擬せられる。また紫柏真可、憨山徳清、藕益智旭とともに、明代の四大師と並び称せられる。禅宗と浄土宗（浄土教）の両者の兼修を説いた。

（3）**鉢多羅**　托鉢に用いる鉢。

（4）『観経疏』散善義。浄土真宗聖典註釈版七祖篇四五七頁。

ソクラテスと妻

ソクラテスとその妻クサンティッペ(1)

哲人ソクラテスの妻クサンティッペは、気が強いので有名であった。ある日、祭の行列が通るのを見に行きたいが、よそ行きの着物がない。ソクラテスは「わしのマントを羽織って行けばよい」と言ったが、「いやだ」と駄々をこねる。ソクラテスは平然として、「お前は見に行きたいのか、それとも見られに行きたいのか」と言った。

弟子のアルキビアデスがソクラテスに、「先生の奥さんはあまりに口やかましくて聞くに堪えませんよ」とこぼすと、「鵞鳥が鳴くのは気にならないものだよ」「でも鵞鳥なら卵を産んでくれますよ」。ソクラテスは笑って、「クサンティッペも赤ん坊を産んでくれるさ」。

ある日、クサンティッペが散々にソクラテスを罵った揚げ句、彼に頭からバケツの水を浴びせかけた。ソクラテスは平然として、「雷の後は雨に決まっているよ」。

いつも妻にそんな目にあわされているソクラテスも、若い弟子に「結婚すべきか」と相談されたときには、こう言ったという。「結婚はできるだけした方がいい。もし良妻をもらえば幸せになれるし、そうでなかったら私のように哲学者になれる」。

また、「そんな妻と何故一緒にいるのか」と尋ねられたときには、「この人とうまくやっていけるようなら、他の誰とでもうまくやっていけるだろうからね」と答えたという。

註

（1）**ソクラテス**（紀元前四六九年頃—紀元前三九九年）古代ギリシアの哲学者。弟子にプラトンやアリストテレスがいる。妻のクサンティッペは悪妻として知られる。

第十二章　達観――呪わんか笑わんか

一　笑って暮らせ、人の世の中

とかく御覧よ浮世は鏡　笑い顔すりゃ笑い顔

笑って暮らすも一生なら、泣いて暮らすも一生。同じ一生を過ごすのなら、笑って楽しくその日を送った方がどれほど嬉しいかしれはしない。自分ばかりではなく、近所そこらまで笑顔になってしまう。いつも難しい苦り切った顔をしているのは、自分が不愉快になるだけでなく、その周りにいる人までが迷惑に感じるものだ。

お月様さえ泥田の水に　落ちて行く世の浮き沈み

ともかくも、人間の一生、苦楽浮沈は免れぬとすれば、不運だといって泣いていても運の神は気の毒がりもせず、笑ったからといって税金のかかるわけでもなし。人間、なろうことならば、一生笑って暮らしたいものである。

世の中を思ひまわせば摺り鉢の　甘い日もあり辛い日もあり

いずれは人の世、随分嫌なこともあり苦しいこともあり、たまには嬉しいこともあろうが、悪しきことは忘れて良き方だけを見るのは得な人である。良きことは棚に上げ、悪しき方だけ注意して、くよくよ思うのは損な人である。身体を傷つけられ、牢獄に繋がれながら、陽気に歌って暮らした奴隷もあれば、痛風・喘息・その他七つの持病はあれど、他ははなはだ好しとして喜んだ文学者もあった。桜ん坊を食べようとして、大きく美味しく見ようと眼鏡をかけたスペイン人もいた。すべてはこうありたいもの。

宿かさぬ人のつらさを情にて　朧月夜の花の下臥し(1)

つれなさがそのまま情けともなる世の中。宿を貸してくれる人がなくて野原に寝たればこそ、春の夜に月見と花見の両方ができたのである。

さて世の中は呪わんか笑わんか、悲観したものか楽観したものか。

月見ればちぢにものこそ悲しけれ　わが身一つの秋にはあらねど(2)

この世をば我が世ぞと思ふ望月の　欠けたることもなしと思へば(3)

悲観する者を病的だといい、楽観する者を浅薄だというが、どちらも当たっている。いたずらに悲観するのは確かに病的であるのとともに、無闇に楽観するのも実に浅薄な料簡である。一利に一害あるとすれば、また一害に一利なくてはならない。物の欠点ばかりを見て日を過ごす者は何事もできない。そうかといって、盲目蛇に怖じず、無鉄砲に飛び出して成り立つこともあるが、蛇に咬まれては迷惑千万、咬まれないだけの用心は必要である。成せばなるという楽観に、万一を用心する悲観を含めて行くのが第一ではなかろうか。

それには身体が壮健でなければならない。勤労を怠らず、本心の美を発揮する。いかに「命あっての物種、死んで花が咲くものか」といったとて、五年十年寝床の番をして、ここが痛いのあそこが痒いのと、うんうん言いながら暮らしては、命もあまり有り難くもない。だからといって人間いつまでも健康であるわけにはいかない。働くに働けない場合もあり、思うに任せぬ場合もある。このときに当たってもなおかつ、愉快に面白く笑おうと望んでみないか。それは不平の根を断ち、不満の木を捨てることだ。満足の天地に進むことであり、充実の生活に入ることである。これを得ようとするには、当然如来に向かわなければならない。

　かの無礙光如来の名号は、よく衆生の一切の無明を破す、よく衆生の一切の志願を満てたまふ。(4)

宇宙の大志願はここに満足して、歓喜感謝の思いに住する。どうして微笑まずにおれるだろうか。

　　慈光はるかにかぶらしめ　ひかりのいたるところには
　　法喜をうとぞのべたまふ　大安慰を帰命せよ(5)

心《こころ》を弘誓《ぐぜい》の仏地《ぶっち》に樹《た》てよ、大悲の光明を胸に受けよ、如来の懐にその冷え切った身を温めて頂けよ。御親の懐に温められて、蘇る心からこの世の中を眺めよ。風光は一変するであろう。天地は美化されるであろう。こうして我らはいたるところに如来の御心を感じ、あちらも福福、こちらも福福となることを得ることである。

註

（1）大田垣蓮月の歌。

（2）九世紀から十世紀初頭の歌人大江千里の歌。『百人一首』所収。

（3）平安時代中期の政治家藤原道長の歌。

（4）『教行信証』信巻・大心釈。浄土真宗聖典註釈版二一四頁。

（5）『浄土和讃』浄土真宗聖典註釈版五五八頁。

二　笑うも泣くも心一つ

あわれや人の世の中、呪うべきものか笑うべきものか。呪うのもよかろうし、笑うのもよかろう。呪うべきときには呪い、悲観すべきときには悲観するのもよいが、また笑うことも楽観することも忘れてはならない。部分的に呪って総体的には楽観するのがよい。いたずらに現状に甘んじるようでは何事もできない。いつでも発奮の動機を作って、猛然と楽観に進め。「思うて通へば千里が一里」。不愉快なこともあるが愉快なことの方が断然多い。嵐吹く御室の山の紅葉葉は哀れにもあろうが、竜田川の川の錦となっては見事千万ではないか。

散る時が　浮かぶ時なり　蓮の花(1)

二人以上の人間が集まって生存している。互いに交渉してここに共同生活が始まる。人類の世界はここに始まる。最初から共同なのである。二人以上の人間が集まって初めて共同というのであって、混同でもなければ烏合でもない限りは、その間に一定の秩序と一定の連絡とが保たれているはずである。すでに相互に関連しているとするなら、必ずその間に義理と人情がまとわりついて来るのは間違いない。いわゆる義理と人情に挟まれて、両方立てれば身が立たずといったような困った場合に至ることもあり、とかく円満を欠きやすいのは苦しい世の中である。

もとより世の中は、智力一点張りでも渡れないことはない。考究的態度ばかりでも利用的態度ばかりでもいけないことはない。しかしそれはまるで法律のみで世渡りをしようとするようなものだ。たとえ油の切れた人力車でも、車である以上動くことは動く。しかし動きはするが、動くたびにギイギイ嫌な音がする。乗っている人も引く人も不愉快になる。面白くない。聞かされる隣近所の人も迷惑で堪ったものでない。そして労力の多いわりには速力は極めて遅い。もしこれに油を注したらどうなるか。車は軽く愉快に動き、乗る人引く人はもちろんのこと、傍の人まで心地がよい。趣味は人生の油である。もし人生においてそれがなかったら、人生そのものが真に無味乾燥で、生活の回転は到底覚束《おぼつか》ない。共同生活を円満かつ親密にさせるものは、その間おのずから湧き来たる無限の趣味そのものである。

布団と蚊帳

昔の貧乏人は布団と蚊帳とを一緒に持たなかったという。夏が来れば布団を質に入れて蚊帳を出し、冬が来れば蚊帳を質に入れて布団を出した。これを「うちの家では布団と蚊帳とが仲悪く、布団が戻れば蚊帳が出ていき、蚊帳が戻れば布団が出ていく」と話すと、一年中争論の絶え間がないように聞こえる。しかし同じことでも、「うちの家では布団と蚊帳とが仲好しで、布団が流れようとすれば蚊帳が身替わりに行って助け、蚊帳が流れようとすれば布団が身替わりに行って助ける」といえば、美しい話になる。

法華と念仏

法華と念仏とは昔から仲が悪いとか。一方が「念仏は無間地獄に堕ちる業」といえば、一方は「法華では仏になれぬ」という。これでは争いが絶えない。「貴宗の日蓮さんは活発で結構です」とやれば、向こうからも、「いや、腕白で困ります。貴宗の法然さんは誠に温和で有り難い」とくる。「いや、どうも少し内気で」と受ける。ここに互いの調和ができて、同一仏教四海兄弟の実が現れてくる。しかしいずれも表裏の相違で、彼を秋風とすればこれは春風、彼は勇を表にすればこれは仁を表にする。いずれも仏智不思議の外はない。

丸い玉子も切り様で四角　ものも言い様で角が立つ

註

（1）東本願寺第二十三世彰如（俳号句仏）の句。

趣味は生活の味

三　苦しむも楽しむも

西洋のおとぎ話にある話だが、多年書斎の中から出たことのない哲学の先生が、ある人に勧められて久しぶりに春の一日、郊外へ散歩に出かけた。見れば天地はまるで書斎の中と違っている。四方の山々は緑に映えて麦は穰々と伸び、雲雀《ひばり》は空中に天楽を奏し、犬は堤上のタンポポの花にじゃれつき、ここ一幅の名画を見ているようである。その中で耕作している農夫を見て、先生は羨ましくて堪らなくなり、声をかけた。「あなたは幸福な人ですね」。すると農夫は、「失敬な。私は貧乏で商売するにも資本もなく、知識もなく、仕方なしにこんな土いじり、それもこうして働かなくては食べていけないからだ。年から年中幸せだと思ったことはない」と愚痴りだしたので、先生は閉口して逃げ出した。

しばらく行くと、歳は四十前後の一人の男が破れたシャツに崩れた靴を履き、汗を流して畑を耕しているので、先生は、「これはお気の毒に。そんな破れたシャツを着たままで、そうまでして働いていなければ妻子が養っていかれないとはお気の毒様」と声をかけると、男は「失敬な。僕は三度の食事をやめても畑いじりが好きなんだ。何もこうしなければ食べていけないわけじゃないが、ただ楽しみのためにこうして畑を耕して種を蒔いているんだ。どうせ汚れるからこんな格好をしているのさ」と言った。

それから先生は町へ出て電車に乗った。運転手がリンリンとベルを鳴らすと、紳士も貴婦人も雲のように集まった人々も両側に分かれ、その中を勢い込んで車を走らせている。これを見て先生は、「素晴らしい、君は生まれもっての運転手のようだ。きっとこの仕事は爽快なことだろう。実に幸せ者だね」と話しかけた。すると運転手は、「失敬な。僕は家が貧しくてろくに教育も受けられず、会社も銀行も雇ってくれないから仕方なく運転手になったのだ。こうしてベルを鳴らしても、耳の遠くなった老人がヒョロヒョロと出てきたり、子供が走り出したりして、ちょっとの暇も安心ができない骨の折れる仕事だ」と言う。

しばらくすると次の停留所から、五十頃の男が、帽子から洋服まで塵を一杯に被って飛び込んできた。「イヤ、どうしたのですか」「実はこの頃自動車を買って、今郊外を走り回っていたのだが、まだ慣れないために町中では走れず、運転手に任せて帰らせたところじゃ」と言う。先生はさっきの電車の運転手との会話で懲りていたので、「それはそれはお気の毒に。あなたほどの歳になってまでそのように頭から塵を被って自動車の運転をしなければ妻子が養えないとは、実にお気の毒で」と言うと、紳士は憤然として、「失敬な。自動車は金のかかる贅沢な乗り物で、それを乗り回すほど爽快なことはないのだ」と言ったので、哲学の先生は大弱りしたという。

同じ破れシャツを着て汗を流していても、趣味を知らぬ農夫は苦しみとし、別の男は楽しみとする。同じ運転をしていても、運転手は電車で苦しみ、紳士は自動車で楽しむ。趣味は力であることを知るべきである。共同の生活は自他共助の生活である。互いに助け助けられつつ、持ちつ持たれつしていくのである。このことの上に趣味を感ずるのは大いなる力であり、かつ力を得るので、生活の上に一層の活気を呈し色彩を施すのである。そしてこの趣味は宗教の信念からくるものである。

三つの料理法

四　いかに過さん人の世を

物は噛みしめてみなければ真の味わいは解らない。味を解ろうと思えば、ぜひとも噛みしめなければならない。食べてもその味わいを知らないのでは、どうしようもない。そうしてこの世の料理法を三つに分けることができる。一つには美味いものを不味くして食べる、二つには不味いものを不味いままで食べる、三つには不味いものを美味くして食べるのである。この三種の料理法が、そのまま我らの生活法の譬喩とすることができるから面白い。そもそもこの天地間の万物は我らの目前に列べられた食物であり、我らはその食物を受けるべき客であり、自然はこの食物を提供する恩人である。そうして我らの心はこの食物を調理して、身のためになるように努めるべき調理人である。したがってこれを美味くするのも不味くするのも、調理人である我らの心の技倆次第なのである。

せっかく美味しいはずの食物をわざわざ不味くしてしまう人は世間にはまずはいないはずであるが、世に太く短く面白可笑しくといったふうに、自暴自棄な捨て鉢な日暮らしをする人こそこれである。その人の心の実際は、面白くもなく可笑しくもなく、悲しい辛《つら》い小さい短い哀れな生活なのである。何をしても一向に手につかず、ただ蟹のように不平の泡を吹き、カマキリのように不満の斧をふり、額に青筋を立てなければ、鼻に水を垂れる。さてさて気の毒なことだ。

きっと美味しいはずの食物を不味いものとして不味いままで食べる人は、前者より少しはましだとはいえ、頼りない生き方である。世の中は一向つまらないものだ、思うようにはならないものだ。それをつまらせようとし、思うようにしようとするのが間違いの元。成らぬは成らぬままで、成らぬものとして辛抱する。この人はいつも頭痛鉢巻きでさらに余裕がなく、譬えば砂混じりのご飯をご飯には砂が混じるべきはずのものだくらいにガリガリ嚙んでいるようなものである。

美味いものを美味く食べるのはもちろん、不味いものまで美味く味を付けて愉快に食べる人は、天地万物ことごとく美味い。砂混じりのご飯も美味しく食べるのと等しく、仇敵と思う人にまで恩人として感謝することができる。ある将軍が日露戦争の際、元山から平壌へ抜けるとき、部下の兵士とともに、砂入り飯を、愉快だ、好い土産話じゃと、味好く平らげたという話もそれである。

藤の花　水に映れば　ぶら上がり

ぶら下がった藤の花も、水に映して見ればぶら上がりである。ぶら下がった藤の花の人生も、ぶら上がりに見せるのは趣味の力である。趣味は知って好んで楽しむに至ったとき、初めて湧いてくる。しかし趣味の湧いてくるに至って真に楽しむことができる。それが同時によく好んだのであり、知ったことになるのである。共同の生活も真に趣味を感ずるに至って、能くこれを解し、これを好み、これを円満に営むことができる。だから趣味は人生生活の味なのである。味の素である。そしてこの趣味は宗教の信念からくるのである。

馬犬猿の寿命をもらった人間

ものにもなる。

五　有用の生涯、有効の生活

さて人の一生、これを有用に使えば随分役に立つ仕事もできるが、無駄にすれば随分ヤクザなものにもなる。

インドの昔話に次のような話がある。ある日、神様が馬と犬と猿と人間の寿命を定めてやろうといって、これらの動物の代表を呼ばれた。すると第一番に来たのは馬。「三十年にしてやろう」と仰ると、馬は「いいえ、もう一生涯追い使われることの苦しさ、自分の役にも立たぬことに三十年も使われては堪りません」と言いわけして、十八年にしてもらった。第二に来たのは犬。これも三十年と仰ると、「主人のために働いてもいつも虐待されて、一日でも楽に寝ることさえできません」と断って、十二年にまけてもらった。第三に来たのは猿。これもやはり三十年とされたが、「ただ人に馬鹿にされて、腐った果物などを与えられ、苦しがれば苦しむほど人は手を叩いて喜んでおります。到底そんなに長い苦しみには堪えられません」と、平身低頭、一生懸命お願いして、やっと二十年に縮めて頂いた。最後に来たのが人間という奴。これも三十年と言われたのでやはり長過ぎると言うかと思うと、「三十年では短すぎて何にもできません」と強いてお願いして、最初にもらった三十年に、欲張りにも馬が辞退した十八年、犬の遠慮した十二年、猿が減らしてもらった十年を上乗せして、とうとう七十年にしてもらった。

さてそうなってみると、初めの三十年は有耶無耶に過ごして、次の十八年は世間の義理やら人の世話やらでちょうど馬の一生と同じことをして暮らし、次の十二年は孫子の世話やら家のためと働いても誰も褒めてはくれず、やはり犬の一生と同じことをして暮らす。そして最後の十年は、猿の歳をもらっただけあって、耄碌したと言われては笑われ、時勢を知らないといっては馬鹿にされ、怒れば怒るほど、哀しめば哀しむほど玩具にされて、どうやらこうやら一生を暮らしていくようになった。

孔子聖人ですら、「十有五にして学に志し、三十にして立つ」とおっしゃる。これを皮肉ったものか、「孔子さん　二十九までは　お座りか」という川柳がある。それなのに現代では十有五歳ではなく、七歳にして学に志しながら三十にしてもなおかつ独り立ちのできないありさまではないか。実際今の世、おおよそ三十年位までは学窓に過ごして世事に疎く、たとえ実生活に入るとも黄雀の徒として有耶無耶に過ごしてしまう。それから以後は、名に迷い利に狂い、

　富貴若し天の上にあるならば　梯子をかけて取らんとぞ思ふ

といったありさまに、馬・犬・猿の真似事くらいで人間一生のケリをつけ、死の墓場に送られて、土饅頭の餡になるか、石の帽子を被せられるのが関の山。

　人の身は背戸《せど》(1)の畑の雪達磨　消えての後はその名ばかりぞ

その名ばかりもほどなく消えてしまう。

真面目に考えたら人生の問題は余程変なもの。孔子聖人も、「四十にして惑わず、五十にして

天命を知り、六十にして耳順《みみしたが》う。七十にして心の欲するところに従えども、矩《のり》を踰《こ》えず」とさえ申されている。それに、いつもかも如来慈光の下に無限の恩寵に満足して日送りする人々は、その中にまた各別の光風がある。おもえば「不思議というは、かように長命させて頂いたことである」との古徳の述懐。誠に有り難く味わえる。

註

（1）**背戸**　家の後ろ。

六　人生果たして不如意か

もらうことは嫌でござるといひながら　とらねばならぬくれて行く歳

年はとらねばならぬが、しかし正月はさすがに嬉しいらしい。だけども、

皆人の歳をとるとて喜べど　歳に命をとられこそすれ

ではあまり喜ばれまい。今日は晴れであって欲しいと思えば雨が降り、どうぞ一雨欲しいと思えば日照りが続く。憎まれ者は世にはびこり、可愛がられる者は世に現れず、極めて金が必要な人には金がなく、有り余る人のところへは自然と集まってくる。美しい利口な娘は病身で、醜い馬鹿な野郎は風邪さえひかない。別れたくない人には早く別れ、来なくともよい奴は毎日来る。子供が欲しいと思う夫婦には子ができず、もういいと思う貧乏人は子沢山。花があれば嵐があり、月があれば雲がある。誠に困ったもの。思うとおりには一つもならない。

世の中は一つかなへばまた二つ　三つ四つ五つ六つかしの世や

ただ翻って考えれば、ならないので結構なのだ。もしなったら大変、人が思うとおりになってくれるのはよいが、もし自分がなってやらねばならぬとしたらどうする。万一他人が我を恨んで、あいつ病気にでもなればよいと思うとたちまちに病気になり、地位を失えばよいと思うとたちまちに地位を失う。早く死んでしまえと思うと直ちに自分が死なねばならんでは、危険千万ではな

いか。しかしさらさらそのようなこともなく、病気するにはするだけの原因・結果があって病気し、地位を失うには失うだけの原因・結果の関係があって地位を失い、死ぬにも死ぬだけの原因・結果の法則に従って死ぬので、わがままな人間の思惑どおりにはならないのでこそ有り難いのだ。そんならどうしても思いどおりにはならないか。それはならないこともない。原因・結果の道理さえ踏めばなる。

　とかく浮世はままならぬ　ままになるのは米ばかり

その米さえも上手に炊かなければ、黒焦げになったり、芯があったり、とても厄介なもの。ここはちょっと工夫を要する。

　ままにならぬとお櫃《ひつ》をなげりゃ　そこらあたりがままだらけ

ままになるものだと自分のわがまま勝手を投げ出してしまえば、そこにやがてままなる道が開けてくる。ここが禅宗流にいえば御悟り、真宗では御慈悲に目が開く。

　惜しや欲しやと思わぬ故に　今は世界が我物じゃ
　嘘と世界をくだいて後に　宝の世界に住むがよい

如来の大悲に目を開いたら、人生の橋渡りも気楽なもの。

　念仏者は無礙の一道なり。(1)

障りなき一筋道が行ける。

註

（1）『歎異抄』七。浄土真宗聖典註釈版八三六頁。

七　逆境の妙趣

このように論じてくれれば、世の人は二口目には直ぐに順境とか逆境とか言いだすが、境そのものに順逆のあろうはずはない。もちろんことに当たるに多少の苦痛と困難はある。しかしそれは沢庵大根に重石があるように、豆腐ににがりがあるように、これが却って薬で、なくてはならないものである。甘酒にも生姜のヒリヒリが必要なように、人生が順境ばかりでは、もやしかウドのようになって、なまくらになってしまう。

昔は「我に艱難辛苦を与えたまえ」と祈った人もあり、

憂きことのなおこの上に積もれかし　限りある身の力試さん

と力んだ人もある。日本は貧国であると歎く人もあるが、実際日本人は貧乏くらいは何とも思わないのではなかろうか。貧乏くらいに負けてはつまらない。といって固より貧乏を奨励するのではない。その勇気が欲しいのである。

ある人がかつて貧の八徳を数えられた。

（一）貧なれば人に驕るようなことはないから自然と謙遜になる。いわゆる「傲りは長ずべからず、欲はほしいままにすべからず、志は満たすべからず、楽しみは極むべからず」という『礼記』の四不可の金言に叶うであろう。

（二）貧なれば足るを知る徳を養う。古句に「鶏母は身を浴するに砂を水に当つ、猫児は面を洗うに唾を湯となす」と。貧なればとて、満足すれば至って愉快である。

（三）貧なれば身心自由にして出入りに心配がない。白楽天の語に、「富貴にして苦あり、苦は心の危憂にあり。貧乏にして楽あり、楽は身の自由にあり」と。出るも入るも着物一枚で、着替える世話もない。

（四）貧なれば粗食をも美味く食う。西洋の諺に「空腹は最上の料理なり」と。空腹なら茶漬けでも満足できる。

（五）貧なれば他人のために妬まれることがない。貧の中に暮らした一茶の吟に、「紅葉《もみじば》の散り敷く山に丸寝して　我も錦を身に纏《まと》ふ哉」とあり、ある人は「月さへも高きに住めば障《さわり》あり　起臥《おきふし》安き草の狭筵《さむしろ》」と。これでは嫉《そね》み誹《そし》られようもない。

（六）貧なれば自然に道心が起こる。永嘉《ようか》大師の語に、「身貧にして道貧ならず」と。

（七）貧なれば放逸ならずして操守が固くなる。『普灯録』に曰く、「風吹けども動ぜず天辺の月、雪圧《あっ》せども摧《くだ》けず澗底《かんてい》の松」。

（八）貧なれば貪欲の害を免れることができる。頭からも尻からも養いを吸い取る馬がいたとは、斯匿王《はしのくおう》(1)の夢物語。夢かと思ったら、上から給料、下から賄賂を受ける人もあると言う。貧乏人にはそんな気遣いがない。

我らは裸一貫で生まれてきたのだから、まず単位をここにおいてこの八徳を楽しみつつ、進んで貧を免れる道を道徳的に辿《たど》るのである。
こんな調子で、病気にも八徳があるという。
（一）軽薄なる心がなくなる。
（二）将来のために慮《おもんぱか》る注意が増す。
（三）他人の病苦に同情するようになる。
（四）殺生の心を捨てる。
（五）人情の浅深を知る。
（六）人生の秘密を看破する。
（七）深く天分を感悟する。
（八）宗教心を起こさせる。
病もこのように善用したいものだ。
ついでに著者の数えたいわゆる逆境の十徳を列べてみよう。
（一）逆境は人をして真面目ならしむ。
（二）逆境は大奮志を発して発奮の動機を与える。
（三）逆境は物事に打ち勝つ勇気を養う。
（四）逆境は忍耐の気風を固くする。
（五）逆境は心を鍛錬して持久の基を作る。

（六）逆境は遠き慮りをなして万事を警誡する。
（七）逆境は種々の経験を得て智慧を増す。
（八）逆境は同情の念を深くする。
（九）逆境は至誠忠実の人を生む。
（十）逆境は宗教の信念を興し、一切の御恩を感受する。

古今の偉人は多く逆境の人であることを思えば、逆境また如来の善巧摂化である。

註

（1）**斯匿王**　パセーナディ。中インドのコーサラ・カーシー両国の王で、舎衛城の城主。釈尊の説法を聞いて帰依し、仏教教団の外護者となった。

八　天地万物は一体相関す

天地は広く宇宙は大きい。そしてその間に存在するものは、無量無辺にして限りない。限りなく存在するが、不思議にも一つとして同じものはない。皆ことごとく違っている。私も天下一品であれば、彼もまた天下一品である。天下ことごとく一品であるものが集まっているとともに、さらに奥深くこれの本質を考えると、天地同根、万物一体の真理が見えてくる。

みずから称して天下一品とすといえども、私も人であり彼も人である、彼と私の姿こそ変わるものの、人であることは同じである。さらに動物であるというならば、牛も馬も虫も私も同じである。生物というならば、草も木も私も同じである。さらに物という点にいたるなら、一切同一根の上に立つものではないか。茶碗は土で拵《こしら》えてある。私は米を食って生きている。米は土を食っている。それなら米は土の子で、私は土の孫である。そうして茶碗は土の子である。遠い昔はともに石土の仲間であったではないか。

さて本が同じとしてみれば、それから分かれたものは親類である。親類は互いに交際しなければならない。すなわち万物は互いに持ちつ持たれつしている。持たれずには生存することができないから、その代わりを持たなければならない。これが天地の活動である。人生の意義である。

試みに片手を挙げてみようか。それは挙げただけでなく、空気に反抗し排斥したのである。し

一切衆生皆我が父母

たがってここに空虚ができる。空気はこれを充たすために動く。動くのはすべて引力に影響するとすれば、地球は太陽に、太陽は太陽系の諸星に影響するとしなければならない。そうすると宇宙全体に関係するといってよい。

こうして個々別々な天地万物は、その源は同一体にして、互いに相関連するといわなければならない。『梵網経』(1)には、

一切の男子はこれ我が父なり。一切の女人はこれ我が母なり。我れ生生にこれに従って生を受けざることとなし。故に六道の衆生は皆これ我が父母なり。しかして殺してしかも食するは、すなわち我が父母を殺し、また我が身をも殺すなり。一切の地・水はこれ我が先身、一切の火・風はこれ我が本体なり。

とある。共同生活の趣味はこれから湧いてくるのである。

註

（1）**『梵網経』**　『梵網経盧舎那仏説菩薩心地戒品第十』二巻上巻に大乗菩薩の階位である四十心を、下巻に大乗菩薩の戒法である十重四十八軽戒の菩薩戒を詳述する。

一膳の茶漬け

九　茶漬けの味

金金先生という人がいた。貧しくて人の富を羨ましく思い、明け暮れこのことを悔やんでいたが、これといった商売も渡世もせずに、浮世をうなぎ屋の盤台のように見なして、ただ明け暮れぬらりくらり暮らしていた。あるとき、茶漬けを一膳食べようと、自分で煮花《にばな》をしようと番茶を煮だしかけて、その茶ができるまでついとろとろと眠ってしまった。すると夢の中で一人の童子に誘われ、どことも解らない深山に入っていった。見れば四季の花が咲き乱れ、不思議な香りが四方に薫じている。そこへ一人の仙人が現れて、「古語にも恒の産なきものは恒の心なしという。吉田兼好はみずから筵を織って世渡りしたではないか」と説いて、金金先生の怠惰を誡め、まずはしばらくこの山に逗留せよと言い渡した。その仙人の説教が長くて先生ひもじくて堪らず、「まずお茶漬けを一膳食べさせてください。それからお示しを受けとうございます」と申し上げた。それならばと、仙人がお茶漬けの仕度に取りかかった。

しかし何にもないから、初めから何もかもしなければならない。そこでまず杣《そま》の仙人が山へ入って茶漬けの膳を拵《こしら》える木と、飯と茶を仕掛ける水を汲む井戸枠になる木と、釣瓶と手桶になる木と、香の物を切るまな板、釜の蓋、竈《かまど》の縁、包丁の柄、付け木になる木を切ると、それを木挽きの仙人が挽き割る。木地屋の仙人は膳の下地を拵えて、塗師屋の仙人に渡す。塗師屋の仙人は漆屋の仙人から漆を買い取って膳を塗る。その刷毛を作る仙人もいる。それでようやくお膳ができた。炭焼きの仙人は茶を煮る炭を拵えるために荒っぽい枝を集め、樵《きこり》の仙人は飯を炊く薪を集める。箸屋の仙人は茶漬けを食う箸を拵える。陶工の仙人は茶碗と、香の物の鉢と、手塩皿・土瓶を拵える。これも土拵えから薬の下地、ビイドロを粉にして薬をかける。その苦辛は言うに言葉もない。鍛冶屋の仙人は香の物を切る包丁、火箸・七輪の網などを拵える。これも鉱山から鉄を掘り出し、鍛冶屋の仙人に渡すまでの苦辛はいかばかりか知り難い。釜屋の仙人は飯を炊く釜を拵える。百姓の仙人は香の物になる大根の種を蒔く。これも大根になるまでの苦辛はさらに譬えようがない。また茶摘みの仙人は茶漬けの茶を摘む。これも茶になるまでには大抵のことではない。

金金先生に食べさせるべき茶漬けの道具はまず大体揃ったけれども、第一の米がなければと、百姓の仙人がまず田へ種をおろす。これが米を作る幕開けの序開き。女房仙人・嫁仙人・婆仙人、打ち交じって田を植える。ある俳諧師が句に「早乙女や　夜も揃うて　いびき哉」と詠んだのも、昼のくたびれたさまが見えて実にその苦心も思いやられる。稲のだんだん育つに従い、雷神・風神、五風十雨で稲に実を入れようと骨を折る。天上ばかりで骨を折るかと思えば、地の下にも地神というものがあって、多くの手下の地神を集め、稲の花を咲かせるのに力を尽くす。神の恵みで稲に実が入ったら、百姓仙人はこれを刈り取って、もみを臼で挽いたり、唐竿で打ったり、ようよう米になる。金金先生、在所に行ったように、このありさまを見て秋の実入りを褒める。

それから汐汲みの仙人は、香の物を漬けるために汐を汲んで塩を拵える。糠屋の仙人は糠を、樽屋の仙人は樽を売りに来たから何もかも揃って、漬け物屋の仙人があの大根を沢庵に漬ける。搗き屋の仙人は米を搗き、桶屋の仙人、左官の仙人など、手桶、米かし桶、まな板、米上げ笊、火吹き竹、火打箱、竈などを拵える。井戸屋の仙人は、飯を炊き茶を煮る水を汲む井戸を掘る。これも足代やら鍬鋤を拵える辛苦、数えがたい。扇屋の仙人は茶を煮る七輪を扇ぐ渋団扇を拵える。それも竹から渋から団扇になるまでは、大変な手間である。

さて何もかもできあがり、飯炊きの仙人、下女の仙人、丁稚の仙人、集まって、水を汲み、飯を炊き、香の物を切り、茶を煎じ、様々辛苦してようやく一膳の茶漬けができあがった。仙人のお頭がこれを金金先生に差し出した。

金金先生は、この茶漬けを拵える多くの人の辛労を目前に見たものだから、膳に座ってつらつら思うには、「わずかな茶漬け一膳、たった二切れの香の物といえども、幾万人の手にかかったか数え切れない。まして美を尽くした料理などは、幾万人の辛苦によるものか計り知れない。これを思えば家を作り着物を着る、人間一生入用の品々は、みなこれ幾万人の辛苦を積んだものか。そう考えると、紙一枚・箸一膳も我が物ではない。みな天地より恵みたまうところ、米一粒も遊んで食うてはもったいないことじゃ。ああそうじゃなあ」と感心して目が覚めたら、ちょうど煮花ができあがっていた。先ほどの長い夢は番茶が煮上がるだけの時間でしかなかったのである。

金金先生は、「廬生は粟を炊く中に五十年の夢を見(1)、我は煮花のできる中に千万人の辛苦を知った。我が浮世を夢と思いこんで、ただうかうかと暮らしていたが、今日よりは心を改めて、天地へ恩を報ずるために、一つの渡世を始めよう」と決心して、これより一生懸命に稼いだので、四、五年経たぬうちに数万両の分限となり、後には夢でない本物の栄華の身となったという。

読者はこの話を何と読まれるか。人にばかり働かせて、人が汗水たらして作ったものを用いて、自分は朝から晩まで遊んで暮らすということができようか。我らは正にすべての犠牲の上に立っているのである。我らはすべての恩寵の焦点となっているのである。一念ここに思い当たるとき、我らは多大な力を得て、自己の上に偉大を感ずることができる。これと同時に至大の恩寵を感受するのである。

註

（1）唐の沈既済の小説『枕中記』の故事の一つ。盧生という若者が趙の都の邯鄲に赴き、呂翁という道士にわずかな田畑を持つだけのみずからの身の不平を語った。道士から夢が叶うという枕を授けられた盧生がその枕で眠り込むと、夢の中でみるみる出世し嫁ももらい、栄旺栄華を極め、子や孫にも恵まれ、幸福な生活を送った。しかし年齢には勝てず、多くの人々に惜しまれながら眠るように死んだ。ふと目覚めると、実は最初に呂翁という道士に出会った当日であり、寝る前に火に掛けた粟粥がまだ煮あがってさえいなかった。

十　常住の春の国にいて

おのれ一人の小さき我を目的として私利を謀るものは、おのれ自身を衰微し滅亡せしめるものであって、同時に国家も衰微せしめ、滅亡せしめるものである。人間は自己を本位として立つべきものではない。自己本位の者は、狭い境界に我と我が天地を縮めて生活する哀れな孤独者である。利己主義の者は得をするようで、実は最も多く損をするものであり、多欲に似て実ははなはだ小欲なのである。

これに反し、我の外に他人を含めて大なる我として我らとしてこれを愛し、これのために働けば、我は実に広く賑やかな生活が営まれ、共同生活の共助の目的は達せられるのである。「大欲は寡欲に似たり、与ふるは取るゆえんなり」との古人の言もこれを意味し、この目的の上にいうべからざる趣味を感じ、趣味によってその進路は類ない価値を生ずる。趣味と目的、目的と趣味、互いに絡みついて離れない状態となる。我々という観念は無限の光彩を発揮してくるのである。

ああ、世の中は呪ったものか、歌ったものか。最初まず呪え、そうして笑って起て、起って笑え。親鸞聖人はまず人生を呪って、後に道を歌い恵を歌い、歌いつつ光輝ある九十年の生涯を送られた。『正信偈』も歌である。『二門偈』も歌である。三帖の『和讃』は、実に大聖釈迦如来の金言と、七祖の論釈と、自身の領解とによって、大悲の仏徳を讃嘆された感恩の伽陀《かだ》である。聖人は世上の罪悪を歎きたまう歌は少ない。幾度も自分の罪の悲しむべきを歌われたとともに、ことに多く本願の霊旨と浄土の栄光とを歌われた。そしてその歌は希望の曲であった。「世の中安穏たれ、仏法弘まれ」とは衷心の感激であった。

　蓮如上人の生涯もそうであった。焼かれ、追われ、呪われた。狂瀾怒濤《きょうらんどとう》の八十四年を通じて、不断に如来の恩徳を讃嘆し、その『宝章』は実にこの幸福を喜ぶ散文詩であった。両聖はともに大悲の如来を仰いで、つねに春のように若々しく勇ましく歌われた。冬枯れのような人生に、いつも駘蕩《たいとう》の春をひろげて、本願の大道を御名の歌に進まれた。我らは今この余光に浴し、至上の光栄無限の幸福にあるのだ。いざや大いに歌おう、そして大いに笑おう。

貧哲ディオゲネス寸言(1)

ディオゲネスが空き樽の中でひなたぼっこをしているところへ、アレキサンダー大王が訪ねてきた。「予はアレキサンダーである」「予は犬儒ディオゲネスである」。これが挨拶の交換で、大王が「欲しいものがあれば何なりと言え」。すると「そこをどいてください。あなたのせいで日影になってしまう」。

この貧哲、ミンダスの町が小さいのに市の門が大きいのを見て、「ミンダスの人たちよ、門を締めないと町が出て行くぞ」。

彼がコリンスの市場で奴隷に売られることになった。競売人が「お前は何か芸ができるか」「人民を治めることができる」「どこに主人を買う奴があるものか」。

彼は足に香料を塗りつけて、「頭に塗れば風に散ってしまうが、足に塗れば香りがあがってきて鼻のご馳走になる」。

註

(1) **ディオゲネス**（紀元前四一二?—紀元前三二三） 古代ギリシアの哲学者アンティステネスの弟子でソクラテスの孫弟子に当たる。犬のような生活を送り「犬のディオゲネス」と呼ばれた。

解説

本書は黒瀬知圓著『大笑小笑』(大正五年、興教書院刊)を現代語に編訳したものである。著者である黒瀬知圓師は、原本の「緒言」に、山口県厚狭郡(現在は移転して宇部市)の浄土真宗本願寺派西秀寺の住職で、仏教大学(現・龍谷大学)に学んだ後、布教使として活躍され、本書の他にも『仏の心と親心』を刊行された、とある。

本書は全十二章からなり、各章は十項に分けられる大部の書であるが、全編が信心喚起のための話で貫かれている。そして『大笑小笑』の題名のとおり、この種の本にありがちな、堅苦しいものにならぬように、解りやすい譬喩として、笑い話や譬え話、古今の逸話、禅話、格言、小説に加えて、歌、句、漢詩、都々逸までが、随所に散りばめられている。これは著者の抜きん出た博学と、趣味の多彩さによってこそできたことであろう。

本書は読み物としても充分面白いものであるが、布教を志すものにとっては、説教台本やその作成資料としての価値も高い。また著者が浄土真宗本願寺派の布教使であることから、当然真宗教義を基本としてはいるものの、禅話や逸話など通仏教的な話も多く所収されていて、どの宗派の布教にも応用できるようになっている。

本書の原本は本字と旧仮名遣いの表記ではあるが、決して現代人が読むのに難しいものではない。それを今回わざわざ編訳したのは、一つにはそのまま説教台本として使えるように現代の話し言葉にするためであり、もう一つは本書に散りばめられた譬喩を駆使しやすくするためである。

編訳者は前に大須賀順意著『説教の秘訣』を編訳（『現代文　説教の秘訣 増補版』国書刊行会、二〇一四）したが、これは説教台本を作成するマニュアルとして好評をいただいた。しかしこれを用いて説教台本を作成する場合、必要となってくるのは、その中心をなす因縁談と譬喩である。因縁談は過去の説教本から採ることも、また現代の事件から作成することもできる上、一席の説教に一つあれば事足りるが、譬喩は一席の説教に数多く必要とするため、説教者はつねに譬喩を収集しストックしておかなければならない。なぜなら、主題を解りやすく説くためには、いくつもの譬喩を駆使する必要があり、また説教の時間の長短を自在にするには、そこに入れる譬喩の数で調整しなければならないからである。

そこで本書に散りばめられた譬喩を自由に駆使するために、「譬喩索引」を作成して巻末に置くことにした。索引はすべての譬喩を項目別に分け、項目は五十音順で引けるようにし、所収ページを記した。そして一見すればすぐに探し出せる歌、句、漢詩、都々逸以外は、頭註をつけて探しやすくした。また本文中に引用された真宗聖教の表記は、『浄土真宗聖典 註釈版』並びに同七祖篇（共に本願寺出版社刊）の表記に統一し、その所収ページを註記した。

もし説教台本を作成しようとして何から手をつけてよいか迷われたなら、前述の『説教の秘訣』で説教の構成法と台本作成法を学びつつ、本書の譬喩を駆使して作成されることをお勧めする。

本書を企画し、編訳者の尻を叩き、校正の煩わしさをものともせず、刊行にまで漕ぎ着けられた、国書刊行会の今野道隆の努力に敬意を表する。

本書が多くの人に直接読まれることのみならず、布教者によって自由に駆使され、多くの人々の信心喚起に繋がることになれば、編訳者としてこれに勝る幸せはない。

平成二十八年四月十九日

編訳者　府越義博

譬喩索引

本索引は、本文上段に掲げた小見出しと、本文中にある歌、句、漢詩、都々逸を対象とし、テーマ別に分類した。法話作成の際、ぜひ活用されたい。

あ

い

う

お

か

そ

た

て

と

に

ね

は

ひ

ふ

へ

ほ

ま

む

め

も

ら

わ

著者 黒瀬 知圓（くろせ ちえん）
明治19(1886)年—昭和36(1961)。仏教大学(現・龍谷大学)に学んだ後、浄土真宗本願寺派布教使・教誨師として活躍。山口県厚狭群(現在は移転して宇部市)西秀寺住職。著書に本書の他『仏の心と親心』などがある。

編訳者 府越 義博（ふごし ぎはく）
昭和26(1951)年、岐阜県高山市に生まれる。大谷大学真宗学科卒業。現在、東京都八王子市本淨寺開教院住職、節談説教研究会事務局長。古書店で講談本『親鸞聖人御一代記』を入手したことから、面白くわかりやすい布教を模索しはじめ、情念の布教の復活をライフワークとしていた故武藤幸久師と出会い節談説教の世界に入る。病のために途半ばで斃れた武藤師の遺志を継いで、平成19年7月、節談説教布教大会をプロデュース。築地本願寺に2500名の聴衆を集めた。以後、節談説教研究会の事務局長として若き説教者育成と機関誌『節談説教』の編集に携わっている。

現代文《げんだいぶん》 大笑《おおわらい》小笑《こわらい》 説教《せっきょう》譬《ひ》喩《ゆ》集《しゅう》　　ISBN978-4-336-06047-1

平成28年9月20日　初版第1刷発行

著者　黒瀬知圓
編訳者　府越義博
発行者　佐藤今朝夫

〒174-0056 東京都板橋区志村1-13-15
発行所　株式会社　国書刊行会
電話03(5970)7421　FAX03(5970)7427
E-mail: sales@kokusho.co.jp　URL: http://www.kokusho.co.jp

装幀　鈴木正道(Suzuki Design)
印刷　三報社印刷㈱　製本 ㈱ブックアート